大江東去浪淘盡千古風流人物故壘
西邊人道是三國周郎赤壁亂石穿空
驚濤拍岸卷起千堆雪江山如畫一時
多少豪傑遙想公瑾當年小喬初嫁了
雄姿英發羽扇綸巾談笑間檣櫓灰飛
烟滅故國神遊多情應笑我早生華髮
人生如夢一樽還酹江月

景涵辛丑春日書

征税权

税收战争与全球财富再分配

张捷 著
（谁是谁非任评说）

中国科学技术出版社
·北 京·

图书在版编目（CIP）数据

征税权：税收战争与全球财富再分配 / 张捷著 .
— 北京：中国科学技术出版社，2023.11（2024.6 重印）
ISBN 978-7-5236-0243-0

Ⅰ . ①征… Ⅱ . ①张… Ⅲ . ①国家税收—税收管理—研究 Ⅳ . ① F810.423

中国国家版本馆 CIP 数据核字（2023）第 115948 号

策划编辑	何英娇	**责任编辑**	何英娇
封面设计	马筱琨	**版式设计**	蚂蚁设计
责任校对	吕传新	**责任印制**	李晓霖

出　　版	中国科学技术出版社
发　　行	中国科学技术出版社有限公司
地　　址	北京市海淀区中关村南大街 16 号
邮　　编	100081
发行电话	010-62173865
传　　真	010-62173081
网　　址	http://www.cspbooks.com.cn

开　　本	710mm × 1000mm　1/16
字　　数	289 千字
印　　张	21
版　　次	2023 年 11 月第 1 版
印　　次	2024 年 6 月第 4 次印刷
印　　刷	北京盛通印刷股份有限公司
书　　号	ISBN 978-7-5236-0243-0/F · 1161
定　　价	99.00 元

名词解释

征税权

征税权也称课税权，是指由宪法和法律赋予政府开征、停征税收及减税、免税、退税、补税和管理税收事务的权利与权力的总称。中国的税收政策大多是针对国内的情况，而在美国开始全球征税的时候，我们更应当有全球视野。本书所说的征税权则有更广义的内涵，不只是国内视角下的政府公权力，而且也是国际视角下的国家主权。因此不只是国内法律项下的权利与权力，也是国际法律项下的权利与权力。

定价权

定价权指实体对其产品价格制定拥有主动权，若改变产品定价不会对需求有负面影响，拥有定价权的实体在成本上升的情况下，可以顺利通过提价，将新增成本传导给下游，且不影响自身的销量。但本书所说的定价权是广义的，它不只包含一个实体的权利，还包含国际组织、垄断机构操控产业链和价值链，进行财富再分配的权力。

直接税

直接税是指税负不能转嫁，而由纳税人直接负担的税收。如人头税、所得税、土地使用税、房产税等。对于以税负能否转嫁为标准区分为直接税与间接税，人们的观点也不尽一致。有的人以征税主体为标准，认为凡纳税人与负税人相同者，就为直接税；反之则为间接税。有的人以立法者意图为标准，认为凡立法者预期税负不能转嫁的税，为直接税；反之则为间接税。有的人以税收来源为标准，认为凡来源于财产和生产经营所得的税为直接税；反之则为间接税。

间接税

间接税是指纳税人能将税负转嫁给他人负担的税收。如消费税、增值税、关税等。间接税通常通过提高商品售价或劳务价格等办法转嫁出去，最终由消费者负担。在广大发展中国家以及部分发达国家，它一直占有重要地位。特别是其中的增值税和消费税，其具有组织收入、调节经济和配合国家产业政策的作用，越来越受到世界各地的重视。间接税是可以向全球转嫁的，如中国通过世界工厂的模式，使间接税在世界范围内得到了转嫁。国际市场是国际征税权博弈的重要战场。

勾地制

勾地制即用地预申请制度，是国土资源部门按照国家有关规定制订本年度的土地供应计划，该计划经审批通过后，用地者可以根据自己的需要选择合适的土地。供应信息的透明将让土地在更为公平的市场竞争环境下进行交易。同时，公开土地供应信息后，买家竞争更有利于土地优化利用。勾地制源于中国香港地区，始自亚洲金融危机之后。2006 年，中华人民共和国国土资源部[①]发布的《招标拍卖挂牌出让国有土地使用权规范（试行）》中指出，为充分了解市场需求情况，科学合理安排供地规模和进度，有条件的地方，可以建立用地预申请制度。此后，勾地制一直是中国国内主要的土地出让制度之一。

① 2018 年改为中华人民共和国自然资源部。——编者注

超级地租

西方国家利用超级地租的概念妖魔化中国香港地区乃至中国内地的土地财政收益。而事实上，西方海权国家在全球海运节点地区，就是依靠超级地租来渔利的。它们的海运节点所获得的地租，是向全球转嫁的，由全球贸易主体承担，也是它们海洋霸权带来的利益。

房产税

房产税是政府向地产物业征收的一种财产税，通常向房产的业主或租户等使用者征收。负责征收房产税的政府机构会对房地产进行估值，并以房产价值乘以税率作为应缴的税额。世界各地征收房产税的方式及税率各有不同，比如德国会根据一个历史上的平均数据和地方政府的乘数来收房产税。

食利者

资产阶级中完全脱离了生产过程，持有有价证券以取得利息或股息为生的剥削者被称为“食利者”，这一阶层的普遍发展，成为 19 世纪末法国资本主义发展的一个重要特征。有些人把收取房租的人看作食利者。那么，有多套房的人就是资产阶级吗？劳动者积累的财富就不能有收入吗？在严格房产限购政策之下，房产大部分还是劳动积攒财富来购买的居多。关键是中国土地为国有，土地使用权为 70 年，到期之后即使续期也是要缴纳土地使用费的！中国政府支持投资房地产租赁市场，投资取得回报是应当的，属于经营性行为。

推荐序

全球再分配的政治经济学

《征税权：税收战争与全球财富再分配》一书的问世，至少填补了新质生产力背景下全球财富再分配方式研究的空白。

2023 年 8 月 15 日，瑞士信贷和瑞银联合发布的《全球财富报告》显示，截至 2022 年年底，全球前 1% 富裕人口拥有全球 44.5% 的财富；就普通人而言，2022 年全球财富中位数提高了 3%，与此同时，全球成年人口人均财富却减少了 3.6%。该报告还显示，21 世纪以来，在所有国家和地区中，中国的财富中位数增长速度最快：从 2000 年的 3155 美元增长到 2022 年的 30696 美元，增长了 8 倍多。

财富如何分配，在当下世界是个非常重要的问题。回答这个问题我们需要先明确是基于什么样的生产力背景去讨论，并且要在此基础上明确什么是当今意义上的“财富”,“分配”又是什么意思。

《征税权：税收战争与全球财富再分配》一书从全球化背景下的金融交易、数字经济与科技创新形成的新质生产力出发，在信用货币时代的“财富”意义上，讨论了税收博弈如何从根本上影响当今世界的财富再分配。可以说，这本书对于面向数字化与虚拟经济条件下的财富再分配的国际政治经济学研究，具有开创性意义。

作为对本书内容的“前置讨论”，我在这里打算对“为什么要从税收角度切入全球财富分配研究”以及“税收如何从根本上影响国家间财富分配”做一点思考，聊附于下。

被称为古典政治经济学体系奠基之作的亚当·斯密的《国富论》一书，

全名就叫《国民财富的性质和原因的探究》。该书很明确地把财富称为“国民财富”，即讨论财富须以国家为前提。不过，该书中的“财富”形态主要是物质财富，且偏向静态。

逻辑上，没有国家，就没有政治经济学意义上的财富。但财富是通过什么样的经济学上的机制与国家联系起来的呢？1902年，奥地利经济学家熊彼特在《税收国家的危机》一文中提出了“税收国家”理论，明确指出“国家的税收即国家本身”。这句话单独看不容易理解，但放在“民族国家”的起源与演变中去看，就容易理解了。“民族国家”起源于近代欧洲，是欧洲的封建制近代化演变的产物。在封建制时代的欧洲，“君主即国家”，君主的财政即国家财政。君主需要的金钱、物品、人力资源等，是通过封建权力向下属的附庸（诸侯）们索取来的，而附庸们则向再下级索取，这种背景下没有近现代意义上的税收。近代化进程把“君主－领地”转变为“政府－国家”，于是，封建的自上而下的层层索取关系，被转变为法律上的税收权利与义务。如果我们理解了“没有封建索取关系，则（欧式）封建体制不存在”，那就容易理解“国家的税收就是国家本身”了。

税收国家理论在当代公共经济学、财政学中是主流理论。1992年，欧洲科学基金会发起并资助的“13—18世纪欧洲近代国家起源研究计划”出版了由财政史学家理查德·邦尼主编的《欧洲财政国家的兴起：1200—1815年》等“税收国家”著作，对包括欧元区构建等重大政策有着重要影响。

在近几年流行的“现代货币理论”中，税收被作为货币的驱动力，即国家只要明确规定“只许用指定币种纳税”，则法定货币就可以在经济系统中运行。

如果我们考虑到，“只许用指定币种纳税”意味着国家的存在是货币能够被发行出来的前提，则货币本身的价值来源其实是国家权力运行带来的经济与社会秩序。由此，则可以说，货币作为价值尺度所衡量的价值，其本质是被衡量对象在经济与社会秩序中的位置。这时，“财富”这个词的意思是：存在物及其凭证在（国家权力运行带来的）经济与社会秩序中的位置的货币化表达。从齐美尔的《货币哲学》到福柯的《词与物》，有关价值与财富的哲学建构纷纷指向此意。

由此，我们得到一种认识，财富曾经意味着对实际物质（如土地、金属、人造物等）的占有关系，但在现代国家兴起后，已经被建构为经国家权力认可的一套符号，这些符号的所指，包括但不限于占有关系，其完整的表达应该是：对符号所代表关系的索取权。这种索取权之所以能够在经济与社会中运行，是因为国家首先以征税权确立了它的核心驱动机制。

到此为止，我们对税收国家理论及其在信用货币时代的运行机制建立了理解。但这些理解仍处在主权国家权力范围内。而当今世界的实际情况就是国家权力的行使范围往往超越了其边境。这时，该如何认识财富的意义与税收的作用方式？可以说，这就是本书的意义所在。

这里，我打算通过把金融学中的“第二 MM 定理”推广到国际情境的方式，简单说明如何理解本书中的财富分配博弈故事。

所谓“MM 定理”即“莫迪利阿尼－米勒定理”的缩写。MM 定理分为第一 MM 定理与第二 MM 定理。

第一 MM 定理的含义是在假定没有税收等成本的情况下，企业价值与资本结构无关。如果我们进一步追溯其意义——什么是企业价值？什么是资本结构？我们就可以认识到：所谓企业价值，本质上是权利人对企业的索取权的标价；所谓资本结构，本质上是资产负债表怎么填写。换句话说，我们可以这样理解第一 MM 定理：不考虑税收（本质上意味着国家权力的存在）的话，哪怕企业一分钱不挣全靠借钱，也不影响权利人能从企业索取多少。

而在有税收的情况下，则需要推广到第二 MM 定理。该定理是说，税收意味着企业的现金流有一部分是交给政府的，由此，资本结构有必要做出适应性调整。由于索取权分为能够在公开市场（如资本市场）买卖的流通索取权和此外的非流通索取权（如税收），因此，公司估值最大化就意味着流通索取权价值最大化。这时，资本结构所决定的，其实就是公司所创造的现金流该如何分配。

现在我们对第二 MM 定理做国际化推广。

我们知道，美元是国际货币，但它只是美国的主权货币。如果一个本币不是美元的国家的公司，以美元融资的话，那么其意义就与全部为本币融资不同。以美元融资的话，就会指向其流通索取权计划在美国市场买卖，其现金流有一部分将向美国政府纳税，从而减少其在母国的索取权价值。

数字化时代，财富所占据的空间往往是互联网上的虚拟空间，但在索取权意义上，财富却是对他人劳动要求的权利。因此，作为世界货币的美元，如果通过投资这样的渠道获得了全球征税权，则意味着美国将拥有索取全球劳动的权力。这就是全球税收博弈的实质。

如果考虑到税收是对现金流的部分索取，那么，研究现金流总额如何分配、我国如何具有更大的决定权，就具有根本性的意义。这就是数字化时代全球再分配的政治经济学。

贾晋京

中国人民大学重阳金融研究院高级研究员

自序

当征税成为一种国际权力

笔者在探讨很多经济问题的时候，对经济问题当中的分配问题也进行了思考。财富分配是经济体制的重要内容，从国家崛起角度来讲，全球财富再分配就是一个全球博弈的过程。征税在全球化的时代，要放到全球财富再分配的视角之下，站在国家和民族的立场再思考。

在经济全球化的今天，霸权国家从来不说它对全球财富是怎样制定规则和进行掠夺的！在金融权和定价权方面，霸权国家是有优势的，而对抗霸权，一个主权国家，需要做的就是利用自己的征税权，在全球财富再分配当中分一杯羹。征税权是非常重要的，征税权涉及一个国家的主权。而金融霸权国家所主张的，就是对各国的征税权进行限制，因为征税权能够对抗它的定价权，这就是本书讨论的重点内容。

征税权既是一个经济概念、财政概念、司法概念，也是一个政治概念和主权概念！一个政权的合法性就在于它有征税权，能够取得维护政权所需要的成本，具有政权合法获得财富的权力，同时也具有对所属成员的经济支配能力。国家财政中最重要的一个层面就是税政，这是一个制度问题，也是一个国家的经济问题和社会资源分配问题。

全球财富的分配分为一次分配、二次分配和三次分配，征税属于二次分配。定价是全球财富的一次分配，征税则可能是全球财富的二次分配，也可能是国内财富的二次分配，同时征税权也是国家取得财富的来源。其中很多人关心的房产税属于二次分配，既属于所在国家的二次分配，也属于国际上的二次分配，因为税收是可以转嫁的。比如直接税和间接税，与国际上的财富分配直接相关。

世界各地都受制于国际资本的减税要求，各国竞相减税的结果，就是减税变成囚徒困境般的恶性竞争，得利的是国际金融资本。美国已经开始了全球征税的步伐，各种手段直指各种资产在别国和离岸港的主体，各国的减税最后往往会变成美国的全球征税，这里是存在财富输送和全球再分配的。对于中国到底应当减税还是征税，我们应当进行更深入的思考。

很多时候，调节分配只不过是“拔更多的鹅毛，听更少的鹅叫”的一种安慰，因为在社会博弈之下，税负总是有向弱势群体转嫁的趋势，怎么样保护弱势群体，也是税收研究的重要内容。对征税问题，很多现行的理论都缺乏对社会博弈复杂性的认识，看似向弱势群体倾斜，但经过博弈之后，就会转化为由弱势群体承担，造成更大的不公。历史上的很多国家税制改革的失败，就是美好的初衷经过博弈之后反而走向反面，最后导致更大的社会问题。因此必须考虑非合作博弈的纳什均衡，本书也对征税之后的非合作博弈、中国以及全球的非合作博弈进行了思考，要在非合作博弈的纳什均衡的前提下，再度审视税收问题，分析原有税制理论当中的缺陷。

征税过度，很可能演变成横征暴敛，而征税不足，则会削弱国家财政实力，我们需要全面看待问题。在全球化时代征税导致的财富流动和社会影响，远不止中国国内的财富分配调节，还有国际财富的分配和流动。以往税改直接由国家强制执行，但在全球化时代，全球的财富、人才、资源的流动更加频繁，仅以封闭思维来理解征税问题已经不够了。

全球市场，主权平等，给了国际资本博弈各国税政的空间，这里没有谁拥有最高权力，有的是丛林法则，是国际非合作博弈，而且是难以预料的。而在全球化时代，霸权国家可以主导全球财富流动并从中渔利，而此时其他国家要思考的就是本国财富怎样才能不被他国渔利。实体税最后被谁收入囊中，这是一种权力的象征，它就是征税权。

在中国的舆论中，有某些资本及其代理人，比如，一些减税和妖魔化间接税的声音，似乎都是为了民众。但实际上减税对民众来说是不利的，加税则是对创新不利的，直接税纳税主体是可以向全球转移的，间接税的税负是转移到全球的，所有的事情都要一分为二地把其中的内在逻辑厘清才行。

从某些角度看，中国国内的舆情对减税政策较为支持，有些号召减税的人很受追捧。但放在国际层面探讨到底是该减税还是加税，则是需要人们系统性讨论的问题。

直接税能够避税、能够引发财富流动，间接税能够转嫁。关键要看财富流动到哪里？避税后的赋税真正由哪些群体承担？转嫁则转嫁给了谁？要一分为二地看待，而不能一刀切、绝对化和妖魔化。

2019 年 10 月 31 日，中国共产党第十九届中央委员会第四次全体会议通过《中共中央关于坚持和完善中国特色社会主义制度 推进国家治理体系和治理能力现代化若干重大问题的决定》，其中提出“坚持多劳多得，着重保护劳动所得，增加劳动者特别是一线劳动者劳动报酬，提高劳动报酬在初次分配中的比重”“健全以税收、社会保障、转移支付等为主要手段的再分配调节机制，强化税收调节，完善直接税制度并逐步提高其比重”。

直接税不是绝对的，政府一直健全再分配调节机制，这个健全的关键之一就是在国际征税权博弈和国际再分配当中，中国不能被掠夺。而完善直接税制度，提高其比重，不是进行阶级斗争式的征收，而是要反对税源流失和逃税，让收不上来的一些税能够收上来。

在看了很多国内税政、财政方面的图书后，笔者发现，对税收的作用，大多图书的内容是从政府提高收入和调节国内贫富差距的层面进行论述的，对全球化以来征税导致的全球财富再分配，以及各国主权的征税权力思考和探讨得过少；以往的税政理论，都是简单直接的，对社会非合作博弈之下纳什均衡的复杂性，考虑得不足，非常有必要对其进行研究探索，因此笔者抛砖引玉，写了本书。

笔者坚持中国立场，这也是本书的立场。我们要坚持以习近平新时代中国特色社会主义思想为指导，坚定中国特色社会主义道路自信、理论自信、制度自信、文化自信。另外，我们还要在各个方面都有自己的独立思考。

笔者对税政的了解，起源于当年备考注册会计师执业资格考试，从给税务局做征收管理软件的金税工程，到后来做财经律师都离不开税政。而现在从事财经金融的研究，财政、税政也是一个重要的研究方面。本书的很多章节写于十年前甚至十五年前。笔者当时的很多思考，现在依然具有意义，只不过当时还是一个个的片段，而现在理论体系已经建立起来，于是就将当年思考的“枝叶”，整合到本书的理论“大树”上。虽然有些数据和案例年代久远，但历史数据对后来的读者，同样具有借鉴意义。

引言

加税还是减税？直接税还是间接税

对税政，应当是加税还是减税？哪个更能够促进经济发展？国内争论很多。这里我们称为税政不是税务，因为政和务是有区别的。所谓政是宏观的、战略的；所谓务是微观的、实操的。本书是从宏观战略层面上来思考中国与税收有关的问题。笔者写这本书，目的是探讨税政当中似是而非的问题，对税政的问题，不能仅从税政的视角来看，要从更多视角和高度审视，要有国际视野，要从社会学、经济学等角度全方位地思考。

对财富的分配，一次分配是在资本、劳动、资源等在经济运营中进行的，二次分配是在税收和类似税收性质的征收活动中进行的，三次分配则是在各种慈善、捐助活动中进行的。税政最主要的目的，简单来说，就是政府需要取得财政收入，然后是社会的财富调节，是财富的二次分配。二次分配起到什么样的作用，需要深入研究。

税政是加税还是减税，加减直接税还是间接税，都要以服务于国家经济发展，服务于中华民族伟大复兴战略为目的，这是基本的前提，抛弃这个基本前提，只顾着税政部门利益，肯定是要出问题的。

税政是采取加税还是减税，是有很多争议的。政府要取得财政收入，才能够负担得起国家职能部门的运转，过低的税收，对国家的经济发展是不利的！中国到底需要什么样的税政，需要哪些与税政有关的理论，本书也做了探索性的思考。

历史上，中国的税收并不是过高，而是过低，很多人以为朝廷在横征暴敛，其实是过低的税收让中间层得利。晚清时期，税收占国内生产总值的比例只有不到5%，有研究说是3.2%，这个数据让人难以想象。清朝的税负低是因为当年康熙皇帝的永不加赋政策，人口和经济增加，赋税比例不增，但由于社会中间层的贪婪，导致底层人民贫苦，国家的力量不足。

明朝的灭亡，其中也有税政的原因。明朝商业已经很发达，但依然征收农业税、人头税，后来改革变成货币地租，结果是明末大量白银涌入，白银贬值导致辽饷[①]、剿饷[②]连年上涨，军队实际得到的军饷却减少了。军队是要用饷银维持的。明朝东林党等人强烈反对万历盐税制，实际上明朝征收的盐税在实行盐税制度的各个朝代是最少的，无盐税的只有隋朝，但隋朝是一个“短命”的王朝。

除了崇祯末年农民起义、两淮产盐区的混乱导致盐价大幅上涨，其他时期的盐价都不高，多数时期的价格在每斤（1斤=500克）8~10文。

盐税是间接税、商业税，是政府重要的税收手段。明朝的资本主义萌芽，实际上源于商品经济的高度发展。整个明朝的盐税都很低，明朝自开国以来，没有加征盐税，盐价也比较便宜，因此盐税比较稳定，宣德年间是125万贯[③]，万历年间是130万贯。以万历年间的产盐量来统计，官方的产盐总量为4.91亿斤，相当于发放了245万盐引，而万历年间的盐税是130万两白银，因此盐引的价格为每引0.53贯，合每引530文。每引200斤盐，则每斤盐含税收为2.65文，只有宋代的1/9。这里是按照一贯一两来计算的，但实际上明朝的宝钞一贯在市面上少于一两，这个税收也是维持宝钞信用回笼纸币的手段。在此数据之下可以明确地看到，税收不足尤其是商业税、间接税的不足，才是明朝财政危机的关键。

隋朝是唯一的无盐税朝代，隋朝开国时废除盐、铁、酒的专卖，对食

---

① 辽饷是明末辽东驻军的饷项，又指筹措此项军饷而加派的田赋款项。——编者注
② 剿饷是明末政府为镇压农民起义所用的军饷。——编者注
③ 明朝的一贯钱相当于一两白银。——编者注

盐既不专卖，也不征税，食盐之利与百姓共享。隋炀帝即使被史书写为一个横征暴敛的君王，也没有涉及盐利。隋朝的灭亡也有财政的原因：是农业税而不是商业税，逼反了农民。唐朝商业发达，征盐税的时间恰恰是在开元初年，开征盐税减轻了农民的负担，对开元盛世有重大影响！宋朝富足，财政税收也高于其他王朝。汉朝的强盛，其中一个原因就是汉武帝开启了盐铁专卖，以盐铁支撑国家财政和对外战争。秦国的崛起,《商君书》里面也写得非常清楚，多由商人提供军需，商业税是战争财政的支撑。但商业税拔了豪强的毛，对此明末的东林党叫得最响。现在对东林党，也就是明朝“带路党”的历史研究已经越来越多，对它的负面作用认识也越来越深刻了。

东林党在当时的明朝占据了舆论的制高点。过去的人头税就是直接税，各种田赋也是直接税，要征收的盐税等是商业税，都属于间接税。后来的王朝搞税赋的摊丁入亩，也是把征税的对象，从直接的人头摊销到间接的土地之上，从而让社会得到了繁荣。据《中国盐业史（古代编）》记载，到清朝末期王朝能够维持，关键就是盐税、厘卡和海关税收。这些都是间接税。清朝在道光年间的盐税收入超过 1000 万两，而光绪末年的盐税收入则达到 3000 万两，当时的国家财政才一年 5000 万两到 8000 万两。

减税看似有很多好处，但减税之后，政府的财政负担并没有减少。有人以美国里根时期的减税政策为例，但没有谁提及里根推行的政策使美国从全球最大的债权国变成了最大的债务国。债权是积蓄，债务是未来，里根政府等于是花光积蓄透支未来。现在以美国为首的西方国家更是陷入一种模式，就是减税之后，政府的负债不断增加，不断发行国债。国债的承担者是谁？通过量化宽松政策货币化以后，变成了全球化了，然后是货币的竞争性贬值，等于是对全球收了金融货币税。这个本质不看清就说减税，就是混淆视听。

还有人说减税可以让经济繁荣，税基大了，总体的税收不减。这个说法显然是比例有问题，减税百分之十几，经济增长率就能增加百分之十几吗？这显然是不现实的。这个做法的背后，就是通过低税率，吸引全球资本到这里来避税。现在是西方为首的全球竞争性减税，最后就是一个囚徒困境似的博弈结果：美国有金融优势，能够吸引最多的避税需求，让跨国公司转移利润，但我们不能被忽悠！

中国在全球博弈当中税政的竞争优势，就在于中国是世界工厂所带来的全球间接税的征税中心。税收在全球化的时代，间接税也是全球转嫁的。中国要加强的就是税负最终承担人是他国的主体，但纳税义务不能转移到他国的税种，而这也是全球税收再分配财富所博弈的方向。欧洲对抗美国在实行碳税，又实行数据税，目的也是如此。而美国以所得税为主导，背后是最终纳税主体，实际控制人、投资人大多来自美国。美国是大部分国际金融资本所有权人主要的最终归属国。全球化以后，各国对税政博弈的认识，与以前相比，在高度和理论上已经有了极大的不同。

中国税收的另外一个优势是土地的各种费用，土地财政是中国的优势。因为中国是土地公有制的国家，而西方国家是土地私有制，这就导致房产税与土地出让金的性质是不同的，土地出让金是收回土地投资的重要手段。我们大量的基础建设，都是投资到了土地上，如果不能带来土地的增值，等于投资没有效果；不能通过土地的出让和土地增值税收回投资，通过其他产业税收来投资土地基建，实质上是各行各业的财富补贴土地使用者。类似的，西方国家在其控制的地区，也是搞超级地租。

由于中国的对外投资相对较少，中国是世界工厂之一，中国的征税优势在于对产业（包括西方国家在中国的产业）所征的间接税；而西方国家是投资全世界，产业向全世界转移，它们是产业的所有人，因此它们主要采用直接税。间接税的税负承担可以转嫁，而直接税的纳税主体可以转移。采用直接税，会导致纳税主体移民，或者通过信托等手段，将所得税转移到境外。

到底是对国内生产总值征税还是对国民生产总值征税，是有巨大差别的。这类博弈，一定要用全球化的视角去看才能够看清楚。

很多人由征税，说到了利用税收解决贫富分化的问题，认为富人多纳税能解决贫富分化问题。但真实的情况是收税不能解决贫富分化问题，富人金融化的资产，免税、避税的手段非常丰富，真正的税负，实际上落到了多劳多得的人身上，落到了能够更多地创造财富的人身上，这些人在全球是可以流动的，也是全球都要吸引的。

看看那些在海外可变利益实体（VIE）架构下在中国发家致富的人，他们因财富属性都不向中国政府交税。还有西方看似有高额的遗产税，但遗产税实际在西方国家仅占税收比例的不到1%。富人避税的方式非常多，可以通过信托，也可以通过保险。因此税收改变贫富分化就是伪命题。西方有以税收限制贫富分化的理论很久了，但西方的贫富分化一直在加剧，从来没有成功地抑制贫富分化。“拔最多的鹅毛，听最少的鹅叫”就是这样的道理。

分群体的差异化纳税，看似有很多益处，但最多是一个有限的调节手段，真正的高收入是可以全球避税的，是可以各种免税和转嫁的。最后博弈后的潜规则就是：税被转嫁的结果，一定是由体系内最薄弱的群体承担。利用各种差异化，强势群体可以避税或者转移，全球的环境就是各国竞争性地降低税率吸引强势群体带着财富迁徙，西方的金融势力也是国内强势集团的避税港，信托、保险等都能够提供避税手段，最后的结果就是在避税的压力之下，财富外流，把财富的控制权交给了国际金融资本。

本书认为，税收是国家博弈全球财富和再分配的手段，而一次分配才是推动共同富裕、解决贫富分化的钥匙。劳动者要在一次分配当中，就能够多获得财富，而不是资方获得了更多的财富再交税。西方的资方缴税模式背后，还有政府服务于所谓的纳税人，政府被谁豢养的问题。资方交了税，政府服务于资方，让资方能够在一次分配当中得到更多，结果不是削弱了贫富分化，而是让资方能够在一次分配中取得的财富更多地得到政府制度性的保障，会加剧贫富分化，在西方资本世界的发展结果，也证明了这一点。

中国是社会主义国家，社会责任是政府主导承担的，中国要更多地依赖于政府的财政政策，政府的财政政策是需要足够的税收保障的。而在资本主义国家，资本的背后是金融霸权和金融定价权，相关的论述笔者在《信用战：全球历史演进元规则》和《定价权》两本书当中已经论述过。中国减税之后，会导致政府的财政收入减少，导致财政支持经济发展的能力不足，各种财政政策落地，经济就难以运转，也会影响政局的稳定；同时由于中国的定价权弱于别国，只要中国减税，企业的利润空间多了一点，西方的资本就要压价，最后减税的成果被西方资本窃取，等于是中国减税在补贴全世界！所以在中国减税是否能够支持经济方面，我们要进行多方面的思考。

对比西方的做法，美国等国则是在金融货币政策主导下的量化宽松政策常态化，这不依赖于税收，而是一种金融全球化的掠夺。古代中国的各个王朝，就如前面所论述，最后的失败，背后都可以归因于税收的不足，而不是税收的过度；都可以归因于直接税的问题，而不是间接税的问题。现在世界进入了全球化的网络数字时代，虚拟经济也已经走向成熟，我们的税政理论也需要创新，要从中国的根本需要出发，在国家立场上思考中国的税政应当如何制定，到底是加税还是减税，加减调整的是直接税还是间接税，这些都需要我们先在理论上有清晰的认识。

目录

第一章

直接税、间接税与征税权

近年来，各国的税收都已不再是国内问题，而是全球博弈问题，对于中国亦然。随着以 App（应用程序）为象征的服务业可贸易化不断发展，产业链也在超越国界后不断延长。这时，到底是间接税更有优势还是直接税更有优势，要看其中的转嫁机制如何、国家利益何在。

税政到底该如何调整？我们需要在国家战略和政治经济等更高的层面进行研究，找出税收中的转嫁问题。

- 1 -
征税权的前世今生

· 由朝贡体系到税收体系

征税权和税收的起源，与国家的起源都是紧密联系在一起的，征税权其实也是国家政权的一部分，是国家政治的延伸。

国家与原始社会的氏族公社密不可分，它是在氏族公社制度的基础上兴起的。原始人逐步走向定居，走向部落联盟，产生了按地域来划分它的成员的制度，而不是如氏族公社那样以血缘关系维系的制度；同时在私有财产制度诞生以后，需要有维护制度的公共权力，设立这种权力是为适应和满足社会的公共需要。恩格斯曾说：“在每个这样的公社中，一开始就存在着一定共同利益，维护这种利益的工作，虽然是在全社会的监督之下，却不能由个别成员来担当，例如解决争端、制止个别越权、监督用水（特别是在火热的地方），以及在非常原始的状态下执行宗教职能……这些职位被赋予了某种全权，这就是国家权力的萌芽。”（《马克思恩格斯选集》第 3 卷，人民出版社，1972 年出版，第 218 页。）恩格斯还说过：“政治统治到处都是以执行某种社会职能为基础的，而且政治统治只有在它执行了这种社会职能时才能持续下去。”（《马克思恩格斯选集》第 3 卷，人民出版社，1972 年出版，第 438 页。）马克思、恩格斯对政治制度和政治经济学的认知是深刻的，西方学者对他们的哲学高度也是认同的。

对此，在中国文化的古典文献里面，也说“国之大事，在祀与戎！”国家的存在，就是为了保护共同的利益，祭祀是信仰上的，军队的征伐则是在物质上的，国家需要武力保卫。

西方的很多国家，一直是政教合一的国家，而早期的西方历史则因为很多历史逻辑的矛盾受到了质疑。我们从中世纪的历史来看，西方国家的规模普遍很小，也就是历史上中国春秋诸侯国的规模。而征税的权力在西方国家则归教会所有，祭司对征税有特别的权力。

中国西周采取了分封的制度，周朝周王是天子，同时周王又把土地分封给功臣和族人，西周以来是井田制，一块田地画成井字，中间田地出产的谷物就是税收。一般认为井田制也是逐步完善的，按照历史文献，贡是夏代王室对其所属部落或平民根据若干年土地收获的平均数，按一定比例征收的农产物。到了商代贡逐渐演变为助法。助法是指借助农户的力役，共同耕种公田，公田的收获全部归王室所有，实际上是一种力役之征。到周代以后，助法进一步演变为彻法。所谓彻法，就是每个农户耕种的土地，要将一定数量的土地收获量上缴给王室，即“民耗百亩者，彻取十亩以为赋”。

中国历史发展到春秋时期，鲁国为了国家财政收入最先施行“初税亩”

制度，其就是井田制逐步被各个诸侯国废除，有了土地私有制。在井田制的公田以外，各个宗族大量开垦私田增加收入，所以在鲁宣公十五年（即公元前594年）实行了“初税亩”，宣布对私田按亩征税，即“履亩十取一也”。“初税亩”等于是承认了土地私有的合法性，税收的前提就是取得收入，成为课税对象的财富是合法的。而春秋向战国的过渡，也是东周的朝贡体系过渡到战国的国家体系，春秋的礼崩乐坏，其实是周朝朝贡体系的瓦解。

对西方税收制度的发展，按照西方学者的观点，历史进程是这样的：封建社会初期，公共费用和王室费用急剧增加，单靠自由纳贡难以满足需要，但开征新税需要贵族间的契约。然后到了中世纪，由于君权极度扩张，国家君主的权力增加，而进入了君主专制课税时期。欧洲战乱不断导致军费上涨，国王必须实行专断课税维持国家统治，贵族、僧侣阶层却享有豁免税收的特权。但近代资产阶级革命时期，资产阶级与封建贵族妥协达成契约，国家凡开征新税、废除旧税或制定、修改税法，都须以不违契约（宪法）为原则，背后是多种权力的制衡。西方的财政制度从朝贡体系变成税收制度，国家也从以前的城邦变成了现代国家。

所以我们可以看到，征税权是逐步发展而来的，从古代的朝贡体系，逐步发展为现代的税收体系，征税权从教会和政教合一的国家，逐步脱离教会的影响，成为一种独立的权力，这个权力首先是政权的一部分。

· 征税权与发债权、货币权

西方国家的征税权，更多的掌握在教会手里，国王与教会的矛盾不断加大，而且在中世纪以后，国王的权力逐步加大，国家间的战争需要更多的资金支持，这部分资金是怎么来的呢？于是就产生了另外的一种权力，就是发债权。

发债本身意味着债权人和债务人的法律主体平等，契约有执行的保障。君主和贵族的契约，在西方实际上是教会作为第三方给予权力保障的，而国家要发债，债权的履行，实际上也是由教会来保障的。

西方国王的发债，背后对应的是战争，最初的债权甚至带有投资入股的味道，就是发债打仗，打赢了掠夺可能赚很多倍，打输了血本无归也要认倒霉。对应于征税权，发债权出来了，在西方历史上是一个里程碑的时期。

国王能够通过战争发债，战争的实力大增，也不再必须接受教会对战争的调解，宗教的权威就受到了质疑，西方的宗教改革也开始了。新教与天主教的冲突，宗教之间的战争也要依靠国王的军队，才使得国王有了征税权。国王可以专制地征税，然后发债权和征税权又联系到了一起，可以以未来的征税权作为发债的担保。此时的发债权和债券才是真的债权，不是股权投资的概念了。

西方国家进入资本社会，又有了一项新的权力诞生，就是货币权力。以前的国王可以铸币，但铸币带来的利益是有限的，与现代金融体系的利益规模不可比拟。同时，以前的铸币权由国家垄断且社会开放，而到了资本社会，则变成了金融资本的私有，货币权力在国家贵族和教会外，成了资产阶级的经济权力了。

在近代金融体系建立了以后，发行货币的权力带来的利益越来越大；而货币的发行，也从需要锚定贵金属，变成锚定了国家信用、国家的发债权和征税权。以国家债券为发行货币的保障，税收则是国家债券偿还的保障，同时反过来从税收来说，早已经从历史上的实物税收变成了货币税收，税收货币化了。

因此到了现代社会，不光是从古代的朝贡体系到了现代国家现代的税收体系，更是让国家的货币发行权、发债权和征税权成为三种制衡与统一的权力，维护国家的政治实体，同时又跨越国界，参与全球化的利益再分配。

· 政权基石：财富与权力的凝聚

什么样的国家是一个强盛的国家？这并不由国家的财富总量决定，而由一个国家在必要时可以调集的财富和资源量决定。国内生产总值有多大只是一方面，国家能够调动多少资源是另一方面。在国际竞争中，成败更多地取决于一个国家能够调动多大的经济力量。而要调集这些经济力量，离不开财富和权力的凝聚。这个凝聚程度就是一个国家凝聚力的体现。怎么样能够高度凝聚财富，背后首先就要看一个国家的征税能力：征税权有多大，在全球的征税能力有多高，能够把税负转移到国外的有多少。

随着经济的发展，一个国家生产率的提高，有赖于分工的进一步明确和分化。分工越细，要求的工序越多，生产的规模也越大，需要共同劳动和居住的人就越多，需要的资本也越多，城市化的需求越强烈，对于产业的资本化和金融化的要求也越强烈。现代国家的经济发展是以城市化和金融体系建立为标志的，而国家的管理、控制和防御等，也都是依托城市进行，随着人口的集中，国家的权力也向城市凝聚。财富聚集的同时，征税和集中财富进行公共服务的能力也变得更加重要。

因为依托集中于城市的权力和财富才能够产生足够的反抗力量，才能够聚集财富，成为一个征税中心，所以历来破坏国家瓦解政权的一个重要举措就是破坏城市。城市被破坏之后，这个国家的权力、人口和财富无法有效凝聚，税源也被破坏，反抗就没有了人员和物资等经济基础。翻开历史，你可以看到历来的征服战争都伴随着一路的毁城和屠城。

而在现代社会，随着经济的发展，尤其是在金融业发达以后，屠城就没有必要了，完全可以通过经济和金融的手段达到目的。当然这种方法在历史上也有过应用，朱元璋得到天下后就把全国的富人登记造册进行打压，同时发行宝钞禁止白银流通，以各种罪名株连巨室，把大量城市人口流放到边远地区，从而巩固了明朝的统治。之后即使发生“靖难之役”这样的变故，也没有动摇皇权，其根本就是皇权做到了权力的凝聚，把一切可能造反的力量予以分散。皇帝的征税权得到了充分的保障，起义者却难以获得足够的经济资源。

现代的做法是控制一个国家的央行和金融体系，通过金融手段操纵该国的汇率和金融市场，发行过量货币让该国必须接受泡沫，以金融手段不战而胜。要控制一个国家的金融体系，首要的就是限制一个国家的财富集中，不让它产生本土的金融力量；而一个国家的金融体系被外国控制后，国家的经济命脉和兴衰就会掌握在他人手中，政府也得听命于人了，否则就只能在不断的经济危机和财务压力下垮台。这样的做法如果以征税权的视角，就是外来的金融力量对一个国家的经济体征收了铸币税，一个国家的货币发行在被另一个的经济体不断地“吸血”和攫取财富，对此以后我们会在铸币税的章节进行分析。

同时在宗教和文化上，给要颠覆的国家制造混乱，搞社会的阶层矛盾和民族矛盾，让这个国家内的不同势力增多、不同意见增多，导致国内权力博弈关系复杂，权力在国内无法集中；只要在国家内出现难以调和的激烈权力之争，国家的权力不能凝聚和统一，这个国家就不可能强大。而国家混乱首先出现的端倪就是财政能力下降，税制混乱，国家征税能力下降，社会税负不均造成人民不满。历史上的各种起义，绝大多数都是由于人民对征税的不满而引发的。

因此国家强盛的一个基石就是权力与财富的凝聚，而金融资本和宗教，恰恰是在财富和人流两个不同的角度体现了这样的力量，一个国家凝聚力的大小，也就是国家盛衰的根本因素。凝聚力是国家的基石。而征税权在这里非常重要，通过征税把国家的财富集聚起来，提供社会公共服务和对外抵抗侵略，所以说征税能力也是国家管理能力和强大的标志。

- 2 -
征税权与金融货币的本质

定价权是一种金融交易权利，争夺金融霸权就要控制定价权。而征税权则是带有所在地政治主体主权的权力，是所在地政治实体为获取收入和调节其社会关系而进行的。

金融交易要涉及各种交易税，也就是间接税，是由货币的本质所决定的。世界是发展变化的，而且经济学也是不断变化的。所以有古典货币和现代货币的分野，经济学也有古典经济学和现代经济学的分野。

世界上关于货币的理解有多个学派，这些学派所主张的是货币商品说或者货币媒介说。古典经济学派大都主张货币商品说，亚里士多德等人把金银货币当作财富，重商主义也是以贵金属货币为财富的，马克思认为货币是劳动价值论中的一般等价物。而现代经济学则更多地倾向于货币媒介说，把货币作为一种交换媒介，代表着国家信用。依据这两个不同的货币学说，古典货币和现代货币这两个不同的概念产生了。

> 古典货币：任何一种可以执行交换媒介、价值尺度、延期支付标准和完全流动的财富的储藏手段等功能的商品，都可被看作古典货币；从商品中分离出来固定地充当一般等价物的商品，就是古典

货币；古典货币是商品交换发展到一定阶段的产物。古典货币的本质就是一般等价物。

现代货币：是指以某一权力机构为依托，在一定时期、一定地域内推行的一种可以执行交换媒介、价值尺度、延期支付标准和作为完全流动的财富的储藏手段等功能的凭证。这样的权利凭证就是一种信用凭证，现代货币通过国债抵押来发行，背后就是国家信用。

通过上述定义，我们可以看到古典货币与现代货币的区别在于：古典货币本身是商品，本质就是一般等价物，不依附于任何权力机构，不会随权力机构的消亡而消亡。现代货币是一种凭证，依托于某一权力机构而存在，随权力机构的消亡而消亡。可以说现代货币在作为交换媒介、价值尺度、延期支付标准方面绝非古典货币所能比拟的，但作为财富储藏手段要逊色于古典货币，即使储存再多的凭证，其功能也会随权力机构的消亡而消亡。二者的关键差别在于资源！

货币价值具有两重性，即货币的空间价值和时间价值。所谓货币的空间价值，也就是货币的购买力，单位货币能够买到多少商品；货币的时间价值，也就是货币的利率，货币在使用和周转当中是要随着时间按照一定的利率产生价值的。对商品货币来说，要满足其购买力与商品的一般等价物价值对等，因此在通胀下一般需要加息保持其空间价值；对媒介货币来说，在通胀下就需要按照供求关系降价，所以更多地表现为降低利率。在信用货币成为全球经济主流以后，信用货币所带来的巨大货币投放量也让这个世界进入了低利率时代，低利率促使经济飞速发展。

在商品货币时代，货币是贵金属，或者说货币绑定了贵金属，金本位就是古典货币。但是在古代世界，很多国家是白银本位的，中国历史上还有以青铜作为补充的复本位制。这样的商品货币时代，我们也可以广义地将其看作是货币天然信用的时代，因为当时的国家和商业机构没有足够的信用发行货币，在社会信用和商业信用都不足的情况下必须依赖于某种商品的价值作为标准，这个商品的价值实际上就是货币的天然信用。但是商品货币的问题就是经济发展以后，这些货币所对应的商品数量是有限的，因此商品货币在当今社会的大发展过程中走向破产是必然的；同时金本位制的崩溃带来了货币概念的彻底改变，现代货币的概念确定了。但是我们的经济学从重商主义、古典经济学到现在的货币主义，作为经济理论的基石——货币的概念已经不同于以往，这个不同是可以套利的。信用货币带来了低利率的好处，而信用货币的问题就是货币会有不断超发和贬值的风险。

不同的货币认知，与征税也是联系在一起的，直接税更多的是针对信用，而间接税则更多地针对商品。直接税对应的是时间价值，是一段时间内的所得利益，间接税则对应商品交易。

无论怎么定义货币，相比持有普通商品人们更愿意持有货币，这样它才能够成为货币！也就是说要将货币换成商品很容易，毕竟拿钱买东西时都会受到欢迎。但你要是将商品换成货币，销售商品是要付出很多努力的，是有销售费用的。

再阐述一下，就是我在多部著作当中都提及的石油美元的本质，石油美元不是用美元标价石油，而是用美元可以很容易地买到石油。用其他货币买石油很困难，将其他货币变成美元也相对困难，很多地方是有黑市和外汇管制的，强迫卖石油的国家只接受美元，而不接受其他货币，才是石油美元的真谛，也是美国要维护美元霸权的关键，这是由货币本性所决定的。

比起商品，人们更愿意持有货币，背后就是对持有货币的增值所得是不用缴税的。2008 年全球金融危机后，欧洲曾经提出托宾税，托宾税是指对现货外汇交易课征的全球统一的交易税。这一税种是美国经济学家詹姆斯 · 托宾（James Tobin）在 1972 年的普林斯顿大学演讲中首次提出的，他建议“往飞速运转的国际金融市场这一车轮中掷些沙子”。但也只不过是停留在理论阶段，如果真的落实，对货币霸权将是极大的打击。国际金融货币霸权地位是美国的，给美国“掺沙子”可不那么容易。

货币的现汇和现钞也是有差别的，大家到银行交换货币，就知道对外汇而言有现汇和现钞的差价。比如，你将 100 美元的现金纸钞存到银行里，银行存款也算现金，但存进去后就没有 100 美元了。因为有差价，这个差价其实就是铸币税，最早来源于中国的银子火耗，也就是从碎银子炼成银锭的过程中会有损失，这个损失叫作火耗。其实这个火耗很小，但火耗积少成多，就成为一种征税官员的灰色收入。古代有的皇帝甚至还推行过火耗归公，后来也不了了之。因为如果归公了，就真的都是火“耗”了，算是征税的成本。后来在商品流通当中，银票替代实银，解决了火耗的问题。因此货币征税，本身就是让货币与商品有所差别。西方金融体系不希望人们拿着现钞纸币，希望通过现钞和现汇的差价进行限制。比如，若银行发生挤兑，储户都取现金，等挤兑风波过去，再去存款，就会产生一些差价。这种情况在中国的银行没有发生过，很多中国人也不清楚，但若是持有外国货币，通过外汇与外币的差别，其差别就可以体现出来。

在资本主义社会，体现出资本和金融统治强势的，还有各种金融证券交易，其税率也远远低于普通商品。即使中国与全球接轨，中国的证券交易也只有印花税和佣金，增值部分是不交税的，而且股票是没有资本利得税的。很多人认为美国等国的股票收入要纳税，但这不是交易的间接税而是直接税，差别是它是对你在一段时间内股票的所得征税，长期持有超过一年的税率比所得税低，短线操作按照一般所得税，股票之间是可以弥补亏损的。不同于商品增值税，不同的商品之间如果没有联系是不抵扣的。而且美国对境外投资美国股市的收益是不收税的。

还有一个关键，就是金融的期货市场，期货市场只要不交割，也是没有增值税的，所以我们的增值税是价外税，不拿实物的期货交易是没有增值税的。这个差别也是期货与现货的差别。另外还有一种介于二者之间的交易，就是仓单交易，仓单交易是要缴纳增值税的。因此中国的某些交易所，以仓单交易为主，逃避国家期货监管，最后出问题的原因之一是增值税如何缴纳的问题。

看清征税本质问题，国家税政采取直接税与间接税，根据商品、货币、金融交易所制定的政策而有所不同。金融交易是间接税，要越来越低。而间接税对金融霸权国家起到一种制约作用。因为只要有增值，就要被课税，等于在金融霸权的定价上，通过征税获得一份收入。对征税所涉及的商品交易，商品在哪里生产、在哪里流通，商品就在哪里增值，对应的交易就在哪里要成为被征税的对象，所以增值税等间接税，制造工厂和物流节点就是一个征税中心。中国是世界工厂之一，中国也是世界间接税的一个征税中心。

但对金融货币的征税则与商品不同，尤其是在脱媒之后，对现代货币更是如此。货币不是贵金属实物，货币也没有了纸币作为载体，它脱离了纸媒，只不过是一个信用的符号。在交易当中，交易的基本假定，就是货币作为媒介，媒介本身并不发生价值变化。交易的契约所约定的交易价格，以货币为价值尺度。在交易当中，货币所发生的是它所有权归属的变化，而不是它价值的变化，而交易当中商品所发生的是价值的变化。货币在交易中，背后代表的信用主体货币所有人发生变化，这个变化就是交易一方的利润（交易一方的所得）的变化。要从货币金融的方向控制交易进行征税，只能对交易的主体所得和利润直接进行征税，属于直接税。金融霸权国家征收所得税，不征收交易的增值税。

从货币的价值层面来说，在交易的时候，货币体现的是购买力，货币价值稳定没有增值。货币的价值变化在体现为时间价值，也就是持有货币的时间所带来的价值（如利率），这部分也是直接税，是财产税的一部分。但从货币能够成为货币的本质出发，交易的趋向是让人们更愿意持有货币，而不是持有财产。因此就是要对财产征税，而持有货币，则不被征税，这导致人们更愿意去持有货币。房产税也具有相似的作用，西方国家征收房产税，也是金融资本与土地所有者的斗争结果，让社会持有金融资产，而不是持有土地，是金融资本领袖取代封建贵族成为统治者的结果。

对持有的资产征税，目的就是降低资产的价格。在资产可以被抵押的金融时代，封建贵族持有土地资产，就是对金融货币霸权的对抗，就如西方长期不允许控制金融资本的犹太人持有土地一样。降低原资产持有者的资产价格，从资产持有者手中分一杯羹，是金融统治世界的常用手段。在西方的资本社会，以金融为主导，当然要对土地资产持有者征税，被征税的一方是被统治者，统治者对自己是不征税的。包括在美国，南北战争的矛盾集中点更多的是《宅地法》，而不是所谓的说辞——“解放黑奴”。《宅地法》主要针对拥有大量土地的南方种植园主，就是谁统治谁的问题。征税权的背后，是有战争和流血的。

另外一个重要的国际税收就是关税，西方金融霸权国家都在致力于降低各国的关税，因为关税本身就是对抗他国金融霸权的。现代国家建立国家央行体系，国家内部的货币权力掌控在国家手中，国家需要的是境内统一的大市场，要对国家境内各地的关税进行清理。在征税权与金融货币权之间，国家选择了后者。而在国家没有金融货币权的贵金属货币时代，我们可以看到的是国家境内也有货物流通的关税，中国著名的崇文门税关征收的就是这样的境内关税。晚清的军阀更是搞得中国厘卡遍地，厘卡也是关税的一种。但国家内部金融市场统一之后，国内的关税厘卡都被取消了，而国际上各国家之间要有关税。海权时代的各国主要进行海上国际贸易，所以这样的税关被叫作海关，最初关税主要是指海关关税，现在陆地的货物征税，也叫关税了。

在大英帝国时期，英国就到各国推行低关税，其发动侵略战争的目的之一就是要降低关税和取得关税权。一个国家关税权的丧失，也意味着国家主权丧失。而对英国的金融霸权，当年的美国也采取孤立政策，对从英国进口的货物征收高额关税。但当美国成为全球金融霸主时，美国就开始推行全球的低关税政策了。而现在美国的金融霸权受到威胁，美国发起的贸易战，就是要追求不对等的关税利益，迫使中国在金融汇率层面对美国做出最大的让步，强迫中国的贸易顺差以金融的形式回到美国，购买美国基本没有收益的国债，或者不断膨胀且没有信用的国债。金融权货币权与征税权之间的逻辑关系，我们要清楚，征税权本身就是争夺和对抗金融货币权或者加强自己的金融货币权的。征税权是一国的主权，但国际上征税权博弈，在关税层面则追求不对等。比如，在中美贸易中，美国采用的是双重标准。

世界进入数字时代，加剧了金融交易的脱媒现象，也就是有大量的交易，是与去中心的虚拟数字货币进行交易的，脱离了传统的商业银行！数字货币本身就是广义货币 M5①，虚拟数字货币交易不交税；而各种金融衍生品的交易对冲，金融衍生品是广义货币 M4，金融衍生品的对冲交易不交税；交易使用可支付证券，可支付证券是广义货币 M3，通过证券交换的交易也不交税。这些交易都没有被征税，它们是通过券商完成的，不是通过传统的商业银行。而且美国还不公布 M3 与金融衍生品的相关数据，美联储不对金融衍生品进行监管，目的之一就是让其他国家也没有交易数据，也不能对它们进行全球交易征税。同时各国货币之间的汇率交易也是免税的，汇率交易依托于国际货币——美元，在美国之外流通的美元，也属于 M3。美国对 M3 不公布数据也不监管，也是不让这个领域有税收产生。金融衍生交易领域没

① M2 为广义货币，M3、M4、M5 为超广义货币，M1 为狭义货币，M0 为流通中的现金。——作者注

有税，是美国金融霸权的需要。现今数字时代，欧洲各国准备征收数据税，美国却极力反对，对此下文还会分析。金融脱媒的现象引发关注，美国的金融政策也在改变，以前是商业银行和投资银行是严格的分业经营，现在的趋势是金融业要变成混业经营的大集团，放松了分业经营的要求。中国的金融企业，也追求成为全牌照的金融集团。

综上所述，在金融时代、数字时代，征税问题不再是传统的国家治理和财政问题，而是国际财富再分配博弈，若忽略税政与货币金融的关系和博弈，则脱离了世界的发展进步，最后可能在国际财富再分配博弈中成为被渔利的对象。

-3-
间接税是否转嫁的机制分析

美国为什么不选间接税？原因就在于间接税与美国的全球金融定价霸权冲突。间接税转嫁之后，美国的定价权利益会被征税。但为何中国目前是以收间接税为主？间接税是否转嫁，以及转嫁的机制是什么？接下来分析一下，什么情况下间接税会转嫁，什么情况不转嫁。

间接税是否转嫁，转嫁给谁，其实是与交易机制和定价权有关的。在交易的时候，买方有一个预期价格，卖方也有一个预期价格，中间是有交易区间的，就如你愿意花 90 元买某个商品，卖家愿意 110 元卖，20 元的差价区间就是交易区间。但这个交易到底在哪个价位成交呢？如果是在这个 20 元的差价区间当中随机发生，那么就可以说这是不确定的自由市场。但实际情况经常是一直是按照 90 元成交，或者一直按照 110 元成交，这背后是由定价权决定的。还有就是市场交易机制是买方报价还是卖方报价，谁先报价谁被动。

在美元霸权之下的中国商品，就是没有定价权的，中国要卖的商品定价低，中国要买的商品定价高。稀土和铁矿石资源的定价不同，关键就在于定价权在谁的手中。

这个时候我们再看间接税。例如，中国卖商品的时候，商品价格已经是底价了，若被征收间接税，就只能把这个税加到价格中，买方就只能高价去买，那么这个税就被转嫁到买家了。而中国要买的商品，已经是各种成本博弈后中国所能够接受的最高价了，中国进口商品时还要缴纳间接税，那么卖家想要将商品卖出，就只能承担间接税。

例如，铁矿石，中国市场能够接受的如果是 110 元，其中包含 17 元预征增值税，那么卖家就只能以含税的价格 110 元出售，等于卖价是 93 元。其实卖家也可以定价 90 元，但因为定价权不属于中国，卖家定价 110 元，实际上卖家拿到的只有 93 元。这个增值税就被卖家承担了。如果铁矿石是进口的，就由外国的国内生产总值来承担，如果铁矿石是国产的，就由国内矿业承担，中国的增值税的间接税博弈，其实是不亏的，这就是我在《定价权》一书当中所说的，用中国作为世界工厂的地位带来的征税权博弈美国的定价权。间接税的转嫁不仅在商品出口过境时发生，国内在消费进口原材料时，也是转嫁给西方国家的，如芯片等进口产品，都是类似的，虽在国内消费进口商品，但间接税的承担者是西方国家。

美国等国家反对间接税，要求征收直接税。因为美国的商品都是高定价的，定价权在美国人手里，他们可以控制交易区间，定价计算到买方能够接受的高限。若此时有流转税、间接税，那么价格就会涨到买方无法接受；若卖家获取的利润远多于税款，那么希望成功交易，自己就要承担这个税收的成本了。因此美国人清楚间接税无法转嫁，无法转嫁就取消间接税，征收直接税；此时中国要征收流转税就由美国人承担。穆迪公司研究显示，在中美贸易中，美国增加的关税，90% 以上由美国买家承担，中国商家承担的部分还是国内减税和提高退税让出来的空间。中国收的贸易关税，也由美国卖家承担，美国人原先设想这个税由产业和产品转移，由其他国家提供，但事与愿违，因为新冠疫情等原因，其他国家没有足够的产能。同样，美国收直接税，要避税也只能在美国避税，受美国人控制。中国的资产税会直接导致财富外流别国。

我们再进一步从微观上分析交易机制问题，在菜市场，若这个摊贩报的菜价高了，买菜的人就可以找别家买；但若菜场租金涨价了，所有的摊贩成本都高了，那么所有菜贩就会把租金分摊到菜价里面。这个时候买菜的人可能会换一个菜市场买菜。但若是菜场涨价因为缴纳统一的某种税，所有的菜场都涨价了，那么买菜的人就只能接受了。

前几年，各大网络平台推出所谓电商到社区，进行补贴营销，试图挤垮社区菜市场，为的是等实现垄断以后，它们就可以统一涨价了。就如当年的某打车软件通过倾销赠送，垄断市场以后，收取一部分出租车司机的费用，到用车高峰期的时候提高费用，打车族和司机一度只能接受，这就是被垄断渔利了。好在国家看清楚了这一点，及时进行了限制，包括对电商进入社区挤垮菜场的事情，也及时进行了干预。

再进一步可以看到我们的房屋租赁市场，房屋租金都是业主先报价的，不是租户报求租价的，而某个网络平台采取线下高价收房，然后租户向它求租，在网络平台之上，让租客去报价，出租的房屋则被它线下收购。如此改变房屋租赁市场的交易模式，租客先出价，也就是交易区间的价值的影响方，从租客那一边转移到出租方和平台之上。虽然平台的收房价格普遍比租赁市场高 10%~30%，但它在投资报告中分析得非常清楚，它可以通过交易模式的改变，让租金再涨一些。就这样，平台就可以把其中的差价收入囊中。另外，还有所谓的“租金贷”等“金融创新”，也一时得到资本的热捧。

通过这样租金暴涨渔利，引发的社会问题巨大，一段时间内，多地已经出现房租暴涨的苗头，政府及时从政策层面进行了管制，让蛋壳破裂了。

如果用某种方式让房东成本集体增加，比如，增加某项税，导致房东集体抬高了报价，那么在交易区间内，租客就要接受，这个成本增加就被房东转移给了租客。

以前租房市场的现金交易大多不缴税，政府也查不到，后来房租可以抵扣租客的个人所得税，所得税报税以后，房东的房租收入就在税务局系统里面了。如果房租收入依法纳税，如增值税和所得税，出租房缴纳房产税，依法房产税是租金的 10% 或者房价的 1%，营业税改增值税（营改增）以后，出租不动产还要缴纳增值税，其法定税率为 11%（自 2018 年 5 月 1 日起改为 10%，可以抵扣）和 5%（不能抵扣）的征收率，同时房东还有 20% 个人所得税。这些税收加起来总量是租金的 30%~40%，房东不愿意承担，那么他们就会要求租客增加房租或者退租，从而导致房租开始暴涨。政府为了房租不涨，最后变成了只征收 2.5% 的综合税。因为所得税报税抵扣房租，但租房人报税了，房东不干就涨房租。

房产税是否转嫁，怎么转嫁，转嫁的机制是什么，国家就这些问题进行过一次博弈实验。试点的结果是缴纳的税款多会导致房屋租金暴涨，因此政府下调了房地产出租的综合税率。

- 4 -
征税权与定价权的博弈

中国的征税权，是中国在博弈世界能够崛起的根本。中国的征税权对国际的定价权，在中国是世界工厂的情况下，是具备优势的，间接税是全球转嫁的。

这里首先我们要说一下征税权博弈定价权的原理。在交易当中，买方有一个愿意成交的最高价格，我们称为 P1；卖方有一个愿意成交的最低价格，我们称为 P2。这两个价格一般并不相等，而且若相等则在不透明的谈判当中，双方也不容易达成一致。在 P1 和 P2 之间，就是这个商品的成交区间，但在这个区间里面，到底以哪一个价格达成交易，其中大有学问。如果都是随机达成的交易，那么市场是自由的。但我们看到实际的情况是定价权的存在，稀土和铁矿石同样是资源，却拥有完全不同的命运。被西方国家称为资源，被我们称为初级产品，这种话语权和舆论的双重标准，是西方掩盖它们拥有定价权和可以掠夺世界的真相。在这个真相之下，它们的自由市场理论就是一个洗脑的理论了。

对定价权的交易空间，谁能够分一杯羹呢？那就是税收，是间接税！因为税收是强制性的，买方和卖方计算的是最后的支出和收入的 P1 和 P2，是不含交易税的，交易税包含在交易区间里面，在有定价权的模式之下，本来交易区间的利益归拥有定价权的一方所有，而现在这部分利益被税收分走了一部分。

美国试图通过贸易战遏制中国，加收 25% 的关税，结果发现美国开征的关税，90% 以上被美国人承担了，近 10% 由中国承担，中国承担这些还是因为中国出口退税率提高了。从 10% 来计算增值部分 4% 的不能退税变成了全部退税，总价 25% 的关税的 10% 是 2.5%，与产品从初级增值后的 4%，其实是相当的。等于中国的减税，相当于承担了美国的加税，这个减税，相当于给美国送钱。要是中国不减税，美国加税的结果，就是拥有定价权的美国资本承担所加征的税费。

比如，卖一个玩具，最后零售价 5 美元，中国卖 2 美元，赚 1 毛人民币，美国则从中赚 3 美元，要加关税 25%，你说这个税谁承担？如果我们多退税 1 元人民币，美国就要求中国降价 1 元，中国还是只赚 1 毛，这就是没有定价权的结果。但如果我们加税，要收税 1 美元，美国可以赚 2 美元，依然会成交，关键在于中国的产品是否可以被东南亚国家的产品替代。

所以征税就是对抗定价权的，定价的交易空间被税收挤占了一部分，拥有定价权的利益就要减少。因为征税的挤占，交易空间也减少了，所以征收多少也是一门学问。征税权和定价权，是分享交易空间的，分享多少，也是激烈的博弈。

在国际交易当中，在交易空间对买卖双方的征税，就是标准的间接税最终由买方还是卖方承担，与定价权有关。另外的关键就是谁能够征收到这个税。中国作为制造方，就是拥有优势的。因为交易的标的物最初在制造方，间接税是直接附加到标的物上的，谁最先控制交易的标的物，谁就有征税的优先权。正因为博弈西方定价权的间接税，征税的优先权在中国，所以西方才会才那么妖魔化中国的间接税！

我们要全面认识征税权，中国的征税权就是用来与西方的定价权进行博弈的，其中的间接税，是要向全球转嫁的。我们要全方位地认识直接税和间接税。

简单来说，就是间接税以对国内生产总值和进出口商品等征税为主，而直接税则以对国民生产总值征税为主。中国的国民生产总值比国内生产总值要小很多，变成直接税的结果就是中国的征税权流失。

-5-
汇率、贸易与征税权

在汇率层面，通胀与汇率问题在很多情况下实际上是一个问题，要升值的货币会引发外汇的大量流入，这往往会导致央行外汇占款增加被迫发行货币，而国内发行的货币过多，汇率的升值压力就将被通胀来替代。2008年金融危机后，中国就经历了这样的阶段，我们叫作输入性通胀；同样地，要贬值的货币会引发各种资金投机性地外流，导致国内货币发行不足，而被通缩来替代。在2015年的股市危机之后，中国的资金外流，外汇储备大幅度减少，导致国内通缩的压力加大，国内资产价格下行，经济压力加大。当今世界汇率博弈的背后也是各国之间通胀与通缩的博弈。在国与国的货币相对的通胀和通缩下，是资源和财富的不断流动，是国与国的财富和资源再分配。

在2008年金融危机之后，美国政客利用中国汇率问题进行博弈，不断指责和施压所谓的中国“操纵汇率”问题。

对中国外贸企业而言，随时可能发生的汇率摩擦、贸易摩擦是中国产业头上的乌云。笔者认为，对于美国的反汇率立法我们要积极行动，既然美国可以操纵汇率，乱加征税，中国可以与美国一样增加关税。由于中国的巨额顺差，双方远远不对等，但中国也可以对滥发货币的国家立法征税，让汇率上升或下降。外国投资和贸易兑换结算外汇时，我们征收特别的资本利得的所得税。这个所得税还可以累进和针对专门币种或者专门的国家，把汇率变动所带来的不合理增值，同样也以税收的方式征收上来。中国的做法，首先压缩了热钱借助汇率变化，创造了国际流动的渔利的空间；其次也表明了我们不怕进行汇率博弈和贸易博弈的态度，让热钱进来担心自己的得利被中国征税，流出的资产也可能被征税、监管和限制。在征税的压力下，减少中国汇率被攻击的实际风险，可以成为中国重要的博弈举措。对于当今全球化的博弈，中国也需要各部门全方位应战。

中国同时还可以征收服务贸易的相关税收，中国 2015 年来外贸依然大幅度顺差，2022 年达到惊人的 8700 多亿美元的顺差，创造了全球历史纪录，但中国的外汇储备不增长，汇率依然是否存在波动不受控的压力？这个问题的背后就是中国在商品贸易之外的金融投资、服务贸易等领域大量的外汇外流，对服务贸易中的外流就应该征税。比如，中国人的海外旅游，就支出了大量外汇。

要对抗金融霸权，那么对汇率的变化带来的损益，我们就应当征税。征税权就是对抗金融定价权的。对汇率收益所得税，可以在中国境内全面征收，而且我们税收的一项根本意义就是在于调节社会的收入，促进社会的公平发展。在汇率剧烈变动的情况下，使用税收收入来补贴因为汇率变动严重受损的企业，可以成为政府维护国家经济安全的重要政策。这样的政策的执行难度并不大，因为可以由海关部门在进出口报关的时候一并代收或者是在结汇时由外汇监管部门代征，这样的机构和监管体系我们是已经具备不用重新建立的。与此同时，我国的此项政策也可以成为与美国歧视性立法和汇率战争的博弈武器和筹码，还可以对不同国家和不同货币进行差别待遇，更可以对国民进行优待。其立法的快慢和征税的税率等，均可以在国际上进行谈判和外交斡旋。美国能够利用所谓汇率操纵对中国的贸易征税，我们就可以对汇率变化的所得征税，二者本身在金融利益和汇率变化得利上也是对冲的。中国需要利用中国市场的地位和世界工厂的优势，先在自己的国家范围内创造出有利于自己的博弈手段和规则，再通过这些手段和规则参与世界博弈。

中美经济金融的激烈竞争，未来在中国崛起的过程中肯定是伴随始终和越来越激烈的，但是竞争不只是对抗，还应当有博弈。

中国需要学会的是利用规则博弈，应对汇率竞争。

- 6 -
间接税对中国全球征税博弈的意义

中国减税会导致直接税财富外流，从而导致国家竞争力下降。我们需要的是认清间接税的好处，在国际征税权博弈和财富再分配上，发挥自己的优势，占据有利位置。我们需要看清间接税对中国全球征税博弈的意义。

自 20 世纪 80 年代开始，发达国家已经认识到所得税比重过大的弊端，所以税制改革的主要趋势是：降低所得税的比重，提高间接税的比重。不过提高间接税是有条件的。美国一直走在这次税制改革的前沿。在间接税税种的选择上，大多数发达国家认为增值税是间接税的最佳选择。就在增值税在大多数国家遍地开花结果时，美国却迟迟不肯引入。美国征收的是销售税。

我们要认清楚税收的博弈，美国未征收增值税，是因为美国以末端的消费者为主，自己不生产，增值税的抵扣反而会导致征税成本的无谓增加。

增值税作为一个年轻的税种，于 1954 年首创于法国，在近半个世纪的历程中，它的范围迅速波及整个欧洲，风靡全球。但美国至今未征收增值税这一税种。尽管增值税在国际上有成功的先例，美国国内也一直有呼吁采用增值税的主张，不过美国国会和政府一直不为所动。加拿大、日本等国在多方争议中最终开征了增值税，澳大利亚也于 2000 年推出“商品服务税”，相当于增值税。至此，美国成为经济合作与发展组织中唯一未采用增值税的国家。

美国不征收增值税，征收的是销售税，相当于中国的营业税，因为美国的消费，大都只有销售一端，生产端是进口的，已经在他国了。美国的销售税的税率一点都不低。

美国人对增值税的全球博弈的性质研究得非常清楚，增值税易于转嫁，税收归属不确定。纳税人可以通过调整价格，把税负向前或向后转嫁。也就是说，征收增值税对美国人来说是吃亏的。而中国作为生产制造大国，间接税可以转嫁给原材料的资源国（上游），以及西方的消费国（下游）。

税收降低，财政必然紧张。中国的间接税，是向全球转嫁的，笔者认为一定不能降低，而且要减少出口退税的幅度。中国的财政压力也是有的，在新冠疫情之下，中国是产能充足的巨大经济体之一，中国出口商品是硬通货，增加间接税、流转税，可以把税收转嫁到全球。

2019 年中国的国内生产总值比上年增长 6.1%，但国内征收的增值税比上年增长 1.3%，远低于国内生产总值的增长率，增幅比上年回落 7.8%，其中，工业企业实际缴纳的增值税收入下降 6%；进口货物缴纳的增值税、消费税下降了 6.3%，主要受降低进口环节增值税税率影响；2020 年中国的国内生产总值增长了 2.3%，超百万亿元，但第一大税种增值税收入下降 8.9%！降低税率，导致中国的财政收入存在巨大的压力，国内的经济风险也在积累。

- 7 -
直接税有陷阱

直接税里面经过社会的非合作博弈，到底在二次分配时谁得利，不是简单直接，而是陷阱隐蔽。

中国是世界工厂之一，也是世界的征税中心之一，降低中国的流转税，实际是给全世界减税，对中国是不利的。同时对国内的消费竞争，这个减税也是有利于大资本，不利于小工商业者的。

中国的增值税率于2019年4月1日起从17%降低到13%，真正影响较大的是大型企业税负的大幅度降低，与小企业之间差距变小。虽然对小规模纳税人也是降低了一点税负，但小规模纳税人很多是不用交税的，他们也没有抵扣，算下来其实是对大企业有利，尤其是大企业转型零售以后，零售没有抵扣，不同于批发给零售店可以抵扣的情况了，零售的优势更大。因此，笔者认为，降低间接税的后果，真的要好好考虑一下。

国家的繁荣，离不开中小工商业者的贡献，他们承担了巨大的风险，是劳动者不是食利者。这些人的税负在目前的直接税层面较重，间接税的降低没有给他们带来好处，尤其是近些年，他们的生存压力也是较大的。

以南非为例。南非是以直接税为主的国家。南非实行中央、省和地方三级课税，税收立法权和征收权主要集中在中央，税款也主要由中央征收。但现在南非提高间接税了。南非自2018年4月1日起将增值税率从14%提高至15%。也就是在我们降低增值税税率的时候，南非提高了增值税税率。增加间接税，就是参与间接税的全球博弈。在没有定价权的时候，间接税是让市场强势一方买单的。

另外，南非不给予外国公司超国民待遇，其中一个关键点就是它对外国公司的股东是要收税的，要在南非进行企业预提。南非对股息征收预提税，税率为15%。且南非从2015年3月1日起，按15%的税率征收利息预提税。

另外，南非对外国购入本国资产，也是采取相同的政策的，那就是：当南非不动产的购买方向非居民纳税人付款时，购买方必须向该非居民支付的金额中预提一定比例的税款。比如，非居民为个人，其税率则为5%；非居民为公司，其税率则为7.5%；非居民为信托，其税率则为10%。这里我们可以看到，南非对外国信托转移资产的税率最高，是资产额的10%。而且信托是外国公司，取得利益还有前面的股东税等，因此信托交易是无法避税的。

其中的关键问题就是：在社会上非合作博弈之后，最后由谁来承担直接税和间接税？所有的“魔鬼”都在细节里面。

-8-
为什么美国主要收财产税、直接税而不是间接税

对于西方国家的直接税、财产税高的问题，我们需要了解其背后的真相，需要用数据说话，各国的经济结构和状态不同，采取的策略优质与否，数据之下一目了然。

为什么美国没有收间接税？我们可以看一下美国的产业比重，2020 年美国服务业在国内生产总值中占比 81.5%（美国的服务业主要是金融交易，印钞也算国内生产总值，金融流转与商品流转的关键差别就是不征税），房地产业占比 12.9%（美国人住自己的房子还要算虚拟房租，计入房地产的国内生产总值），美国剩下的制造业不足 11%（这里还要包括大约 3% 的农业，美国农业发达，各国的农业都是有财政补贴的），要是对生产的制造业收取间接税，能够收多少税？而中国是世界工厂之一，中国是产业为主的国家，中国的间接税是全球转嫁的，全球消费中国产品的时候，里面就有中国的间接税。比如，在美国要基建的时候，中国取消了钢铁出口的退税，钢铁里面有中国的间接税，然后我们出口钢铁还加征 15%~40% 的关税，关税也是间接税。而美国则是世界的消费中心之一，别国的间接税转嫁给它使它很难受，若自己再开征间接税，结果就会使所有的间接税都由本国负担，这会恶化美国的通胀。

我们也不妨看一下西方国家财产税的真实情况，它是把所得税也算作

财产税了，真实的数据是西方国家的遗产税税率看似高，但实际所征税金极低，美国一年的遗产税只有 200 多亿美元，占美国财政收入的 1% 左右。

更关键的是美国的金融资产才是大头，而土地资产不是，美国对土地的利用也没有中国大规模基建的投入带来的转移支付。

美国财产税的主要征收对象，恰恰是金融资产。美国的金融资产，可不光是股票。美国的股票市场是金融市场的一小部分。美国的债券市场发达，美国真正大的金融资产，是美国的金融衍生品市场，美国基本不公开其金融衍生品市场的信息。但在 2008 年金融危机时期，美国总统就指出美国的金融衍生品市场规模有几百万亿美元，现在这个市场更膨胀了。在金融资产里面，新兴的更有一类资产是数字资产，美国的数字虚拟资产也是一个天文数字，美国会对它们征税吗？美国不但不征税，而且欧盟要征税美国还要跳出来制裁。

同时，美国还有一类金融资产，那就是信托产品的金融资产，其重要的作用就是避税。美国的信托规模巨大，并且是不公开透明的，信托里包含财产税、遗产税、所得税等，还披着慈善机构的外衣。美国的富豪都热衷建立自己的信托慈善机构或者加盟他人的机构，通过财产税，把有产者的财富，赶到金融资本的控制之中。金融资本控制的，就不用缴税了。比如，在美国，个人炒股要缴纳利得税，但信托给避税港的机构，就没有税了。所以美国的财产税可不是征资本家的，是征收普通人积累的财产的。

美国的交易结算都用美元，资本的最终落脚是美国，离岸港限制美国人持股，美国司法长臂管辖，所以美国是有能力全球征税的，美国的直接税就是全球征税。而由于产业空心化，美国的间接税税源已经枯竭，所以利弊权衡之下，美国当然要选择直接税。

第二章

国际征税权转移和全球再分配

- 1 -
全球征税权大博弈时代的脉搏

在征税权的层面，中国的相关理论都是对内的，税政政策在考虑国际的财富转移流动方面，也是完全不够的。现在全球征税权和财富转移的博弈已经开始了。征税权问题和国际博弈，也是笔者研究追踪的对象，笔者在十多年前就专门写过文章，现在看依然是不过时的。

2011 年的最后一周，一个来自大洋彼岸的消息犹如一颗重磅炸弹在已经或即将移民美国的中国富人圈中炸开了花：美国国税局公布了《海外账户纳税法案》部分实施细则，其中规定截至 2011 年 12 月 31 日，居住在美国境内、在海外拥有 5 万美元以上资产或者居住在美国境外、在海外拥有 20 万美元以上资产的美国公民和持有美国绿卡的外国人，都需要在 2012 年 4 月 15 日前向美国政府申报纳税；藏匿海外资产拒不申报被视为有意逃税，一经查出会被处以高达 5 万美元的罚款，严重的还会被判刑。

同时，中国在 2011 年与特定的离岸金融中心签署的信息互换协定开始生效。协议达成本身意味着从国内转移到这些海外离岸金融中心的财富将彻底暴露在中国金融监管和税务部门的视线之下。

从上述事态中不难读出，征税权大博弈时代已经徐徐拉开帷幕。

· 征税权的国际博弈决定国运

中国近代史上征税权的丧失，是从 1842 年中英《南京条约》开始的。条约第 10 款规定：英商“应纳进口出口货税、饷费，均宜秉公议定则例”。而在 1844 年中美《望厦条约》和中法《黄埔条约》中，则进一步分别规定为“倘中国日后欲将税例更变，须与合众国领事等官议允”和“应与佛兰西会同议允后，方可酌改”，把外国的“议允”提到突出的地位。

列强分割中国海关征税权的必然结果，就是中国关税的片面降低，在 1843 年继《南京条约》之后签订的中英《通商章程》内，进口税率中棉纱的税率下降了 58%，棉布的税率下降了 73%；生丝和茶叶的出口税率都下降了 58%。而在 1858 年签订的中英《天津条约》和《通商章程》中，税率又进一步降低至 5%，也就是所谓的值百抽五。《天津条约》不但降低了进出口货物的税率，而且把协定税则扩大到内地子口税上。子口税率固定为进出口税率的一半，缴纳子口税后，即可免征其他内地税项，这就大大便利了外商对洋货的推销和对内地土货的掠取。这个 5% 的内外税率，一直维持到 20 世纪，严重影响了中国以平等地位参与全球竞争、独立自主实现工业化的进程。

事实上，正是世界上无数类似历史上中国国运兴衰的悲喜剧，激发了各门各派经济学甚至社会学、哲学思想围绕征税权的来源、创立与分割提出各自不同的“主义”。在古典自然法学家们看来，国家起源于处于自然状态的人们向社会状态过渡时所缔结的契约。人民向国家纳税，也是让渡其自然的财产权利的一部分，是为了能够更好地享有其自然权利以及在其自然权利受到侵犯时可以寻求国家的公力救济，即“公共服务”或“公共需要”。国家征税，也正是为了能够有效地、最大限度地满足上述人民对国家的要求，提供这些公共物品。在重商主义者看来，高筑关税壁垒是强国的基石；在自由主义者看来，关税壁垒则是破坏人类普遍福祉的首要敌人；在李斯特国家主义者看来，自由贸易不过是强者巧取豪夺的工具，不搞关税保护，发展中国家会沦为先进国家的经济殖民地；在凯恩斯主义者看来，国家就是要用财政手段调控宏观经济，没有税收作为保障，财政手段就会不力。凡此等等，不一而足。人类社会的基本运行和矛盾斗争法则，从根本上都脱离不开上述范式。

· 税收增幅高于经济增长率的秘密

一般认为，政府税收是为了维持公共事务正常运转。税收要是一年增20%，还连增 10 年，那社会绝对承受不了。从这个观点出发，一些经济学家认为，政府税收不应该太多。

那么中国政府怎样实现税收年增长率约 20% 呢?

从老百姓的日常生活来看，农业税免了，股票印花税减了，个人所得税门槛高了，增值税、营业税等各种税率也没有太大变化，各种“家电下乡”之类的优惠减免倒是不少。十余年过去了，几乎没有人觉得被多收了税，但国家税收就是增加了 20%。所以保罗 · R. 克鲁格曼（Paul R. Krugman）说看中国的经济数字像看科幻小说，有点看不懂。

其实税收这个事说复杂也没那么复杂。税收无非等于税率乘以税基，而税基就是铁、公、基、煤、油、汽等实体经济的营业额等数值，有这么庞大的税基，税收自然增加。

以前没有国家这样实施过。苏联实行计划经济，但人的需求本质上讲是无法计划的，于是生产出的很多东西没有用。西方国家实施市场经济，但是供给无计划，社会化大生产与生产领域无政府状态之间的矛盾，造成所谓产能过剩的“市场失灵”。只有现代中国，在需求端实行市场经济，在供给端让发展改革委实施计划，一举解决了困扰东西方两大阵营多年的基本经济问题。

·国家博弈对外征税

西方的征税权同样是这样博弈的。西方金融危机的前期化解，主要是靠政府用纳税人的资金救援金融业，将金融危机转化为财政危机。而财政危机归根结底是要靠税收来化解的，于是美国、英国、法国、意大利等西方国家都在琢磨如何增税以提高政府收入。随之而来的就是各利益集团反复进行议会斗争，无非就是“加税”：加多少税、加在谁身上、以什么名目加。这其中涉及非常多的利益斗争，被加税的一方极力反对，加税方加不动就发国债拖时间，相当于收管理费的公司发公司债“续命”。最后加税发债都实现不了，就由中央银行印钱赖账。

然而不管是发债还是印钞，都不过是饮鸩止渴的权宜之计，根本问题还是要增加税收。对内加税意味着社会既存利益分配格局的调整，各种社会矛盾和动荡的现实风险是各国统治阶层不可承受之重。于是解决问题的途径之一是寻求对外掠夺，也就是对外国的国内生产总值征税。前文提到的美国国税局针对新移民的海外财产进行强力收割就是一例，还有就如欧盟要征收碳排放税。

根据欧盟的规定，自 2012 年 1 月 1 日起，欧盟对所有到达和飞离欧盟机场的航班征收超出配额的碳排放税。中国共有 33 家航空公司在征收名单之内，据中国航空运输协会初步测算，开征第一年，进出欧盟的中国航空公司因此增加总成本约 8 亿元人民币，并且这一数字逐年递增至 2020 年的 30 亿元左右，此间 9 年累计支出约 176 亿元。我们要注意到，这个碳排放税也是针对外国的国内生产总值征收的，中国飞往欧洲的航班所创造的价值显然是属于中国的国内生产总值，碳排放税就是巧立环保名目从外国的航运市场“割块肉”。

事实上，中国也对外国征税，只不过中国对外征税的标的大多不是外国国内生产总值而是外国的国民生产总值。

·征税权博弈的王道：得制造业者得天下

首先来看国内生产总值与国民生产总值到底有什么区别。

国内生产总值和国民生产总值，都是目前国际上通行的用来衡量国家宏观经济发展水平的统计指标。简单来说，国内生产总值指的是一国所有的生产要素，包括劳动力、资本和资源等，在一定时期内所生产并实现销售的最终产品和服务的价值总和；它包括本国企业在国内投资带来的产出，以及外国企业在东道国投资所带来的产出。国民生产总值是指由一国国民所拥有的生产要素，在一定时间内生产并销售的最终产品和服务的价值总和；它包括国内生产总值加上本国国民（企业和个人）在国外投资带来的产出，并不包括外国人在本国投资带来的产出。

两者相同之处在于它们都是对一国一定时期内产出水平的衡量。两者的区别主要体现在前者是根据属地原则来衡量一国财富的，后者则是根据属人原则来衡量一国财富的。

国内生产总值与国民生产总值之间的联系体现在国民生产总值是以国内生产总值为基础，做适当调整计算出来的，国民生产总值等于国内生产总值加上来自国外的要素收入净额。

> 国民生产总值＝国内生产总值＋来自国外的要素收入净额（来自国外的要素收入－支付国外的要素收入）

其中来自国外的要素收入是本国常住者从国外获得的资本和劳务收入。具体来说，它是本国资本对外投资或参与国外生产活动而获得的利息收入、红利、投资收益以及本国居民在国外工作（一年以下）获得的劳务收入；支付国外的要素收入是本国对国外支付的资本和劳务收入。具体来说，它是外国资本对本国（我国）投资或参与本国生产活动而从本国获得的利息收入、红利、投资收益以及本国支付给外籍员工（一年以下）的劳务收入。

众所周知，我国已经是全球制造业的世界工厂之一，事实上我国国内生产总值构成中相当大的一块属于“外国资本对本国（我国）投资或参与本国生产活动而从本国获得的利息收入、红利、投资收益以及本国支付给外籍员工（一年以下）的劳务收入”。也就是说，我国经济体系中的外向型经济成分作为外国资本整合世界资源和生产能力的重要组成部分，其所创造出的价值，被我国政府以税收的形式转移成为我国社会财政收入的一部分。

而西方国家的制造环节不在其国内，征税的能力是被限制的。

读者千万不要认为中国的税收就是完全针对中国的国内生产总值收取的，事实上很多税收是要外国国民生产总值来承担和买单的。外国企业到中国投资产业、生产产品，以玩具为例，每个玩具外国企业赚取 3 美元而中国企业赚取 2 美分，但是外国资本在中国生产时收取各种服务费用是必须缴纳营业税的，中国的人工费用是要缴纳增值税的。虽然有出口退税，但是很多出口是当初进口的原材料加工而成的，如果这些原材料不是厂商自身一对一进口的，而是在中国不同的厂家之间转一圈，进口时的增值税也是很难退还的。退税制度实际执行起来条件异常严格，很多税是退不回去的。

另外，我们的关税虽然降低以符合世界贸易组织（WTO）的要求，但是进口环节的增值税是不得不缴纳的，而且国内的增值税有进项抵扣，进口的产品则不能抵扣。比如，外国出口给我们铁矿石需要缴纳 13% 的增值税，再把铁矿石炼成钢、制造出产品出口，退税率约为 9%，于是就产生出 4% 的税额，这个税额是对没有抵扣的铁矿石价格而言的。没有抵扣的 4% 的税，可能比有抵扣的增值税还要多。更关键的是这 4% 的税，是由铁矿石出口国的国内生产总值带来的，这才是问题的关键。而进口产品的增值税经过市场竞争要与国内产品的售价可比，因此进口产品售价内的税收也是要由外国国内生产总值来承担，由外国厂商利润买单的。

我们再以铁矿石为例。进口的铁矿石最终售价与国内铁矿石可比，但是国内铁矿石的增值税是有抵扣的、进口铁矿石是没有抵扣的，国内铁矿石是对国内生产总值征税，而进口铁矿石的征税对象就是外国的国民生产总值了。这些被征税的国民生产总值都不是中国的国内生产总值。而中国成为世界工厂以后，在中国过手的国民生产总值会越来越多，超过中国自身的国内生产总值也是可能的。

中国的经济模式使中国政府具有极强的税收动员能力，再加上对外国国民生产总值巨额征税所形成的价值转移，在全球征税权大博弈中似乎已经无往而不利，然而就是这样一架如此高效运转的机器，依然存在着某些设计漏洞，修正这些漏洞将使中国的经济机器更加强大。

· 欧洲增值税大改革针对跨境征税

在电商时代，怎么征到其他国家的税才是重点，欧盟对电商也开始了新的征税模式，进行了增值税大改革。

全球跨境电商野蛮生长的税务红利期即将结束，自 2021 年 7 月 1 日起，欧盟以及英国增值税改革正式实施。欧盟增值税改革主要是针对欧盟内部和非欧盟国家（地区）卖往欧盟的跨境销售货物的相关措施，四大措施主要有：

（1）废除远程销售起征额（适用于全欧范围年销售额超过阈值 1 万欧元）。

（2）推出一站式（One-Stop-Shop，OSS）注册申报服务。

（3）终止低于 22 欧元的进口增值税豁免政策。

（4）由电商平台或者海关申报人负责收取和缴纳增值税。

进口至欧盟货件的增值税调整，主要针对 B2C（企业对消费者）类的电商进口件，无论是卖家（企业）还是买家（网购消费者）都会受其影响。此外，此次增值税改革也可能会对 B2B（企业对企业）类的进口货件产生影响。此次欧盟增值税改革仅影响价值不超过 150 欧元的货物。

欧盟的改革取消了对从非欧盟国家线上进口单价低于 22 欧元的商品免征进口增值税的规定，而且主要针对欧盟外的电商征收间接税——增值税。

欧盟明确电商平台负责对非欧盟电商在该平台销售的货物和劳务的代扣代缴义务，这也在某种程度上，让第三方平台“被视为卖方”，并承担了更多的责任。当电商平台促进 B2C 业务时，其代扣代缴制度将适用于以下两种情况：进口商品价值不超过 150 欧元；非欧盟卖家任意价值商品的远程跨境交易或国内交易。

欧洲的增值税税率高于中国。英国增值税有三种税率：20% 的标准税率（适用于绝大多数商品和服务），5% 的低税率（比如家庭用电或者汽油等）以及零税率（适用于极个别情况）。我们再看部分欧盟国家的标准税率：德国 19%；法国 20%；意大利 22%；西班牙 21%。中国曾采用 17% 的增值税税率，还要出口退税，现在中国的增值税税率已经下降到 13%！

从欧洲的增值税税率情况来看，增值税已经成为欧洲征税权博弈的主要手段。

· 征税保卫中国

现在房地产市场的热点话题就是是否征收房产税、遗产税和资本利得税，对于这样的税收怎样征收有各种不同的说法，笔者认为要针对外籍人士征收相应税种，而且为了反避税的需要，这几种税收应当是同时进行的。这里我们所指的外籍人士是具有外国国籍或者外国定居权的人。

事实上开征这些税种的负面影响是很大的。征收房产税造成税收向最弱势的租房人群转嫁。中国古代历朝都是把税收附加在土地房产上，最后转嫁给贫农雇农。对房产税富人的承受能力强但转嫁能力也强，最后是每一个家庭都要承受，是会加重社会负担的；征收遗产税与中国传统观念冲突极大，会阻碍人们努力创造的热情，同时如果老年人把资产都用于消费的话，就如人们把存款都提取出来，等于释放出巨大的流动性（M2），这也是社会难以承受之重；而资本利得税会极大地影响股市的运作，让中国的市场经济发展受到阻碍。因此对于这些税种的征收是要非常慎重的。

税收上的差异造成的实际影响是很大的，笔者的同学曾说要放弃美国国籍。原因就是税收上的差异，因为在中国工作，收入在中国纳税了，而美国的联邦税由于有双方避免双重征税的约定可以免除，可是他所在州的州税是免不了的，他所在州的州税率有10%。对此我们可以看到税收在此也发生着调节的作用。因此在房产税、遗产税和资本利得税上，优待本国国民是很重要的。

对外籍人士征收房产税、遗产税和资本利得税的一个重大好处还在于可以对抗热钱在中国国内的活动。海外热钱涌入中国，不是简单地进入银行系统当存款，一定是要进行投资的，比较合理的投资方向就是房产和股市，我们针对房产的物业税和针对股市的资本利得税的结果就是要让海外热钱在中国攫取的利润进入中国的纳税渠道。

而这样的纳税要求也使得热钱想要在中国合法存在就必须申报纳税，因此就被纳入了监管的范围，热钱秘密潜伏就要受到逃税的监管和处罚。这样的监管意义本身甚至超过了对于热钱的税收意义，因为我们可以防止热钱对国家的金融攻击。在当前热钱大举流入中国、人民币升值压力巨大的情况下，将热钱纳入监管的同时，又将热钱炒作的利润予以限制和分流，对于中国的对外博弈，实在是大有裨益。

中国征收外籍房产税、遗产税和资本利得税还有一个好处是可以防止资本外逃和财富外流。中国的房产税、遗产税对于有外国国籍的人开征，最大的被征收对象群体不是出生于海外的外籍人员，而是中国改革开放后移民海外的人，这些人中的一部分在国内是有大量资产的，中国的富人群体到海外生育，结果就是中国的财富大量外流。

所以房产税、遗产税、资本利得税等税收，首先就是要对于外籍人士征收，即使将来中国全面征收三项税种，也应当对外籍人士课以更高的税率。税法如此改革利益巨大，将起到打击和监管热钱、防止财富外流、增加财政收入等多种作用。

· 中国征税权与国际定价权的全球博弈

作为定价权与征税权博弈的案例，我们可以看 2021 年中国钢铁、铁矿石的征税权博弈。这也是全球征税权的博弈，中国没有铁矿石的定价权，但中国是世界钢铁的中心了，全球其他国家的钢铁产量加起来也没有中国多，我们可以对钢铁出口征税。先是不给退税，铁矿石进口却要交增值税，然后就是出口征税。征税的结果，就是出口量不会降低，税费都是购买的国家承担。

此时是全球的征税权和定价权博弈，各国都想要把通胀的成本转嫁，都想要在涨价当中保有自己的利益。不光是铁矿石价格暴涨，海运费价格也暴涨，每一个实体都在尽可能地把自己控制的资源或商品价格涨起来。中国没有定价权，但我们有征税权，就是钢铁出口可以征税，现在中国铬铁出口征税已经高达 40% 了，高纯生铁也要征税 20%，取消所有出口退税，以后应当扩展到更多的中国商品出口贸易。

中国钢铁生产虽然属于传统工业，其实也是新技术众多，中国钢铁技术已经领先于世界了，只不过西方某些国家通过定价权压低中国钢铁的价格，还制造不当舆论。我们需要的，就是抬高钢铁出口关税。

一定要认清税收是国家经济战的手段，对铁矿石的进口，中国最有效的管理手段之一就是对它们收税，让国内的铁矿生产企业可以重新生产，降低进口的依存度和价格空间。

- 2 -
全球征税权的财富博弈升级

税收不光能增加政府收入，也能调节国家的贫富差距，全球化后还能调节全球贫富差距，再分配全球财富，征税权霸权化！中国制定税收政策，一定要考虑到全球化的影响，考虑在全球征税权和避税博弈下，会有什么结果。

资本、资产和货币的出入境管制，与货币的自由兑换是两个概念，现在我们的人民币也有离岸中心，也有海外流通的部分，海外流通的与境内流通的人民币就不是可以简单直接地出入境。

若对人民币资产征直接税而对美元资产不征税，一些人会逃离人民币资产，改持美元资产。而人民币要国际化，就要吸引全球持有人民币资产，而不是对人民币资产重税。

中国的优势是间接税，中国是世界工厂之一，也是世界间接税的征税中心之一，间接税向全球转嫁。制造业空心化最主要的问题就是征税权的流失，只能收到金融资产的直接税，负担被转嫁的间接税，因此美国试图阻断中国间接税可能带给美国的财富转移支付。

我们看到欧洲已经对跨境电商进行了增值税的改革，欧洲的增值税税率远高于中国，同时欧洲和美国等发达国家对所得税等直接税也有自己的想法，征税权就是全球博弈的财富再分配权。

西方跨国公司主要股东，股权托管于信托或慈善机构，不必交税，这个直接税实质就变成了“间接税”。

中国国内的直接税，相比外国是洼地，但为何中国财富还要外流？原因就是外国财富在信托避税之后，计算了实际税率，西方更是洼地！而交给信托公司，也是有风险的，差别就是要看政策的相对代价。

关于国际性的税收博弈，我们可以关注的还有数字税和碳税等，我们下面来看看这些博弈。

欧盟碳税与环保极端主义

环保极端主义者的出现，源于其背后的碳税。欧盟征收碳税，2008 年欧盟立法将国际航空纳入欧盟碳排放体系，且在 2012 年起开始实施。也就是说，现在所有在欧盟境内飞行的航空公司的排放量都会受限，超出的部分是要用钱买的，所以此法案在推出之际就被外界强烈反对。

中国与欧洲之间的关系很微妙，中国实行多大深度的碳税就是一个“故事”。现在中国说要碳中和，也就是我们的植树造林要中和我们的碳排放，中国有全球最好的植树造林，西北在变绿，所以我们有条件地接受欧洲的意见。对此，美国感受到了压力，因为美国是碳排放第一大国。

快速推进的数字资产税

2021 年 1 月 1 日，肯尼亚政府颁布的《2020 年数字服务税收条例草案》

（*Digital Services Tax Regulations*，2020）正式生效。条例规定，对数字服务征收占总交易价值1.5%的税费，不遵守规则者将被限制进入肯尼亚市场。早在此之前，英国、意大利、南非、印度等国家就已设立数字税，并将GAFA[①]等大型跨国因特网巨头纳入征税名单。目前，越来越多的国家加入了这一行列，对跨国因特网巨头征收数字税。

美国对数字资产征税的报复

2020年4月1日，英国政府宣布对搜索和广告等数字服务收入征税2%。该税将适用于全球销售额超过5亿英镑且至少有2500万英镑来自英国用户的企业。美国信息技术产业理事会首席执行官表示，这项税收将不成比例地直接影响总部设在美国的公司，敦促英国不要推进该税。美国财政部长则警告称，如果英国实施数字税，美国将进行报复，考虑对汽车公司任意征税。

2021年6月，美国为了尽快在经济合作与发展组织和七国集团[②]就新的国际税收规则达成共识，又一次实施了霸道的关税政策。当地时间6月2日，美国贸易代表办公室宣布，美国将对英国、意大利、奥地利、西班牙、土耳其和印度共6个国家，总计约21亿美元的商品收取25%的报复性关税，作为对这些国家向脸书、谷歌和亚马逊等美国科技公司收取数字服务税的回应。

从上面的各种税务博弈，再加上西方国家对跨国公司的减税，世界通过税收展开的博弈，已经到了白热化的阶段。

---

① GAFA指谷歌（Google）、苹果（Apple）、脸书（Facebook，已更名为Meta）和亚马逊（Amazon）四大互联网巨头。

② 七国集团（Group of Seven），即G7，成员国包括美国、英国、法国、德国、日本、意大利和加拿大7个发达国家。

我们知道税收是为了政府收益，也知道税收可以调节贫富，我们还要知道的是在全球化的今天，一国的税收政策，可以影响国际收支的走向、国际资本的走向和人员的流动，可以影响跨国公司和全球富人、信托金融机构以及慈善机构、避税港等的重新洗牌、流动和在各国的再分配。

中国需要做的就是利用好自己的经济优势，在不能国际转嫁避税的地方，避免因为税收政策，导致避税需求而财富外流。

- 3 -
税政、直接税与全球财富避税流动

我国财政收入有三大类：一般公共收入，包括税收收入和非税收入；政府性基金收入，包括含土地财政收入等；国资经营收入，包括央企、国企上交的收益等。据统计，2018 年，一般公共收入内的税收收入中个人所得税占总税收收入的 7.6%。

对于资本利得征税，中国早就在个人所得税里面包括资本利得，而中国的一般企业所得税是 25%，企业赚钱后，分给股东，一样要交 20%，综合下来就是企业纳税金额占了毛利润的 40%。中国境内之所以很多企业老板没有缴纳这么多的税收，原因就是可以进行国际避税，最近的一个避税港就是在中国香港。

中国没有资本利得税的主要是股市，而股市的收益则有印花税，这个征税成本很高的，最后股市赚钱很少。而股市里面的小非（指持非流通股比例低于 5%）和原始股东，都是要缴纳资本利得税的。散户的征税非常复杂，成本巨大，让散户报税都很困难，税务核查也困难，因为一个人可以在多个公司开户，多个地方炒股，还有其他投资，盈利弥补亏损，你每买卖一手的盈亏，要与以前所有的买卖抵消，多个账户计算，券商彼此不知道在其他账户的情况，这个征税系统超级复杂，还涉及个人隐私问题。

美国股市为何要收取资本利得税呢？因为美国股市上市的公司，大量是外国企业，企业在境外，企业的所得税都在境外缴纳了，企业分红的个人所得税也被境外扣缴了，美国这样就收不到税了，这与中国股市限制外资企业上市是不同的。

为了美国的资本收税，所以英美等国家搞了避税港，要求在避税港不交所得税，然后到美国的金融市场交税，美国的金融控制全球。避税港虽然可以避税，但金融是被英美控制的。

同时还有一个差别，就是美国股市是机构市，很多机构就是国际机构，资金也是来自国际上的，对机构征税和对散户征税的征税成本绝对不同，中国股市主力是境内的散户。

因此把国家之间制定不同税收制度的政治逻辑看清楚，把国际财富和再分配看清楚，就知道国际博弈的重要，国际博弈是增量，而国内博弈是存量。

我在十多年前就支持征收房产税、遗产税和资本利得税，但主要是对境外人士，即那些放弃中国国籍，移民的人征收，美国的相关税收主要也是针对这一类人。

很多人觉得防止财富外逃，收一个离境税就可以了，其实是远不够的，因为离境的人可以资产放在中国，一直在中国享受经济发展的成果。这里还有的关键是发财了移民，移民国可能先把税征收了，然后根据国际避免双重征税的条约，中国就征收不到了。

中国早就应当内外有别，对坚持中国国家理想的人群，给予支持，而不是对外来资本和移民给予超国民待遇。超国民待遇导致的就是财富外流，移民情况增多。

英美看似收高额的遗产税，而实际交给政府的钱非常少。美国的遗产税是其税收收入的 1%，交给政府的才 200 多亿美元，富人们大部分的遗产是信托给金融机构的。

还有一个我们需要注意的，为什么美国总是存在外贸逆差，投资也不乐观，但还可以不断地印钞而美元体系不崩溃，让美元回流或者能够支撑美元体系的因素是什么？

其实就是通过政策让发展中国家的富人移民，去把财富交给美国，大量移民到美国的人，带来了财富，虽然不是直接的美元，但根据费雪的交易方程式 $MV=PT$，这些新增的财富增加了商品和资产 T 的数量，带来了货币 M 的需求。

美国在进行全球征税，全球税收博弈白热化。能够征到税，才是国家存亡之道。美国是吸引移民的国家，富人在那里，同等方案下美国可以收到直接税，同时美国金融控制全球，把财富信托给金融机构依然免税。中国不能简单地减少“间接税”增加“直接税”，而是要博弈全球征税权和全球受税收影响的财富转移。

对此我们要以更高的高度去认识，一个是内卷化的博弈，在国内分蛋糕，另一个是参与全球化的开放性的博弈，要分全球的蛋糕，差别是巨大的，就算不能分他国的蛋糕，也要看清楚博弈的性质，不能被他国分了我们的蛋糕。

- 4 -
中等收入国家陷阱

我们常说发展中国家发展到中等收入阶段，就会出现所谓的中等收入陷阱。中等收入陷阱是指当一个国家的人均收入达到中等水平后，由于不能顺利实现经济发展方式的转变，导致经济增长动力不足，最终出现经济停滞的一种状态。按照世界银行的标准，2014 年我国人均国民总收入达到 7400 美元。而按 2015 年 7 月 1 日世界银行的分类方法，中等偏上收入国家的人均国民收入在 4126~12735 美元，很显然中国已经进入中等收入国家的行列。

当今世界，很多发展中国家都存在所谓的中等收入陷阱问题。像墨西哥、巴西、菲律宾、马来西亚、南非以及其他一些东南亚和拉丁美洲国家等，在 20 世纪 70 年代均进入了中等收入国家行列，但直到现在，这些国家仍然挣扎在人均国内生产总值 4000~12000 美元的发展阶段。

这里我要说的是为什么会出现中等收入陷阱。中等收入陷阱的一个重要的层面就是财富外流，外流影响最大的是什么？到了中等收入国家以后，这些国家就有可能出现移民和留学的数量激增的趋势。

在以前收入低的时候，中国的移民是不受欢迎的，移民很难，偷渡都是要给蛇头巨款的，而且真的偷渡成功以后，是寄钱回家，反而没有外流的。对于留学，发展中国家到发达国家基本是需要奖学金的，只有极少数的人可以有奖学金，能够自费的，是社会当中的少数人。而且这些人在本国所处教育环境相对落后，他们出去以后再回国还有教育落差，这个教育领先和他们原有的地位，就足以吸引他们回国。他们留学的收益是正的，就如我们民国时期的留学、现在印度的留学一样。

中等收入国家的留学和移民人数，在 2008 年后大幅度增长，背后是美国等西方国家放松了相关政策。放松政策的背后则是他们依靠这些外流的财富，维持了危机当中他们的国家和社会。奥巴马上任的时候美国赤字 10.8 万亿美元，而 8 年后他卸任的时候是 19.44 万亿美元；特朗普上台继续赤字放水，加上新冠疫情之下的多轮刺激，现在美国国债则更是高达近 30 万亿美元。这背后是美国每一年抽走 1 万多亿美元以上，但美国和世界没有通胀，谁为之买单？

移民美国的人数在不断增加，美国在2008年危机以后留学政策明显放松。虽然特朗普政府收紧了移民政策，那仅仅是针对低收入移民群体的。美国保守智库移民研究中心的最新人口普查报告指出，自2008年美国经济危机爆发后，美国的移民数量仍在持续稳定增加，2010—2014年，就有520万新移民进入美国，仅在2014年就新增了100万移民。美国新增加的移民基本上是投资移民，投资移民的最低门槛也要几十万美元，实际上是没有100万美元以上很难成功移民。如果每个移民带有100万美元财富的话，这些移民带来的财富就是数万亿美元，可以抵得上美国国债的增加额了，这就是美国不断地欠债和印钞，但美国不通胀和不崩溃的原因。

留学和移民等财富流入，影响比上面的数字还要大很多，差别就是对全球资源再分配的影响作用。我们要看到留学等财富所流入的发达国家，是没有资源成本的。

西方能够维持其发达和信用体系，关键就是他们在全球资源再分配当中的地位没有动摇。这里留学和移民所带走的，对应于资源层面几乎都是净流入。这才是问题的关键。而中等收入陷阱，更是一个资源瓶颈，中国现在就是资源压力巨大，外汇即使是顺差，也是有巨大的资源成本，资源压力不减。而留学和移民支出的对价，西方是直接要换取你资源的，这个买卖怎么平衡？不能平衡的话，怎么能不跌入陷阱？

让中等收入国家跌入陷阱的情况，我们可以看看拉美等国的情况。这些国家没有自己足够好的大学，大量的学生是留学的，而且这些留学人员还被“洗脑”，有了著名的芝加哥男孩①。

---

① 特指20世纪70年代后，一批智利等拉美国家的留学生经过美国芝加哥大学等著名经济学院、商学院的培训后回到智利治理本国经济。在不了解本国国情的情况下，邯郸学步般地生搬硬套西方经济学理论，将国内经济搞得一团糟。“芝加哥男孩”现泛指在发展中国家里，那些经过西方著名大学培训、深受西方经济自由主义“洗脑”、具有一定话语权却不懂本国国情的所谓“经济学家”。这些国家因此付出了巨大的代价。

阿根廷则在1964年时人均国内生产总值就超过1000美元，在20世纪90年代末上升到了8000多美元，但2002年又下降到2000多美元，而后又回升到2014年的12873美元。墨西哥1973年人均国内生产总值已经达到了1000美元，在当时属于中等偏上收入国家；而2014年人均国内生产总值为10718美元，41年后仍属于中等偏上国家。拉美地区还有许多类似的国家，虽然经过了二三十年的努力，几经反复，但一直没能跨过15000美元的发达国家的门槛。这些国家落入陷阱，本身就是与其移民众多以及教育留学体系相关的。

中等收入国家崛起的过程当中，一定伴随着成功人群的财富快速积累，通过积累与世界发达国家竞争，而普通人群的财富积累可能不够快，贫富分化加大。

中国确实有很多财富外逃，但这些很多是黑色和灰色的，还有买办的；很多成功人群，大多数是两边跨着的，他们可以跑掉也可以回来。在国家经济落后的情况下，一般富人也是走不了的，在国家经济中等发达的状态下，富人可以两边观望；中国走出陷阱之后，他们是肯定要站队中国的。所以在中国中等收入阶层崛起的关键阶段，要给他们信心，留住民族财富，而不是在国内挤压他们。他们的最终走向，也是中国成功崛起的关键因素之一。

要跨过中等收入陷阱，就是要留住国家的高收入者，留住创新创造者，要让他们有足够的财富积累去与世界竞争。

所以我说我们现在在中等收入陷阱面前，要的是发展，发展是第一位的，是硬道理，而不是内卷，不是内部分蛋糕。解决中等收入国家的贫富分化问题，从来都是扶贫，而不是劫勤济懒！中国实施了精准扶贫，而日本当年搞了工资倍增计划，让劳动者增加收入，而不是征收直接税。

- 5 -
直接税财富博弈流入国外财团的隐蔽途径

现在直接税是热点话题，对直接税的财富博弈，我们已经知道可以有信托、有慈善机构的避税，也可以财富外逃到避税港和西方国家专门设立的避税天堂，其实直接税的财富博弈，还远远不止这些。自古对遗产税、资产税，就是有多种财富博弈手段的，古今中外都在采用，尤其是国外财团深谙此道。

艺术品的避税，是非常巧妙的，因为针对艺术品的资产税、遗产税，征税成本太高昂了。一个小小的物件，可以价值连城，也可以因是赝品而一钱不值，要判断是需要极为专业的人员的。而且这些物件很容易隐藏，甚至比金银都容易隐藏和携带，毕竟金银分量不轻，多了你还真搬不走。各种艺术品就不一样了，例如邮票，一张小小的邮票，很容易藏起来。

就算都可以征收，但实际还有问题，就是你不可能对艺术品征收遗产税，因为艺术品估价很高，但持有人未必有钱，对持有人有特殊的意义，他们可能是多少钱都不卖的，现在你要求高额税收，人家当然要与你拼命。比如画家的画价值连城，但他儿孙总要留上几张吧？或者是送给他人，而持有者不愿出售，结果都要征收遗产税的直接税重税吗？所有国家的遗产税对艺术品，都是豁免的。

除了艺术品存在财富博弈潜规则，其他方面也有类似的潜规则行规，比如我们都知道玉石的赌石，为什么不直接把这个玉石的特点都展现出来，为什么非要赌石？背后就是从产地到京城，路途万里，要层层征税，还有强盗抢劫，你价值都展现出来，那你就运不到京城了，早就被抢走或者税收敲诈走了。当年都是把天价翡翠，开窗看过的，再伪装起来，放在其他的石头当中。至于很多人想要赌石致富的，就是陪着玩的，里面也有庄家捞钱，但这个潜规则有市场，根本原因还是避税。

中国自古有“乱世买金，盛世买古”的说法。古玩是一个重要的贮存财富的手段。在贵金属货币时代，贵金属短缺，在盛世的货币作为财富的储藏手段时，就被古玩所替代，便于隐藏和携带，就如历史上的鸡缸杯，就是著名的盛世货币替代物，价格明确且容易交易，一个小杯子价值成千上万两白银。

中国现在民间积累财富，也是类似的，文物、古玩、艺术品都热了起来，大量文物从海外回流了，需要更多的资金进入这个市场。

这些艺术品的回流，受到的限制就是中国市场的容量。现在中国的艺术品市场内的资金是有限的，很多是内卷化的博弈，但如果老百姓觉得钱要贬值了，又没有其他的投资渠道，钱当然会到艺术品市场了。

现在国际上的中国古代艺术品存货，有人估值达几十万亿美元，还有说更高的。不过估值都是“假的”，能够卖出钱来才是“真的”。只要大家的财富流入艺术品，那么这个领域马上就可以收割了。我们要注意的是不光是中国的古代、现代艺术品，外国各种艺术品都可以进入这个市场。

所以知道了艺术品这个窟窿，就知道了直接税里面还有故事，在直接税把财富赶入艺术品窟窿的时候，国外财团就又收割了一次中国的财富。因此在我们制定税收政策层面，要看到的博弈会有很多，会非常复杂。

- 6 -
“离境税”与全球富人的流动

对直接税带来的全球富豪流动问题，我们也需要深刻的认识，中国的富豪流入流出，形势已经不同。

中国移民到美国的富豪，把资产信托到美国的富豪，也面临了各种实质的问题，对全球新的人口流动形势，税收能够起到什么样的作用，也是我们需要探讨的重要话题。本节我们先对很多人寄予厚望的离境税，进行仔细分析。

首先我们就要说离境税的无效问题。因为富豪的财产已经在境外，或者脚踩两条船。离境税能限制资本流动吗？那到底去国外投资要不要纳税？如果重复收税，民企怎么投资？

就算我们可以不让企业出国投资，或者出国投资要审批，但对现在已经发生的普遍的 VIE 结构（图 2-1）怎么办？

VIE 结构，即可变利益实体，其本质是境内主体为实现在境外上市采取的一种方式。是指境外上市实体与境内运营实体相分离，境外上市实体在境内设立全资子公司，该全资子公司并不实际开展主营业务，而是通过协议的方式控制境内运营实体的业务和财务，使该运营实体成为上市实体的可变利益实体。现在中国在美国上市的公司，各种 VC 公司，都是 VIE 结构。

这种安排可以通过控制协议将境内运营实体的利益转移至境外上市实体，使境外上市实体的股东（即境外投资人）实际享有境内运营实体经营所产生的利益，此利益实体系指合法经营的公司、企业或投资。

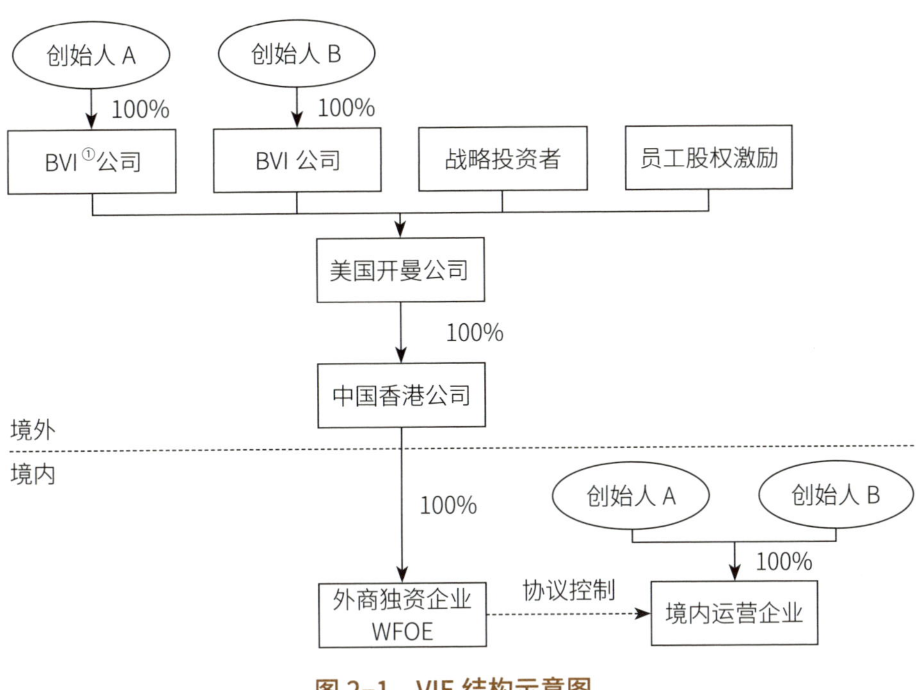

图 2-1 VIE 结构示意图

当年我反对 VIE 结构的文章，对当时的《外商投资法》讨论有较大影响。在 VIE 结构之下的企业资产在境外，导致我们无法征收这些资产控制者的离境税和弃籍税。而且在直接税下，国内会有更多的企业在创立之初就变成 VIE 结构，让对其征税成为竹篮打水。

这种情况下，我们征税能够抓住的基本就是富裕人士，而富裕人士都是有技术、有能力的人，若他们的勤劳带来的财富不能得到国内的财富保障，就会成为全球都争抢的技术移民。

如今，中国国籍的地位提高了，移民后悔族出现了，要取得中国国籍，远远比取得美国移民身份困难，恢复中国国籍也不容易，同时美国的经济和

① 英属维尔京群岛 (The British Virgin Islands，BVI)，在此注册的公司被称为 BVI 公司。

国家风险在增加，美国的原住民与外来移民带来了社会撕裂，美国的避税信托金融机构有破产的风险，美国也有崩盘的风险。因此外逃的财富出现了再度内流的趋势。

VIE 结构是有两面性的，对其中的中国创业者，他们是可以把财富留在或者带入中国的。另外还有避税的信托投资，在信托人没有死的时候，是多半可以反悔和改变的，死了以后就难以改变了，就如立遗嘱是可以随便改的，但死后的遗嘱当然改不了，家族财富信托就带有部分遗嘱性质，包括死后财富安排，现在没有死的富一代要是后悔了，就还有改变的机会。

我们还可以注意到美国对中概股的态度变化，现在他们想限制中概股退市了。以前美国是通过 VIE 结构，引诱中国的好公司到美国上市，上市了就是美国企业了，但为何现在很多中概股想要退市了？背后就是中概股的股东财富套现后的方向，他们要是继续留在美国，给美国信托，被美国收直接税，美国当然不着急，通过 VIE 还可以控制中国的关键性产业，但现在中概股的股东套现，很多是拿着财富要回到中国了，他们不移民美国或者在美国信托了，对美国而言，情况就变了，拐点就来了。

如果在美国的大量中国财富回流，对美国而言是致命的，美国能够靠印钞维持，就是靠外来财富的流入。放眼全球，也就是中国是在高速增长，中国的人口体量和国内生产总值以及中国人的积累率，可以满足美国的财富流入需求，现在如果到拐点，流入减少，还有很多要流出的，对美国就是危机和崩盘。

更进一步地讲，如果美国不是“冷战”后成为西方财富流入的对象，那么就没有美国从 20 世纪 90 年代起的辉煌，那个时候里根政府在干什么呢？就是减税，让外来的财富没有顾虑地流入！

如果直接税能够导致国家转嫁和流动财富，就不是真正意义上的直接税了！

征收超额遗产税、资产税等直接税的结果，就是富人的资产都变成了信托产品、慈善基金等，美国的富豪就是这么干的。

离岸信托是传统的避税方式。西方社会是资本主义社会，真的是要把有资产的都征税了，西方也就不叫作资本主义社会了。

外国的高额遗产税，就是逼着你把资产转给信托公司或者慈善机构，这些机构都是免税的，但他们掌握了你的资产管理权的时候，就可以割你的财富韭菜。这些机构最会割韭菜。

真正的富人，是可以建立自己慈善机构和信托机构的那群人，就如顶级富豪都把财富“捐给”自己的慈善基金一样，这个基金还是自己的，这才是关键。

现在对直接税的避税，又新出来了一个通道，就是数字货币！为什么数字货币那么发达，数字货币是去中心化的，当然与我们央行发行的主权数字货币是两个概念。

所以直接税虽不能转嫁，但资产可以国际转移，可以国际避税，财产的主权外流了。转移避税的结果，是收入没有增加多少，财富都外流了，政策的初心很好，但对可能带来的结果要慎重考虑。

中国的人一味地以为重税可以调节贫富，其实这个仅仅是次要的和政府的正义性需求，现在世界的转移支付手段太多，他们避不了的是流转税！

现在中国很多商品出口降低退税了，这个非常好，中国的增值税就是由外国人买单，这就是中国总能够税收增长快于国内生产总值的增长的原因。

还有所得税，是非常容易避税的，各种价格转移支付，把差价和利润留在了国际离岸港避税，中国香港就是这样的地方，所以内地的所得税越高，香港可以渔利的空间越大，看似是直接税，其实是利益输送。

- 7 -
认识中国的严峻形势

中国现在国际形势严峻，不要总看着巨额贸易顺差，实际上我们的金融逆差巨大。

为什么美国可以印钞量化宽松？看看中国数据！现在中美博弈的不是贸易层面了，是财富的流动层面，美国需要大量财富流入来维持量化宽松！

中国的国际金融战略形势现在不是一片大好，而是非常严峻，我们需要的就是认清问题的原因！

我们可以看一下外管局公开的数据，首先我们看看我们的外债表（见表 2-1）。

从表 2-1 可以发现从 2017 年以来，中国的外债是一直在增加的，从 2017 年年末的 17580 亿美元，已经涨到 2023 年 3 月末的 24909 亿美元了。而我们的外储是变化不大的，中国的外汇净储备一直在降低，如果算上外储持有的是大量的欧债，欧债的变现能力和清偿外债需要的美元支付之间，还要取决于美联储。

然后我们再看国际收支平衡表（见表 2-2）。

经常项目部分结算于 2020 年达到了 16963 亿元，最少的 2018 年是 1882 亿元，2010—2020 年中，有 7 年是经常项目在顺差一万亿元之上的，外贸情况除了 2018 年和 2019 年，都是顺差一万亿元以上，2020 年达到了顺差 25267 亿元以上的历史新高，很多人对中国的外贸顺差颇具信心。

不过经常收入项目的细节也不好看，旅游、运输（含旅行路费）、文化娱乐等花费巨大，知识产权、计算机网络服务也开销不菲。给外国雇员的报酬高达 20000 多亿元，给外商的投资收益也是 20000 多亿元。

表 2-1 中国全口径外债情况表

金额单位：亿美元

项目	2017年12月末	2018年3月末	2018年6月末	2018年9月末	2018年12月末	2019年3月末	2019年6月末	2019年9月末	2019年12月末	2020年3月末	2020年6月末	2020年9月末	2020年12月末	2021年3月末	2021年6月末	2021年9月末	2021年12月末	2022年3月末	2022年6月末	2022年9月末	2022年12月末	2023年3月末
广义政府	1687	1917	2160	2293	2323	2361	2399	2444	2709	2762	2949	3274	3795	4047	4255	4532	4970	4948	4539	4261	4363	4155
短期	170	188	214	206	197	171	121	91	102	94	104	65	109	146	144	141	197	201	169	196	355	238
货币与存款	0	0	0	0	0	0	0	0	0	0	0	0	0	0	0	0	0	0	0	0	0	0
债务证券	170	188	214	206	197	171	121	91	102	94	104	65	109	146	144	141	197	201	169	196	355	238
贷款	0	0	0	0	0	0	0	0	0	0	0	0	0	0	0	0	0	0	0	0	0	0
贸易信贷与预付款	0	0	0	0	0	0	0	0	0	0	0	0	0	0	0	0	0	0	0	0	0	0
其他债务负债	0	0	0	0	0	0	0	0	0	0	0	0	0	0	0	0	0	0	0	0	0	0
长期	1516	1729	1946	2087	2126	2190	2278	2353	2608	2668	2845	3208	3685	3902	4111	4391	4773	4747	4370	4066	4008	3917
SDR 分配	0	0	0	0	0	0	0	0	0	0	0	0	0	0	0	0	0	0	0	0	0	0
货币与存款	0	0	0	0	0	0	0	0	0	0	0	0	0	0	0	0	0	0	0	0	0	0
债务证券	1006	1215	1437	1593	1640	1704	1810	1886	2145	2208	2389	2763	3137	3356	3558	3844	4212	4179	3816	3534	3471	3370
贷款	510	514	509	494	487	486	467	467	462	460	456	445	549	545	553	548	561	568	554	532	537	547
贸易信贷与预付款	0	0	0	0	0	0	0	0	0	0	0	0	0	0	0	0	0	0	0	0	0	0
其他债务负债	0	0	0	0	0	0	0	0	0	0	0	0	0	0	0	0	0	0	0	0	0	0
中央银行	234	249	267	395	296	265	332	364	363	502	399	397	381	370	362	843	789	814	796	782	815	831
短期	108	126	119	143	178	154	235	234	254	304	252	273	263	217	219	275	258	265	270	288	293	282
货币与存款	108	126	119	143	149	107	131	121	108	165	118	133	125	105	103	152	133	138	150	176	189	167

续表

项目	2017年12月末	2018年3月末	2018年6月末	2018年9月末	2018年12月末	2019年3月末	2019年6月末	2019年9月末	2019年12月末	2020年3月末	2020年6月末	2020年9月末	2020年12月末	2021年3月末	2021年6月末	2021年9月末	2021年12月末	2022年3月末	2022年6月末	2022年9月末	2022年12月末	2023年3月末
债务证券	0	0	0	0	29	47	103	113	146	139	134	139	138	112	116	124	125	127	119	112	105	115
贷款	0	0	0	0	0	0	0	0	0	0	0	0	0	0	0	0	0	0	0	0	0	0
贸易信贷与预付款	0	0	0	0	0	0	0	0	0	0	0	0	0	0	0	0	0	0	0	0	0	0
其他债务负债	0	0	0	0	0	0	0	0	0	0	0	0	0	0	0	0	0	0	0	0	0	0
长期	**126**	**123**	**148**	**252**	**118**	**111**	**97**	**130**	**109**	**198**	**147**	**124**	**118**	**152**	**143**	**568**	**531**	**549**	**526**	**494**	**521**	**549**
SDR 分配	100	102	98	98	97	97	97	95	97	95	96	98	101	99	100	510	507	501	481	463	482	487
货币与存款	0	0	0	0	0	0	0	0	0	0	0	0	0	0	0	0	0	0	0	0	0	0
债务证券	0	0	0	0	0	0	0	0	0	0	0	0	0	0	0	0	0	0	0	0	0	0
贷款	0	0	0	0	0	0	0	0	0	0	0	0	0	0	0	0	0	0	0	0	0	0
贸易信贷与预付款	0	0	0	0	0	0	0	0	0	0	0	0	0	0	0	0	0	0	0	0	0	0
其他债务负债	27	22	50	155	21	14	0	35	12	103	51	26	18	53	43	58	24	48	46	30	39	62
其他接受存款公司	**8455**	**9149**	**9009**	**8941**	**8987**	**9212**	**9335**	**9347**	**9179**	**9701**	**9937**	**10782**	**10918**	**11679**	**12552**	**11855**	**11900**	**11586**	**11353**	**10484**	**10104**	**10659**
短期	**6696**	**7313**	**7241**	**7148**	**7236**	**7382**	**7036**	**6951**	**6823**	**7260**	**7372**	**7852**	**7763**	**8449**	**9285**	**8531**	**8559**	**8513**	**8604**	**8013**	**7736**	**8437**
货币与存款	4249	4703	4591	4535	4685	4855	4274	4211	4113	4459	4411	4874	5051	5561	6053	5677	5772	5689	5672	5408	4916	5462
债务证券	709	778	812	751	638	647	632	557	535	472	498	610	628	664	732	611	561	562	582	551	656	672
贷款	1722	1798	1786	1839	1894	1842	2083	2150	2150	2293	2357	2316	2024	2156	2324	2159	2159	2182	2108	1982	2104	2228
贸易信贷与预付款	0	0	0	0	0	0	0	0	0	0	0	0	0	0	0	0	0	0	0	0	0	0

续表

项目	2017年12月末	2018年3月末	2018年6月末	2018年9月末	2018年12月末	2019年3月末	2019年6月末	2019年9月末	2019年12月末	2020年3月末	2020年6月末	2020年9月末	2020年12月末	2021年3月末	2021年6月末	2021年9月末	2021年12月末	2022年3月末	2022年6月末	2022年9月末	2022年12月末	2023年3月末
其他债务负债	15	33	52	23	18	39	48	34	25	37	105	52	59	68	176	84	67	80	242	72	61	75
长期	**1760**	**1836**	**1768**	**1794**	**1752**	**1829**	**2298**	**2396**	**2357**	**2440**	**2565**	**2930**	**3156**	**3230**	**3267**	**3324**	**3341**	**3073**	**2749**	**2471**	**2367**	**2222**
货币与存款	0	0	0	0	0	0	0	0	0	0	0	0	0	0	0	0	0	0	0	0	0	0
债务证券	1147	1227	1222	1296	1290	1372	1491	1678	1633	1664	1768	2098	2355	2522	2598	2722	2738	2498	2145	1923	1799	1659
贷款	606	602	538	490	454	448	798	711	715	767	787	821	789	692	653	586	586	557	583	537	557	551
贸易信贷与预付款	0	0	0	0	0	0	0	0	0	0	0	0	0	0	0	0	0	0	0	0	0	0
其他债务负债	7	7	8	8	8	10	10	8	9	10	11	10	12	15	16	17	17	18	20	11	11	12
其他部门	**5212**	**5490**	**5611**	**5949**	**5923**	**5702**	**5737**	**5863**	**5923**	**5569**	**5592**	**5934**	**6081**	**6311**	**6634**	**6693**	**6733**	**6612**	**6509**	**6218**	**6161**	**6171**
短期	**3978**	**4181**	**4301**	**4615**	**4579**	**4302**	**4250**	**4309**	**4288**	**3915**	**3910**	**4151**	**4228**	**4371**	**4599**	**4607**	**4657**	**4501**	**4476**	**4285**	**4268**	**4310**
货币与存款	1	2	2	1	2	1	2	1	3	1	1	1	1	1	1	1	1	2	2	2	2	2
债务证券	28	41	41	41	36	37	33	26	27	22	18	18	16	16	21	15	17	23	22	21	16	16
贷款	354	602	644	654	568	675	651	581	543	502	491	473	388	488	581	533	468	464	396	313	258	258
贸易信贷与预付款	3461	3386	3476	3795	3862	3453	3402	3544	3580	3210	3184	3437	3654	3626	3795	3851	3982	3786	3794	3705	3759	3790
其他债务负债	133	150	138	124	111	135	162	156	136	180	216	222	169	239	201	206	189	226	261	245	232	245
长期	**1234**	**1309**	**1310**	**1334**	**1343**	**1401**	**1487**	**1555**	**1635**	**1654**	**1682**	**1783**	**1853**	**1939**	**2035**	**2086**	**2076**	**2111**	**2034**	**1933**	**1893**	**1861**
货币与存款	0	0	0	0	0	0	0	0	0	0	0	0	0	0	0	0	0	0	0	0	0	0
债务证券	319	378	386	401	453	487	561	646	705	743	756	819	884	942	991	1019	1005	1032	997	947	913	880

续表

项目	2017年12月末	2018年3月末	2018年6月末	2018年9月末	2018年12月末	2019年3月末	2019年6月末	2019年9月末	2019年12月末	2020年3月末	2020年6月末	2020年9月末	2020年12月末	2021年3月末	2021年6月末	2021年9月末	2021年12月末	2022年3月末	2022年6月末	2022年9月末	2022年12月末	2023年3月末
贷款	726	745	733	749	696	717	724	696	687	674	669	671	653	653	641	635	629	607	573	542	520	502
贸易信贷与预付款	62	60	62	68	69	62	61	63	64	57	57	61	65	65	67	69	71	68	68	66	67	67
其他债务负债	127	126	129	116	125	135	142	149	179	180	200	232	251	280	336	364	371	404	395	379	393	411
直接投资：公司间贷款	**1991**	**2091**	**2129**	**2105**	**2299**	**2354**	**2353**	**2476**	**2533**	**2545**	**2580**	**2697**	**2833**	**2860**	**2996**	**3042**	**3074**	**3142**	**3162**	**3069**	**3086**	**3093**
直接投资企业对直接投资者的债务负债	1331	1379	1357	1332	1492	1524	1497	1596	1618	1622	1633	1687	1754	1774	1809	1817	1783	1865	1794	1759	1705	1704
直接投资者对直接投资企业的债务负债	44	46	58	50	48	54	69	81	100	110	114	120	137	145	150	169	181	181	190	197	185	177
对关联企业的债务负债	616	666	713	723	759	777	788	799	815	812	834	890	942	942	1037	1056	1110	1096	1179	1112	1195	1212
外债总额头寸	**17580**	**18896**	**19176**	**19684**	**19828**	**19895**	**20155**	**20495**	**20708**	**21079**	**21457**	**23083**	**24008**	**25266**	**26798**	**26965**	**27466**	**27102**	**26360**	**24815**	**24528**	**24909**

注：1. 本表按签约期限划分长期、短期外债。
2. 本表统计采用四舍五入法。
3. 本表中数据按照国际收支平衡表最新修正数据进行了相应调整。

资料来源：国家外汇管理局网站。

表 2-2　中国国际收支平衡表

单位：亿元人民币

项目	2010年	2011年	2012年	2013年	2014年	2015年	2016年	2017年	2018年	2019年	2020年
1. 经常账户	16043	8736	13602	9190	14516	18266	12638	12685	1882	7116	16963
贷方	125015	142541	151074	160568	168534	163251	163269	185304	195272	202232	207789
借方	-108972	-133805	-137472	-151378	-154018	-144985	-150631	-172619	-193391	-195116	-190826
1.A 货物和服务	15057	11688	14636	14552	13611	22346	16976	14578	6053	9173	24508
贷方	112036	129637	137298	145865	151302	147099	146177	163847	175694	181617	188383
借方	-96979	-117948	-122662	-131312	-137691	-124753	-129201	-149268	-169641	-172444	-163875
1.A.a 货物	16077	14710	19670	22205	26739	35941	32490	32076	25359	27180	35055
贷方	99972	116650	124574	133047	137840	133551	132324	149470	160237	164760	172637
借方	-83895	-101939	-104904	-110842	-111101	-97610	-99834	-117393	-134878	-137579	-137582
1.A.b 服务	-1020	-3022	-5034	-7653	-13128	-13594	-15515	-17498	-19306	-18007	-10547
贷方	12064	12987	12724	12817	13462	13548	13853	14377	15457	16858	15746
借方	-13084	-16009	-17758	-20470	-26590	-27142	-29368	-31875	-34763	-34864	-26293
1.A.b.1 加工服务	1700	1701	1618	1435	1309	1263	1221	1208	1137	1059	876
贷方	1706	1713	1625	1440	1316	1274	1232	1220	1155	1085	911
借方	-5	-12	-8	-5	-7	-10	-11	-12	-18	-26	-34
1.A.b.2 维护和维修服务	0	0	0	0	0	142	215	251	307	444	297
贷方	0	0	0	0	0	225	346	403	475	700	529
借方	0	0	0	0	0	-82	-131	-152	-168	-256	-231
1.A.b.3 运输	-1966	-2896	-2963	-3509	-3557	-2914	-3110	-3777	-4429	-4072	-2626
贷方	2314	2296	2456	2332	2349	2402	2250	2515	2805	3186	3895
借方	-4280	-5193	-5420	-5842	-5907	-5317	-5360	-6292	-7234	-7258	-6521

续表

项目	2010 年	2011 年	2012 年	2013 年	2014 年	2015 年	2016 年	2017 年	2018 年	2019 年	2020 年
1.A.b.4 旅行	−612	−1558	−3281	−4765	−11259	−12755	−13687	−14824	−15652	−15080	−8356
贷方	3100	3127	3158	3198	2706	2804	2953	2603	2668	2473	683
借方	−3712	−4685	−6438	−7963	−13965	−15559	−16640	−17427	−18319	−17553	−9039
1.A.b.5 建设	636	709	545	419	644	403	278	242	327	352	308
贷方	980	950	773	660	943	1038	843	825	896	996	864
借方	−343	−241	−228	−241	−299	−635	−565	−583	−569	−643	−556
1.A.b.6 保险和养老金服务	−949	−1079	−1090	−1121	−1098	−238	−587	−499	−441	−429	−658
贷方	117	195	210	247	281	311	270	274	325	332	206
借方	−1066	−1274	−1300	−1368	−1379	−549	−857	−773	−766	−761	−864
1.A.b.7 金融服务	−4	7	−2	−31	−25	−19	76	122	82	104	57
贷方	90	55	119	197	278	146	211	231	221	270	334
借方	−93	−48	−121	−228	−303	−164	−135	−109	−139	−166	−276
1.A.b.8 知识产权使用费	−826	−902	−1054	−1246	−1347	−1305	−1515	−1617	−1992	−1914	−2018
贷方	56	48	66	55	42	67	78	324	368	455	591
借方	−883	−950	−1120	−1301	−1389	−1372	−1593	−1941	−2360	−2369	−2609
1.A.b.9 电信、计算机和信息服务	431	573	679	587	579	820	841	507	428	553	440
贷方	708	897	1025	1059	1239	1531	1689	1814	1988	2413	2685
借方	−278	−324	−347	−472	−660	−711	−848	−1307	−1559	−1860	−2244
1.A.b.10 其他商业服务	599	463	547	615	1731	1174	978	1143	1266	1336	1340
贷方	2920	3650	3220	3544	4233	3638	3851	4003	4377	4773	4807
借方	−2321	−3187	−2673	−2929	−2503	−2465	−2874	−2860	−3111	−3437	−3466

续表

项目	2010 年	2011 年	2012 年	2013 年	2014 年	2015 年	2016 年	2017 年	2018 年	2019 年	2020 年
1.A.b.11 个人、文化和娱乐服务	-17	-18	-28	-39	-43	-73	-93	-134	-161	-216	-137
贷方	8	8	8	9	11	46	49	52	63	66	70
借方	-25	-26	-36	-48	-54	-118	-142	-185	-225	-282	-207
1.A.b.12 别处未提及的政府货物和服务	-13	-20	-3	2	-60	-93	-131	-119	-180	-144	-72
贷方	65	49	62	76	65	66	81	115	116	109	173
借方	-78	-69	-66	-74	-125	-160	-211	-234	-295	-254	-245
1.B 初次收入	**-1765**	**-4547**	**-1251**	**-4822**	**817**	**-3287**	**-3701**	**-1090**	**-4038**	**-2764**	**-8116**
贷方	9630	9314	10547	11411	14706	13915	15042	19554	17745	18828	16931
借方	-11395	-13861	-11797	-16233	-13889	-17202	-18743	-20645	-21783	-21592	-25047
1.B.1 雇员报酬	823	965	964	996	1582	1703	1372	1011	535	214	15
贷方	922	1070	1077	1102	1838	2059	1785	1468	1193	983	1014
借方	-99	-105	-113	-106	-255	-356	-413	-456	-657	-769	-999
1.B.2 投资收益	-2588	-5513	-2215	-5818	-765	-5031	-5096	-2131	-4690	-3051	-8271
贷方	8708	8244	9469	10309	12869	11805	13220	18040	16416	17722	15720
借方	-11296	-13757	-11685	-16127	-13634	-16836	-18316	-20171	-21106	-20773	-23992
1.B.3 其他初次收入	0	0	0	0	0	41	23	30	117	73	140
贷方	0	0	0	0	0	51	37	47	137	123	197
借方	0	0	0	0	0	-10	-14	-17	-20	-50	-56
1.C 二次收入	**2751**	**1595**	**217**	**-540**	**88**	**-794**	**-637**	**-804**	**-133**	**706**	**571**
贷方	3349	3590	3230	3292	2525	2236	2050	1902	1833	1787	2474
借方	-598	-1996	-3013	-3832	-2437	-3030	-2687	-2706	-1966	-1080	-1903

续表

项目	2010 年	2011 年	2012 年	2013 年	2014 年	2015 年	2016 年	2017 年	2018 年	2019 年	2020 年
1.C.1 个人转移	/	/	/	/	/	/	/	−173	−25	4	27
贷方	/	/	/	/	/	/	/	472	408	278	286
借方	/	/	/	/	/	/	/	−644	−433	−274	−259
1.C.2 其他二次收入	/	/	/	/	/	/	/	−631	−108	702	544
贷方	/	/	/	/	/	/	/	1431	1425	1508	2188
借方	/	/	/	/	/	/	/	−2062	−1533	−806	−1644
2. 资本和金融账户	**−12488**	**−7893**	**−8107**	**−5331**	**−10394**	**−5653**	**1951**	**1212**	**9901**	**1800**	**−6181**
2.1 资本账户	**314**	**352**	**270**	**190**	**−2**	**19**	**−23**	**−6**	**−38**	**−23**	**−5**
贷方	326	363	287	276	119	32	21	15	20	15	11
借方	−13	−11	−18	−86	−121	−12	−44	−22	−58	−38	−17
2.2 金融账户	**−12802**	**−8246**	**−8376**	**−5522**	**−10392**	**−5672**	**1974**	**1218**	**9939**	**1823**	**−6176**
资产	−44178	−39763	−25210	−40377	−35657	773	−15426	−28604	−23873	−18009	−46257
负债	31376	31518	16833	34856	25265	−6445	17400	29822	33812	19831	40081
2.2.1 非储备性质的金融账户	19030	16985	−2289	21227	−3182	−27209	−27647	7354	10976	461	−4244
资产	−12346	−14533	−19123	−13628	−28448	−20764	−45047	−22468	−22836	−19370	−44326
负债	31376	31518	16833	34856	25265	−6445	17400	29822	33812	19831	40081
2.2.1.1 直接投资	12569	14983	11121	13473	8899	4174	−2658	1825	5987	3457	6666
2.2.1.1.1 资产	−3908	−3115	−4100	−4522	−7566	−10932	−14323	−9314	−9465	−9447	−10611
2.2.1.1.1.1 股权	−4197	−3712	−4592	−5465	−8750	−6493	−9732	−9185	−7480	−7506	−9295
2.2.1.1.1.2 关联企业债务	289	596	492	943	1184	−4439	−4591	−129	−1985	−1942	−1315
2.2.1.1.1.a 金融部门	/	/	/	/	/	/	/	−1202	−1376	−1205	−1639
2.2.1.1.1.1.a 股权	/	/	/	/	/	/	/	−1191	−1326	−1318	−1653

续表

项目	2010年	2011年	2012年	2013年	2014年	2015年	2016年	2017年	2018年	2019年	2020年
2.2.1.1.1.2.a 关联企业债务	/	/	/	/	/	/	/	−10	−49	112	14
2.2.1.1.1.b 非金融部门	/	/	/	/	/	/	/	−8112	−8089	−8242	−8971
2.2.1.1.1.1.b 股权	/	/	/	/	/	/	/	−7993	−6154	−6188	−7642
2.2.1.1.1.2.b 关联企业债务	/	/	/	/	/	/	/	−119	−1935	−2054	−1330
2.2.1.1.2 负债	16477	18099	15221	17996	16465	15106	11664	11139	15452	12904	17277
2.2.1.1.2.1 股权	15255	16211	13537	16414	12948	13201	11002	9440	12275	11184	15085
2.2.1.1.2.2 关联企业债务	1222	1888	1684	1582	3517	1904	663	1699	3177	1720	2191
2.2.1.1.2.a 金融部门	/	/	/	/	/	/	/	816	1161	1269	1168
2.2.1.1.2.1.a 股权	/	/	/	/	/	/	/	605	989	1097	754
2.2.1.1.2.2.a 关联企业债务	/	/	/	/	/	/	/	211	172	172	414
2.2.1.1.2.b 非金融部门	/	/	/	/	/	/	/	10323	14292	11635	16109
2.2.1.1.2.1.b 股权	/	/	/	/	/	/	/	8835	11286	10087	14331
2.2.1.1.2.2.b 关联企业债务	/	/	/	/	/	/	/	1487	3005	1548	1778
2.2.1.2 证券投资	1605	1264	3013	3267	5062	−4162	−3466	1951	6966	4003	6495
2.2.1.2.1 资产	−521	398	−406	−335	−665	−4528	−6858	−6374	−3481	−6181	−10349
2.2.1.2.1.1 股权	−574	71	127	−158	−86	−2453	−2532	−2203	−1138	−2049	−8959
2.2.1.2.1.2 债券	52	327	−533	−177	−579	−2075	−4327	−4172	−2343	−4132	−1390
2.2.1.2.2 负债	2126	866	3419	3603	5727	367	3392	8326	10447	10184	16843
2.2.1.2.2.1 股权	2106	350	1887	2015	3189	908	1559	2440	3997	3123	5445

续表

项目	2010 年	2011 年	2012 年	2013 年	2014 年	2015 年	2016 年	2017 年	2018 年	2019 年	2020 年
2.2.1.2.2.2 债券	20	516	1531	1587	2537	−541	1833	5886	6451	7061	11398
2.2.1.3 金融衍生工具	0	0	0	0	0	−130	−359	24	−415	−165	−761
2.2.1.3.1 资产	0	0	0	0	0	−211	−433	104	−326	94	−365
2.2.1.3.2 负债	0	0	0	0	0	81	75	−80	−89	−259	−395
2.2.1.4 其他投资	4856	738	−16424	4486	−17143	−27091	−21164	3553	−1563	−6834	−16645
2.2.1.4.1 资产	−7917	−11815	−14617	−8771	−20217	−5092	−23433	−6884	−9565	−3836	−23001
2.2.1.4.1.1 其他股权	0	0	0	0	0	−1	0	3	−95	−102	−33
2.2.1.4.1.2 货币和存款	−3942	−7415	−6607	−426	−11399	−3442	−4302	−3860	−986	−7012	−9902
2.2.1.4.1.3 贷款	−1421	−2898	−4126	−1982	−4536	−2849	−7352	−3051	−5355	1820	−9380
2.2.1.4.1.4 保险和养老金	0	0	0	0	0	−192	−24	−4	−35	−80	−226
2.2.1.4.1.5 贸易信贷	−4196	−4577	−3901	−3707	−4235	−2917	−6858	−1220	−4530	2424	−2473
2.2.1.4.1.6 其他	1642	3075	16	−2656	−47	4308	−4896	1250	1437	−887	−986
2.2.1.4.2 负债	12773	12553	−1807	13257	3074	−21999	2269	10437	8002	−2997	6356
2.2.1.4.2.1 其他股权	0	0	0	0	0	0	0	0	0	0	0
2.2.1.4.2.2 货币和存款	4070	3195	−3753	4686	5001	−7724	552	7391	3416	−3826	6354
2.2.1.4.2.3 贷款	5334	6811	−1070	5789	−2124	−10407	−1094	3457	2056	2859	−1129
2.2.1.4.2.4 保险和养老金	0	0	0	0	0	149	−45	44	15	123	212
2.2.1.4.2.5 贸易信贷	3387	2476	2673	2784	−121	−3869	1157	−155	2776	−1898	461
2.2.1.4.2.6 其他	−18	69	343	−2	318	−147	1699	−300	−261	−255	459
2.2.1.4.2.7 特别提款权	0	0	0	0	0	0	0	0	0	0	0
2.2.2 储备资产	−31831	−25231	−6087	−26749	−7209	21537	29621	−6136	−1037	1362	−1932
2.2.2.1 货币黄金	0	0	0	0	0	0	0	0	0	0	0

续表

项目	2010 年	2011 年	2012 年	2013 年	2014 年	2015 年	2016 年	2017 年	2018 年	2019 年	2020 年
2.2.2.2 特别提款权	-7	30	32	13	4	-17	22	-49	2	-34	-25
2.2.2.3 在国际货币基金组织的储备头寸	-141	-226	102	69	60	56	-348	146	-47	-1	-159
2.2.2.4 外汇储备	-31683	-25035	-6221	-26830	-7273	21498	29947	-6233	-992	1397	-1748
2.2.2.5 其他储备资产	0	0	0	0	0	0	0	0	0	0	0
3. 净误差与遗漏	-3555	-842	-5495	-3859	-4122	-12613	-14589	-13896	-11783	-8916	-10782

备注：1. 本表计数采用四舍五入原则。
2. 根据《国际收支和国际投资头寸手册》（第六版）编制，资本和金融账户中包含储备资产。
3. “贷方”按正值列示，“借方”按负值列示，差额等于“贷方”加上“借方”。本表除标注“贷方”和“借方”的项目外，其他项目均指差额。
4. 金融账户下，对外金融资产的净增加用负值列示，净减少用正值列示。对外负债的净增加用正值列示，净减少用负值列示。
5. 年度人民币计值的国际收支平衡表由单季人民币计值数据累加得到。季度人民币计值的国际收支平衡表数据，由当季以美元计值的国际收支平衡表，通过当季人民币对美元平均汇率中间价折算得到。
6.《国际收支平衡表》采用修订机制，最新数据以此表为准。

资料来源：国家外汇管理局网站。

这个是资本金融账户的收支，我们可以看见大多数年都是逆差，多的年份也是逆差上万亿元，2016—2020年，中国金融是顺差，这个时候中国“扩大金融开放，深化改革”，外贸顺差大幅度降低，要外汇平衡，金融就不存在那么多逆差了。考虑到这些，我们对当初为什么要采取这种政策，就可以理解很多。

在金融领域的国际收支，大多是巨额逆差，但在2018—2019年进来的财富额巨大，是顺差，尤其是2018年金融入境的资金高达33812亿元，顺差9000多亿元，而2020年金融逆差高达7260亿元，外流的钱高达42918亿元。

最有趣的是最后，误差和遗漏居然这么大，都是逆差，2020年居然有负11443亿元，2010—2020年中有5年达到了上万亿元，这是多么的可怕！遗漏了什么？看看所有表上有的内容，没有的是移民和留学！差别就是在中国移民、留学等领域的财富外流。

最后我们再要看的数据是中国的国际投资头寸表（见表2-3）。

对中国国际投资头寸表，我们要对比一下2009年与2020的净头寸和总资产，2009年年底的净头寸是13044亿美元，总资产是34549亿美元，2020年年底我们的净头寸是21503亿美元，但总资产达到了87039亿美元，而2020年年底的储备资产则与2009年数量差不多。需要引起注意的是资产结构，以前主要以美元为主，现在一篮子货币，持有大量欧债，变现能力欠佳。这意味着我们的整个杠杆率大幅度增加，一直在呼吁去杠杆，其实国家的杠杆和金融风险始终存在。这也是我们一直为什么在说防范金融风险，要去杠杆。

看完这些数据，我们就知道不要总盯着美国的量化宽松，看着我们的外贸顺差，其实我们的风险也在加大。这些年以来，中国在国际上受到的压力巨大，所以我们的实业承受了巨大的压力，实业要保金融，金融要对抗来自

表 2-3　中国国际投资头寸表

单位：亿美元

项目	2009年底	2010年底	2011年底	2012年底	2013年底	2014年底	2015年底	2016年底	2017年底	2018年底	2019年底	2020年底
净头寸	13044	14841	15348	16781	18184	16103	16989	19849	20652	21075	22996	21503
资产	34549	41424	47551	52353	60205	64839	62232	65788	71915	74327	78464	87039
1 直接投资	2630	3393	4435	5519	6913	9225	11560	14237	18450	20015	22366	24134
1.1 股权	1758	2343	3312	4117	5002	7807	9725	11938	15949	17023	19341	20844
1.2 关联企业债务	872	1050	1123	1402	1911	1418	1836	2300	2501	2993	3028	3290
1.a 金融部门	/	/	/	/	/	/	/	/	2371	2518	2839	3077
1.1.a 股权	/	/	/	/	/	/	/	/	2276	2416	2739	2990
1.2.a 关联企业债务	/	/	/	/	/	/	/	/	95	102	100	87
1.b 非金融部门	/	/	/	/	/	/	/	/	16079	17498	19528	21057
1.1.b 股权	/	/	/	/	/	/	/	/	13673	14607	16602	17854
1.2.b 关联企业债务	/	/	/	/	/	/	/	/	2405	2891	2926	3203
2 证券投资	2435	2586	2063	2428	2620	2683	2685	3724	4992	5065	6575	8999
2.1 股权	553	645	883	1320	1566	1670	1692	2207	3044	2786	3853	6043
2.2 债券	1882	1941	1180	1108	1055	1012	993	1518	1948	2279	2722	2955
3 金融衍生工具	0	0	0	0	0	0	36	52	59	62	67	191
4 其他投资	4952	6304	8495	10527	11867	13938	13880	16797	16055	17505	17226	20149
4.1 其他股权	0	0	0	0	0	0	1	1	54	69	84	89
4.2 货币和存款	1310	2051	2942	3906	3751	4453	3598	3653	3611	3896	3962	4865
4.3 贷款	974	1174	2232	2778	3089	3747	4569	5768	6373	7097	6963	8389
4.4 保险和养老金	0	0	0	0	0	0	172	123	101	106	135	166
4.5 贸易信贷	1444	2060	2769	3387	3990	4677	5137	6145	5319	5972	5604	5972
4.6 其他	1224	1018	552	457	1038	1061	412	1107	597	364	479	668
5 储备资产	24532	29142	32558	33879	38804	38993	34061	30978	32359	31680	32229	33565
5.1 货币黄金	371	481	530	567	408	401	602	679	765	763	954	1182
5.2 特别提款权	125	123	119	114	112	105	103	97	110	107	111	115
5.3 国际货币基金组织的储备头寸	44	64	98	82	71	57	45	96	79	85	84	108

资料来源：中国人民银行网站。

外部的压力，所以中国国内是一直坚持去杠杆，一直坚持金融紧缩。

美国有美国的问题，中国有中国的问题，我们一旦没有了外贸大规模的顺差，就会感到巨大的压力。美国就是来回在印钞和贸易逆差的悖论之下的，现在是美国的印钞阶段。美国的特里芬难题[①]不破解的关键，就是要财富在资本项下流入美国，我们看到的就是中国的头寸表、收支平衡表上，资本项下就是负值，而且还有一个大大的黑洞。因此盲目乐观是不行的。

认清特里芬难题，就可以知道美国的目标，现在美国所打就是征税战，2021 年的 G7 会议，就表现得非常明显了。

美国主导的这一次 G7 会议，就是对全球的税收达成协议，造成的结果就是中国财富进一步的外流。

许多人认为美国印钞会使中国的人民币升值，会让美元贬值，但真实的状态没有那么简单，人民币升值和美元贬值，金融市场涌入的那么多美元，就要抛售回美国了，他进来的时候 1 ∶ 7，回去的时候要变成 1 ∶ 4，那么差出来的美元中国怎么给？马上就是人民币汇率受到压力了。美国因此总要求中国金融开放，金融“深化改革”，原因就是改革了以后，美元进来换取了你的人民币，就不会贬值了。为什么中国央行不放流动性，通胀的压力已经转移到被金融买走资产的中国了！所以中国的资产增值，然后资本项下金融是连续逆差，这里吃的亏，都要外贸顺差和中国的积累率去补啊！中国积累率降低，会带来很大压力。想一下为什么美国当年搞孤立主义“闭关锁

---

① 又称“特里芬悖论”。1960 年，美国经济学家罗伯特·特里芬的在《黄金与美元危机——自由兑换的未来》一书中提出：由于美元与黄金挂钩，而其他国家的货币与美元挂钩，美元虽然取得了国际核心货币的地位，但是各国为了发展国际贸易，必须用美元作为结算与储备货币，这样就会导致流出美国的货币在海外不断沉淀，对美国国际收支来说就会发生长期逆差；而美元作为国际货币核心的前提是必须保持美元币值稳定，这又要求美国必须是一个国际贸易收支长期顺差国。这两个要求互相矛盾，因此是一个悖论。

国”呢？当年英国人也曾要求美国开放。

美国的金融霸权力量不容轻视，金融开放要付出代价的。美国是否与中国脱钩？它能够印钞换你财富的时候，肯定不会与你脱钩的；它印钞不能换取中国财富，会崩溃的时候，就已经不是脱钩的问题，他会发动战争的，不会直接走向失败的。

资本外逃，财富外逃，不是仅仅可以靠调整国内政策就可以解决的。这个问题背后是美国人要求的金融开放，在美国的各种金融工具下，没有国际金融主导权的国内政策，难以卡住国际资本向下的转移。所以中国能够争取的，就是吸引中国民族资产坚守中国，中国海外资产回流中国。

美国人算计的，就是中国富人连带资本的转移，如果这个情况不发生，中美力量此消彼长，对美国就是巨大的压力。

看到中国的困难，也不要害怕，因为美国也很困难，关键是谁更能够坚持，谁对国家未来更有信心，更有凝聚力，未来谁就会走得更好。

第三章

土地财政背后是征税权——地租背后的土地财富博弈

- 1 -
土地财政与中国经济发展

· 房地产绑架了中国经济吗

房地产泡沫论的撒手锏是房地产绑架中国经济论，然而这一立论成立的隐含前提是国家经济结构趋向房地产一元化，当然大家都知道国家经济结构如果是产业单一的类型，那么危害是极大的，对经济发展的拉动力非常有限。单一经济对于社会经济发展的拉动力很低，而经济多元化，理论上的拉动力可以大到无穷。实际上，中国与世界其他很多国家是不同的，中国并不存在经济结构房地产单一化的问题。

国家经济的发展首先是社会的富裕，盖房子实际上是一个社会富裕的过程，也是一个财富积累的过程，只有这样的积累达到了一定程度，社会才有更高的科技和艺术需求。在没有物质基础的情况下搞所谓的科技和艺术，是没有持续的大众生命力的。房地产背后是制造业的需求，高铁、地铁、电梯、各种机电配套和装修材料等都需要制造，汽车的消费也与城市建设有关，而且我们买了新房对于家具电器的更换需求也是巨大的。中国是一个大国，所有与房子有关的产业基本上能够在中国经济体的内部完成。这与小国是不同的，很多小国搞房地产各种建设和相关产业是在国外的，房地产的发展导致大量的海外进口，让外国人赚大钱；而中国的房子建造基本上能够在中国经济体内部完成，从炼钢到水泥的制造等过程都是在中国国内进行的，在中国的产业链内部完成了几乎从焦煤、铁矿石、黏土、沙子、石灰石等最初级的资源产品向房子的转变，因此房地产对于某些小国是单一产业，而对于中国却是一个丰富的多元化的产业链。在阿联酋发展房地产业，建设的材料和工程都是外国的，但是其房地产的发展也使得其旅游业等第三产业成为阿拉伯世界的中心，在石油经济之外对其本国的经济拉动是明显的。

由于中国房地产业的贡献，2020 年，我国的钢铁产量已经达到了 13.25 亿吨，占全球钢铁产量的 67%，是日本的 11 倍。其中近一半的钢材都用在了房地产及其相关配套的基础设施上面。如果没有中国房地产业的兴旺发达，中国的钢铁企业就可能会有数百万人失业。中国的房地产业同时使得中国水泥产能一度超越世界总产量的 60% 以上。2019 年，中国水泥产量为 23.5 亿吨，比 2018 年增长了 4.9%, 占世界水泥总产量的 57.32%。中国廉价水泥的支撑，也是周边国家（如越南、蒙古国等）房子比欧洲、美洲和非洲造价便宜的主要原因所在。在中国，水泥 300~500 元 / 吨，即使经过近期水泥价格的暴涨，总体来说依然是非常便宜的，而中国的水泥运到非洲安哥拉后，其售价则达到 1500 元 / 吨。随着水泥卖出去的还有转化在该产品上的电力、煤炭、石灰石等产品。当然，众多的水泥厂日子过得好不好还需要看国内房地产建设。如果房地产项目多了，政府所收取的市政道路和污水管道配套费也就多了，同样消化在房地产及其相关联的水泥管和道路上的水泥产品也就多了。房屋装修以及装修材料方面也是一个大产业，我们以地砖为例，早在 30 多年前，中国的地砖产能就已经超过了全世界 200 多个国家和地区的总和，总面积也从 21 亿平方米年年攀升。另外，年产 120 亿件的陶瓷日用品也占到世界 70% 以上。若没有房地产的龙头带动和内外墙体装潢消费，该行业也必将出现大量过剩的问题企业。

而在房屋配套方面，管道工业可以成为一个代表。根据住房和城乡建设部发布的统计数据，2020 年我国城市管道长度约 310 万公里，其中供水管道总长度为 100.69 万公里，燃气管道长度为 86.44 万公里，供热管道长度为 42.60 万公里，排水管道长度为 80.27 万公里。增长速度是惊人的！

城市的发展也产生了交通的需求，人们在城市扩展以后不得不将以自行车为主的交通方式变成了汽车，以前的自行车大国成为汽车大国，自 2009 年中国汽车销量超过 1000 万辆。2021 年世界汽车销量 8007 万台，其中中国汽车销量 2625 万台，比 2020 年增长了 4%，达到全球的 33%。

很多人说现在的实业资本都去投资房地产或者都去买房了，以此来论述说中国的房地产是单一产业，对实业产生了挤出效果，是经济发展的危害，但事实上中国当前的实业资本就是需要整合的。中国每一个行业都有成百上千家企业打破头去抢食吃，实在是太分散了，结果肯定是绝大多数的企业要被整合，其资本被挤出，这是产业发展的必由之路。目前在美国，第三产业占据了 80% 以上的份额，而制造业只有 11% 的份额，这些被挤出的产业资本实际上是转型了，房地产相关行业大多数属于第三产业，而且一个新的小区建设起来了，各种配套服务的投资就会随之而来，餐饮、社区服务、商贸等也就随之繁荣起来，就如当年在一片荒野上建设的北京上地、回龙观、天通苑等小区，现在也是各种商业、服务业机构遍布其间一片繁荣。房地产的建设先造就了人流的集中，有了人的聚集，服务业才有生存和发展的空间，这样的房地产开发实际上是带动了城市服务业的发展，加深了城市化的发展。

房地产业的高速发展本身就是伴随中国的城市化发展需求的，中国城市化从 10% 的低水平起步，经过几十年的努力，我国第七次全国人口普查数据显示，我国城镇常住人口为 90199 万人，占总人口比重为 63.89%，离发达国家 70% 以上标准已经距离不远。由此可见，由中国房地产主导产业快速推进的城市化进程是最大的功臣，也是使各个新兴美丽城市变得多彩的最好美容大师。

中国的房地产带动和支撑了中国基础设施建设的奇迹，中国的基础建设是要依靠房地产来收回投资取得持续发展动力的，各地政府的基建投资基本上都以土地收入为主，中国的经济奇迹更多的是基础设施的奇迹；中国的项目决策迅速，建设时间短。当美国人还在讨论高铁的时候，中国的高铁运营里程已跃居世界第一，当初规划到 2020 年将达到 1.6 万公里，实际上，2021 年我国高铁运营里程超 4 万公里，铁路运营总里程超 15 万公里。

中国城市市政公用基础设施建设取得了显著的成就。城市市政公用基础设施建设主要包括城市供水、排水、污水处理、燃气、集中供热，城市道路，公共交通、环境卫生和垃圾处理以及园林、绿化等方面。城市市政公用基础设施是城市赖以生存和发展的基础，是与人民群众生活息息相关的重要的基础设施，也是体现一个城市综合发展能力和现代化水平的重要标志。

拉动中国经济的“三驾马车”无非是消费、投资和出口，而基建的投资又来自房地产的资金回收，更进一步的是中国的房地产业培养了世界一流的建筑队伍和企业，中国的基建成本可以比世界平均水平低 25%~30%，中国建设工程的输出在出口中的份额也越来越大，全球到处都有中国公司承建的工程。很多人说一个国家的发展是要靠科技、工业，没听说过房地产救了哪个国家，但这个观点失之偏颇，这里面的要害在于房地产实际上是包含了科技与工业的成就的。美国的帝国大厦绝对是全球了不起的工业奇迹，而现在的房地产建设当中已经包含了各种的高科技在其中，就如中国的高铁速度成为世界第一，而拉动如此规模建设的和为高铁建设买单的还是要依靠房地产，因为高铁促进中小城市土地的增值，没有这些土地的收入，高铁等的建造费用从何而来？这实际是一个互相促进的过程。西方的大型地铁等公用设施建设，也是伴随着土地开发和城市开发同步进行的，只不过这样的开发不是由政府主导而是由私人公司主导的，所不同的就是土地私有下是私人干、土地公有下则是政府干，没有房地产开发的经济支撑，科技和工业的消费从哪里来？

最后我们要注意到的就是中国的崛起速度，中国的城市化和工业化速度是远远超过世界其他发达国家的，西方两百余年的工业化和城市化的进程在中国用几十年就完成。中国的速度数倍于西方的表象的背后，就是中国在与城市化相关的产业领域的发展速度，以及这个历史阶段在产业当中的比重，换作西方，同样产业的几倍才可能实现，同时中国的积累率要是西方的几倍才可以做到这一点。因此中国这样快速的工业化和城市化的必然结果就是房地产等产业的规模和在产业经济中的比重是西方同样历史阶段的几倍，而西方当年发展的历史阶段相关产业又是现在发展完毕后的发达阶段的。中国的房地产业是西方的十几倍到几十倍都是正常的，中国快速崛起，就是需要这样的龙头拉动，这是经济规律和市场发展的需要。中国这个产业是西方的很多倍很正常，在中国这样的快速跨越式发展模式下，其产业作用在中国与西方决然不同的发展阶段和发展速度下，对于经济的作用也是根本不同的。从住宅建设投资在国内生产总值中的比重来看，日本占 20% 左右，美国也是，仅按住宅算我们占 13% 多一点。从日本的居住面积看，我们和日本基本上类似，虽然我们相差年份比较多，但所处的时期比较类似。按人均土地面积算，假定中国是 1，日本便是 1.26，日本山区占比比中国高，且它实际可利用的土地比例比中国还要高。中国的大量基础建设投资通过土地价值的增值反映到了房地产上面来，中国常年的基础建设投资是国内生产总值的 1/3 左右，把这个基建投资再加上房屋的造价才能够得出中国的房地产占国内生产总值过高的结论。西方的基础建设已经处于基本完成阶段，而中国的城市化离得开这些基础建设投资吗？

所以，中国的房地产业拉动了中国经济。相反，对于印度这样的国家倒是可以说房地产绑架了其经济，因为印度的孟买等地的房地产比中国北京、上海要贵一倍，所有的高房价是被土地所有者食利，而不是如中国政府这般将出售土地的款项用来建设投资归还土地使土地增值，结果就是印度没有中国土地财政修建基础设施的机制，印度早于中国发展但是印度落后的基础设施制约了印度经济的发展。在中国房地产实际上已经是中国现阶段经济的大部分拉动的参与者，房地产对于中国早已经不是一个单一的产业了，而是延伸到经济体系的方方面面，整个产业的兴衰就是中国经济的兴衰，这样的产业周期与地产行业向上时的预言，同样与中国经济发展的周期有很大的关联性。

· 土地政策失败的国家——印度

说起印度的经济发展以及龙象之争，就不得不提及印度基础设施建设的极度落后，这成为印度持续发展的瓶颈，对于这样的问题，看似很好解决但是为什么印度总是在这方面栽跟头呢？其中必然有更深层的原因。

印度的经济发展是持续的，但是印度难以改善的基础设施是印度经济发展永远的痛！原因就在于印度没有经过自下而上的土地革命或自上而下的土地改革，也就没有一个强有力的机制限制地主们食利，这使得其基础建设成本在经济上无法承受。印度的拆迁成本巨大，这也是孟买房价高的主要原因。但是由于印度原来的富人是有产者、有房者，新增买房的印度人都是通过劳动创造的致富者，他们的创造是被“贫民窟主”食利的。而且印度的房子虽贵还有人买单，建设市政道路的钱也会因为拆迁费用而极度高昂，但这些价格高昂的房子是无人买单的，印度仅仅依靠政府的税收投入来改善市政是入不敷出的。

同时要注意的就是印度没有中国这样的土地财政机制，从而也就没有依靠基建投资不断拉动经济发展的动力，印度的基础建设投资依靠政府的税收无异杯水车薪，而税收过高对于国内其他行业伤害非常大。中国的土地财政是一种国家将资源有效地集中在土地上进行建设的高效机制，而土地财政的投入所产生的增值通过土地回收极大降低了对其他行业的影响。这样的基础建设还产生了巨大的建设需求和社会财富积累，印度与我们基础设施差距的影响正是基础建设投资积累所发挥的巨大经济价值的生动体现。很多国际资本扬言要在印度孟买投资数百亿美元来改善基础设施建设，但是要深入地想一下：这样的投资怎样收回？印度的拆迁成本比中国高，而中国已经在基建上取得了先发优势，印度开始建设得比中国晚，能源和铁矿石等资源价格要远高于中国现有建成的基础设施，西方这样的建设成本比中国要高得多的基础建设投资能够如何收回呢？印度没有中国的土地财政回收机制，如果是依靠税收来回收这样的投资，印度的税收又要多高？这样的高税收政策下还会有谁投资？经济还怎么发展？再加上目前印度孟买地区的地价已经高于上海地价水平，且当前铁矿石价格暴涨，供货紧缺，印度要赶上中国现有的基础建设水平，即使有充足的时间，这些建设的重置成本也将是数量级以上的差别。再考虑印度基建对于拆迁和原材料市场的影响，印度也难以完成像中国这样的基建。我国当年投资几百亿美元完成的基础建设，印度现在新建同样的设施就是花费几千亿美元、上万亿美元也未必一定能够实现，印度现在有什么经济能力取得这样的基础建设资金投入和回收？如何能够超越中国的基础设施？所以西方投资基建再产业转移印度的说法是行不通的。

西方某些人把中国的基础建设投资和高积累率都进行了贬低，但是一个发展中国家与发达国家在社会物质财富上差距最大的，就是基础设施为代表的社会财富的积累。以中国当前的积累率和国内生产总值来看，中国目前的人均积累财富数量也成倍高于西方发达国家，这样的情况下西方贬低中国的高积累的原因就可以理解了。中国的土地财政是西方所没有的，原因就是中国的土地实行公有制，西方的土地私有并被私人分割成为小块，中国的土地财政机制避免了西方同时期的圈地血腥。

还有人可能会拿当年日本等地走向发达的历程，但是基于国情的巨大差异，有些事情是无法比拟的。日本国土面积小，其对市政等基础设施的要求与中国是不一样的，中国的设施和管理成本不是随着规模线性增加的。更关键的是日本不需要粮食自给并且可以填海造地，海洋还是重要的交通通道，发展基础与中国就不一样。另外，西方的发展模式是土地资源相对丰富，各种建设向乡间转移，这些都是人口众多、土地稀缺、粮食必须自给自足的大国所不具备的发展条件，人均占有土地的不同，发展的模式也不一样。

因此中国的基建在改革开放后迅速发展，时间比印度少一半，但是规模早已经远远超过印度，这里面不但有成功控制了食利的原因，也有土地财政的体制原因。深度认识我国政策的好处也非常有必要的，更何况我们的土地政策本就是自己摸索出来的，这个政策的形成过程本身就受到客观经济规律的制约。我们的土地政策还处于发展阶段，认识它的历史作用和历史生命力就是认识我国经济发展潜在的客观规律。

· 避免食利：土地财政再认识

我国的土地财政是合理的，因为政府为了刺激经济采取了积极的财政政策，财政政策的主要投资方向在于基础设施建设，中国工业化的基础也依靠这样的建设的支持，人民生活水平提高和社会发展更是离不开这样的建设，但是这些建设的投资又是如何回收的呢？以地铁为例，地铁的票价能够覆盖它的运营成本就很不易了，而修建地铁所带来的巨大效益主要就是体现在土地房产的价值增值上。这些土地增值如果不是通过土地的收益收回，而是通过税收来收回的话，那么实际上就是用各行各业的收益来补贴土地，会让土地的所有者得到不正常的额外利益，这是土地对于其他经济资源的食利，是社会利益分配的不公。所以土地财政的实质是通过土地收益来收回政府的土地投资。

国际通行的地产开发模式是企业主导而非政府主导，大开发商买下大片的土地建造基础设施，然后出售增值后的土地。对于地铁，中国香港地区就是这样的模式，地铁出口上面的地皮是属于地铁公司的，地铁公司要与开发商合作，通过土地的收益回收地铁的收益。但是中国内地土地公有，企业能够开发的是房产而不是地产，按照产权的限制要求应当是所有者来开发，按照中国的政策法规，中国的开发企业是不能囤积土地进行开发经营的，所以地产开发只能通过政府职能来完成，这是中国国情所决定的！很多人认为西方国家是依靠税收解决市政投资的，但是发达国家的市政已经过了建设期，同时还有地产商的补充，税收解决的是这些设施运营时的费用补贴，而不是设施的建设投资回收。同时在西方的税收中还有物业税，还是利用土地的税收解决土地基础设施运营补贴费用，达到社会的公平和平衡。而中国在建设期依靠物业税仅覆盖基础设施投资运营费用不足是远远不够的，必须依靠土地的经营和出让解决土地上的基础设施的建设投资问题。

我国财政部的数据更能够说明问题，2021 年国有土地使用权出让收入 87051 亿元，同比增长 3.5%，与此相关的土地和房地产相关税收中，契税 7428 亿元，同比增长 5.2%；土地增值税 6896 亿元，同比增长 6.6%；房产税 3278 亿元，同比增长 15.3%；耕地占用税 1065 亿元，同比下降 15.3%；城镇土地使用税 2126 亿元，同比增长 3.3%。土地使用权收入是无可替代的，而且与土地房产相关的收入，在整个财政收入当中占有巨大的比例。

通过上述数据和论述，我们可以清楚地看到地方政府的土地财政收益实际上基本都用于与土地开发建设有关的支出；更进一步的是政府的土地建设支出还使用了土地收益之外的收入，这是一个取之于土地还之于土地的过程，是当前中国经济发展阶段的历史需要。因此土地财政的本身是完全合理的，需要完善的是在这样的循环过程中的合理的利益分配，政府的职能应当是公平重于发展，发展重于利润。

对于土地财政，土地建设投资和土地收入在一个体系里面循环，避免了土地对于其他产业的食利，是非常合理的，至于土地财政本身的不公和食利问题，不是土地财政存在是否合理的问题，而是改善土地财政和分配机制的问题。

-2-
房产税替代土地出让金

为什么要收土地出让金而不是房产税来支持基建？中国依靠收取土地出让金，解决了基础设施建设的资金问题，基建投资进入了快车道，是成功之路！

很多人说，用房产税替代政府的土地出让金如何好，如何降低房价。这里咱们不妨粗略算一下账：按照2020年财政部公布的数据显示，2020年国有土地使用权出让收入84142亿元，同比增长15.9%；到2021年全国土地出让金收入87051亿元。2021年契税7428亿元，土地增值税6896亿元，房产税3278亿元。2022年，国有土地使用权出让收入66854亿元，比上年下降23.3%，2023年4月地方政府土地出让金收入3033亿元，1—4月累计已达约1.18万亿元，相比去年同期下降了21.7%。这已经是土地出让金收入自2022年初以来连续第16个月少于去年同期水平。假设2023年中国是14亿人，65%在城市，那么，约9亿城市人口，按三口之家计算，大约3亿个家庭，房产税要与土地出让金可以比拟，需达到6万亿元以上，那么每户该交多少？

更不要说对富人多套房采用累进税率之类的，这里有向租户的转嫁，不看这个转嫁，这个也就是一次性的，不可持续，等富人把房子都卖掉了，税源就没有了，还是要回到大家一起负担的轨道上来。针对这一问题，可以计算一下美国的房产税政策下他们的基建投资额以进行系统全面的了解。

2018 年年初，国家统计局发布 2017 年全国房地产开发投资和销售情况，2017 年，中国销售商品房新房是 169408 万平方米，按照 100 平方米一套计算的话，就是大约 1694 万套新房成交；如果这样算，这个规模要 20 年才够 3 亿套，才能够满足人民的使用。要进一步城市化，那么房子还是紧缺的。现在这个紧缺我们不能排除的是人口迁徙问题，很多人在老家和小城镇也有一套房，放着一些私人用品，这些房子叫作二套房吗？还有就是建设的错位，大量“鬼城”是存在的，这些地方你能够都作为征收房产税的依据吗？那样这些地方就更没有人了。

2023 年，很多地区因为人口规模拐点的到来而房地产过剩，但核心地区依然是房地产稀缺！以后的土地财政之发展，需要的是土地收入的全国统筹，尤其是对农村的土地，各种资源利益转移支付是巨大的。

· 数字测算下房产税的不靠谱

如果我们回顾一下 1998—2018 年的住房市场化改革，这 20 年间我国建设了大约 3 亿套房，市场并不富裕。紧缺就意味着免征首套房房产税以后，多套房征税的税基是很低的。很多人说有 6500 万套空置房可以征税，我们姑且认为半年没有水电就是空置（事实上出差外派半年不在家的很多，连农民工外出打工，老家县城的房子也不用水电），这个 6500 万套分担房产税，也要每套每年 5 万元房产税才可以，超过了大多数地区的人均收入，这不会造成社会动荡吗？

如果有一套可以免征房产税的话，每个家庭肯定是拿最贵的房子去免税，这样一个选择性的博弈之后，能够征税的，都是数量有限的便宜房子，最后能够征收的基数肯定有限，根本无法替代土地出让金制度，会造成巨大的财政问题。如果税基很小，税率再高的意义不是征税取得收入，而是通过征税限制这样的行为。这个限制下的结果就是你的收入有限，替代不了土地出让金，而且限制还会有其他作用，导致租赁市场的紧缺。

所以再进一步就是大家都把房子卖了，那么租赁市场怎么办？房产税的成本很可能向租房者转嫁。前脚讨论房产税，挥舞大棒压住房价，后脚就是房租暴涨。然后就是中介当背锅侠。现在房地产中介也大量破产啊！而且房产中介，从来是为强势方服务的，这也说明租房市场的强势方在房东一方，市场规律就是成本增加，强势方一定可以向弱势方转嫁成本！

把上述的转嫁和各种博弈都算进去，我们还可以知道的房产税的征税成本是极高的，所谓的按照市价征税，就不知道有多少腐败可以权力寻租，更别说全国多套房之间各种做假横行。如果很多人都作假，则意味着老实的纳税人必须更多地承担税费才可以。就算把作假压了下来，那么要投入多少人力征收，这些人的花费又有多少？这些都远不如我们土地招拍挂，公开透明了以后成本低。如果算了这些成本，意味着守法公民的纳税税率还要多一个百分之几十的灰色征税费用。

中国的土地出让金制度的背后是有合理性原因的，背后就是中国虽然土地财政收入高，但与政府土地有关的投入也高，没有一个政府的土地财政是净收入，这个才是问题的关键。中国的基础建设投资，价值财富都投到了土地上，土地出让金当然高。中国自改革开放以来基建投资 500 万亿元，这个都会转移到土地之上，我们的房地产总价值有 500 万亿元吗？没有则不存在泡沫。这里还没有计算拆迁要付出的成本呢！如果计算了拆迁，那么政府投入到土地上的钱，肯定比总房价要多很多。这就是为何资本会认为房地产低估而持有。

政府的土地投资要回收，第一要通过土地出让金，第二要通过征收房产税。土地出让金现在是拍卖和市场化的，但房价如果比拆迁和基建成本低，则房产税的基数就是被低估的，税率低会收不回来投资，税率高则会有新的不公产生，因此问题很多。美国的房产税开征，背后是南北战争，金融资本对南方殖民的土地集团，房产税是在流血的基础上建立的。西方的房产税背后，都是资本与土地贵族的博弈。

我们对土地出让模式和房产税模式的比较，可以再计算一下，就清楚了。土地出让金是拆迁基建投入的回收，这个回收不是土地出让一次性的，而是房产税，分成几十年的，这里面的差别在哪里？我们建设和拆迁可是一次性要支出的，背后就是有巨额的财务费用，这个是控制世界的金融利益集团所觊觎的。很多年的房产税与一次性的土地出让金，差别还有一个按照利率算出来的净现值。

你看看你的房贷，里面有多少是银行利息？目前地方政府融资平台的利息成本是远高于你的存款利息的，差价就是金融集团的利益。如果机制变成不是只储备几年土地而是通过房产税收几十年，这个债务规模和利息规模，还要增加很多。也就是说你几十年还房贷的里面要多付大约 70% 的利息，那么改成房产税模式，最终你也要多付 70% 的住房负担，而且我们房贷是优惠利率，政府融资平台的理财成本比这个高很多，你的住房实际负担，可能会增加超过 100%。

算上利息，大约我们每一户家庭的房产税，要一年两三万元才可以，平均下来是较高的费用，再计算房产税复杂的征税费用，税收腐败的作价不公等，普通的城市人口可能要缴纳人均 4 万元的房产税，才可以与现在的土地出让金模式相当。

而以 4 万元为平均，那么对大城市，是平均值的一倍以上是合理的，二三倍也是可能的，现在全国房屋均价大约每平方米1万元，北京上海的均价6万元，如果这么算，意味着大城市每户家庭的房产税，需要12万元左右，确实是与租房差不多了。大家愿意承受如此高的房产税吗？

美国是收取房产税的国家，美国收取的房产税是用来进行地方基础建设等投资的，但实际效果怎么样？我们看一下美国的基建停滞了多少年？有多少基建欠账？收了那么多房产税为何原有基础设施的维修都保障不了？这是活生生的反面教材。

中国能够快速积累，把全国的基础建设搞起来服务于产业发展，没有土地收入，只靠税收能完成吗？美国和印度就是失败的例子。我们不能打断这个中国可以不断发展的机制。假设每户城市居民平均一年4万元房产税，把土地出让金改成房产税，就不能维持现在中国的基建规模。要维持这个规模，需要北上广深的居民，户均每月缴纳的房产税1万元，这与现在租房已经相差不远了。

大家从更宏观的角度来看，无论是采用一次性的土地出让金还是分期的房产税，都是百姓的住房负担，政府的收入是刚性的，不能少的，中间多出来了金融成本和征税成本，总负担肯定是增加的！这里总负担的增加是因为金融是有成本的。

我们可以看一下金融介入之后，几十年的融资，收入的一半交了利息，利息是有每年3万亿的，这个数字，养起来了多少金融食利者？我们说不让土地食利，若变成金融食利，那就是境外集团食利了。所以，静下心来算算账，你会明白很多东西！任何言论都禁不住数字面前的拷问。

· 土地出让金模式是中国可持续发展的动力

中国的土地出让金模式，支持了地方财政，完成了全国基础设施建设的覆盖，为中国工业化乃至网络信息化、数字化，提供了巨大的财政支持。

为什么完成全面基础设施建设，土地出让金模式是可行的，而房产税模式是不可行的？因为房产税模式会成为金融机构渔利的工具，而基础设施建设是一次性投入，可以使用几十年。如果是房产税模式的年年缴纳，中间的时间差就是要向金融机构贷款了，金融机构则从中收取利息。西方国家是资本主义国家，金融资本是统治者，当然规划对他们有利的方式。

IBM 的最大利润，不是什么高科技，而是土地！它通过占据一块巨大的空地，建设厂房和宿舍，自己先带着多少万员工搬迁过去，然后产业链聚集了，人群聚集了，它就可以出让土地了。企业从它那里买到了厂房，技术人员从它那里买到了住宅，然后商业需求有了，服务业再从它那里买到商业。等它的土地卖光了，它就要换一个新地方了，再把自己公司搬过去，这个模式是可以复制和不断重复的，不存在卖光为止就终止了，是可持续的赚钱模式。

英国的崛起，其实也是土地出让金模式的。他们的海权论，就是在全球航运的节点城市，建设各种设施，收取超级地租。这个地租是全球转嫁，支撑起来海洋帝国的全球霸权。后来他们衰落了，原因就是失去了海外殖民地，失去了在航运节点收取超额地区的权力。

中国的土地出让和城市发展模式，一样是类似的模式。我们可以看到的就是中国的发展建设，一定是先搞一个开发区，搞一个新区，各种基建向开发区和新区集中。政府有如 IBM 公司一样，把政府办公的地方都搬过去，带动与政府有关的各行各业的都去集中，然后开发区的土地出让收入，就可以变成政府的高收入了。随之就是开发区的房价等不断上涨，不久就会超过了老城区，老城区的资源向新区扩散。老城区原来的繁华街区，由于基建比开发区落后，价格就会相对便宜了。然后，就是对老城区的旧城改造，旧城改造的开发，又是土地出让和收取土地出让金。再往后，我们可以再建设新的开发区，这个过程不断循环，应当还可持续很久。

我们控制了核心区 100 平方千米的土地，按照核心区平均容积率为 3%计算，可以建设房屋 3 亿平方米，按照核心城市可预期的房价和地价，就是 30 万亿元。另外，我们控制了其周边 2000 平方千米的远景规划，仅一个新建的中心，得到价值超过百万亿元的土地收入是可以预期的。而我们现在的土地出让金，全国很多时候一年才 3 万亿元，疫情后增加，大约 8 万亿元。也就是说我国的土地出让金、国家建设新开发区的模式，还可以走几十年呢！几十年后，原来出让的土地到期之后，续期时应再次缴纳土地出让金。

不光一个千年大计的名城，可以看到我们也在做离岸的免税岛，也在做新的特区，给了某个新区特别的立法权和改革权力，直辖市之下可能又要有城市了，每一个大计划搞成了，都是百万亿级别的土地出让金。让土地轮动，就如股市的股票轮动一样，这个模式不会走入死胡同的。

我们还要注意一个方向，就是美丽乡村，美国是乡村化的国家。我们的宅基地上的房子，修建好了，与西方乡间豪宅没有区别。而且，美国的所谓乡间所谓豪宅，经常是外表漂亮，里面腐烂和漏风，是木头房子，远不如中国的传统青砖房结实、耐用、舒服。

随着农业产业化的发展，我国农业人口将如美国一样非常有限，在乡村住着的是富裕人群，当然是要对他们收取土地费用的。这个可以收取用来建设的土地费用，也是空间巨大。

还有人说土地出让金模式让很多食利者不劳动了，这个说法是不成立的，就连“房叔房婶”，都有开着豪车扫大街的，背后的原因就是大家早看明白了，“躺平”是没有出路的。中国的土地出让金最长不过 70 年，现在一个人的期望寿命都 80 岁了，而且还在不断增长之中。等你老了可能就要再交土地出让金了，那时采用什么样的征收方式可以讨论，中国的建设期已经完成了，与房产税接轨也是可能的。总之，想要依靠房子食利一直下去是办不到的，“躺平”是不可能的，因为中国是土地公有，不是土地私有私人永久产权。

所以算一下账就知道了，土地出让金模式是中国真正的可持续发展模式，往下起码还有数百万亿级别规模，能够支持中国持续发展几十年。反而西方已经证明了房产税模式是难以可持续发展的死胡同。西方不能学习我们的模式，原因在于它们的私有制，我们的土地公有制有制度上的优越性。

土地出让金模式也是一种征税的方式。在我国，若各地的房价出现分化，那么各地的土地出让金差别就会加大，导致的结果是应当以后土地财政由全国统筹，而不是简单地改变政策，尤其是农村的土地要纳入的时候，更是需要如此。现在农村的户籍迁移，比城市里还要困难，背后就是农村的土地问题。可见中国深化改革，还有很多深水区。

-3-
看清美元背后的土地信用背书

美国为什么可以量化宽松（QE）常态化？美国政府的负债不断高升，美国政府的赤字高居不下，但美国还是不断印钞，美元在世界上的地位还是稳固的。

2012 年，美国推出第三次 QE 时，我就分析了其与前两次的不同。因为这一次的大量购买抵押支持债券或者抵押贷款证券化（MBS），也就是土地抵押债券，把美元信用绑定在其本国土地之上，然后就是美国房价新高，还不断暴涨，被说成是垃圾债券的两房债券，成了最优债券。

看清了美国土地本位，土地增值的必然，就不会产生央行购买优质资产是印钞 QE 的错误观念。

美国是从 2013 年开始扭转的，第三轮量化宽松购入的资产增值巨大，结果就是之后中美都度过危机。美国的土地债券，价值增长巨大，是美联储的优质资产，美国这一轮房价的暴涨，支持了美元的信用。虽然房价上涨有很多社会问题，但美元是稳定的。

看一下现在美国的房价怎么涨的，背后的土地抵押债券信用比国债好多了，央行购买优质资产，不应被看作 QE，就是正常的货币发行。美国的 QE 从 QE3 开始，可不是仅购买国债，还有大量的抵押支持债券。这些债券的信用，就是美国土地的信用，美元的信用也是土地信用背书的，所以 QE3 是一个重要的改变。

美联储以购买资产抵押债券发行货币，这些资产抵押物成为货币信用的来源，这本身就是本位货币的特征，对此世界是否会回到本位货币呢？尤其是当今主要的抵押物是土地，那么美元会不会走向土地本位制呢？对此我们应当从全球货币发展的层面进行深入分析。

当今世界的货币状态就是一个竞争性贬值的状态，对此我们可以看到的就是大宗商品等的价格暴涨，标志性的石油价格已经从 10 美元涨到 100 美元左右，世界上的货币指数看似是有涨有跌，但是这样的指数是对应于一揽子货币而不是对应于一揽子商品的。也就是说，美元的指数由欧元、日元等货币的汇率来确定，而不是由石油、黄金、粮食等商品来确定的。如果我们以这些大宗商品的价格来定义美元等货币的指数的话，这些货币的贬值将是非常显著的，而且在各国不断的宽松和压低利率下，这样的贬值过程一直在持续。我们可以看到的各国对于汇率的态度，各国都是主动选择自己的汇率贬值，同时指责他国操纵汇率不让货币合理升值，就如美国不断对于人民币升值的施压一样。

货币能够流通的关键就是在于信用，竞争性贬值就是信用的持续降低，但是维持一个市场交易体系是需要最起码的信用的。如果货币的信用降低到这个临界点以下，世界就会自然而然地出现其他信用替代物。就如在战争当中经常发生的，各种必需品成为一般等价物，成为准货币的流通物。中国在战乱时期，已经退出舞台的白银就重新进入流通。现在世界上也是各国不断地寻求货币互换、实物的易货贸易等手段。

这样的趋势发展以后必然要威胁国际货币体系，对国际货币体系最大的霸主和受益人美国而言，这是触动其根本利益的。这样的过程也是整个世界的控制人所不能接受的。同时在中国国内也要受到各种可以充当交易媒介、计价、储藏手段的商品变成的准货币的竞争，使一些商品具备实际货币的功能，威胁法定货币的生存和国家政权统治力，这也是政府所不能接受的。

因此，世界的竞争性货币贬值是难以持续的，就算这样的竞争性贬值能够在西方各国非合作博弈的囚徒困境下持续到破裂，市场也必然选择建立新的体系。这样的新货币体系的建立在人类的历史上不止一回，从金银本位的博弈、布雷顿森林、中国的改朝换代、古罗马的解体当中，这样的过程不断重演。如果美国放任其货币贬值无限发展下去，他的金融霸权就要无疾而终了，美国的强国溢价就没有了。当年英国英镑从世界货币霸主地位跌落，也与英镑竞争性贬值有关，美国是不会重蹈覆辙的。

历史经验表明，在货币竞争性贬值之后必然是全球泛滥的信用危机，因为没有货币的信用支持，财富储藏手段受到限制，人类的财富流转体系就要出问题，人类社会的人与人的关系也要出现危机，这样的信用危机也威胁了一个国家政权的生存，把内部的经济矛盾、社会矛盾变成对外矛盾和国家、民族间的矛盾是转嫁危机的一贯做法，信用危机将引发战争，导致信用体系的重建，这样的危机和重建将让世界会回到某种本位货币上来。

我们可以看到的就是货币从金本位到现在的国家信用货币是逐步崩溃的，从金本位制到私人持有黄金非法再到国际金本位最后崩溃的波动，而回归本位货币的道路也是要分步走的。这一路线图就是首先要从国家信用转化为资产信用，然后资产信用产生一般等价物形成货币本位。这最先的就是资产抵押在货币发行当中的作用，从抵押支持债券再到抵押资产，再到某种特别的资产，这特别的资产就是定价的本位。因此美联储购买抵押支持债券替代国债，是可以看作向资产本位货币制走出的第一步。

如果美国回到资产本位制，那么美国会回到金本位吗？对于金本位的“复辟”，笔者的观点是，不是没有可能，但也不是大概率事件。在历史上货币发展当中本位资产的选择博弈是非常激烈的，粮食、布匹、丝绸等都作为过本位货币，贵金属作为货币是一个长期的历史时期，即使是贵金属作为货币的时代，金本位与银本位或者金银铜等的复本位制也是不断竞争的，最后金本位成为通行全球的本位制度，这与美洲大陆发现后控制世界贸易的犹太人的黄金优势有关。在金本位与银本位博弈的时代，西方与东方的金银比价长期出现溢价差价，成为贸易套利者长期获利的手段。目前，“复辟”金本位制之所以可能，主要的原因就是美国依然占有世界最多的黄金，美联储依然是全球的黄金清算主体，金本位制的复辟不改变美国的金融货币霸权，同时美国还可能从中得到利益。但是金本位的“复辟”对于世界经济的波动影响也是巨大的，世界经济的规模和货币需求量已经远远超过了黄金目前的总价值，如果黄金作为本位的话，那么黄金的总价值就必须与之匹配，黄金的价格将有上百倍的增加，这样的黄金价格波动当中黄金还作为货币，会对于经济的稳定发展非常有害，损失可能超过当年的金本位崩溃。

有人会说可能会出现石油本位制，现在就是石油美元，但是笔者认为这基本不可能，这样的石油本位就太便宜产油国了，而美国、日本、欧洲国家都是石油消费国，石油是不可能当本位的。在布雷顿森林体系崩溃以后美国把美元与石油绑定，是在石油危机下不得已的选择，而且这样的选择美国付出了巨大的代价，为石油多支出的美元都是美国向资源国流出的财富，美国今日的危机也有石油财富的因素，只不过是美元还是世界金融霸主，在石油美元体系是美国的金融与资源国的石油共同享有分配世界财富的权利的，但是在美国称霸世界的时期他们愿意与他人分享吗？

土地作为本位制是可以考虑的，我们历史上的粮食作为本位就是在以产粮量衡量土地价值时代的一个变相的土地本位制，但是古代没有形成大规模的土地本位制的原因，就是土地在资产阶级对立面贵族手中，犹太人不能合法拥有土地，同时土地是不动产，在古代难以实现价值移动，价值流是货币所必需的职能。历史上使用黄金本位还有一个原因就是黄金可以方便地流动，货币就是要流通的，运输黄金是非常容易的，其他资产是难以运输的。但是，随着现在的信息系统的建立，货币更成为银行系统内的信息，本位货币的资产就有了更多的选择。不仅是中国人对于土地和房产有特别的感情，美国人也是一样的，美国人把房地产称为“Real Estate”，即“真实的财产”，房地产等不动产在世界各地都是核心财富。

在当今的抵押支持债券模式下，大量的土地集中到资产证券化机构的手中形成资产池子，土地的价值由此形成了统计平均上的指数和指数跟随ETF。这样的土地本位制在技术上也成熟了，更关键的是全球土地资产的规模是非常大的，与经济发展的规模和货币需求是匹配的，造成的资产价格波动有限。同时以现实的路径而言，现在的抵押支持债券基本上是土地抵押的，占到总量的90%以上，甚至在中国很多场合直接把抵押支持债券称为土地支持债券。在未来的危机和货币发行当中，如果这样的抵押支持债券成为货币发行的主流，那么货币信用就事实上绑定在所抵押的土地信用之上了，也事实上成为土地本位制。因此按照美联储这样的进程发展下去，土地不动产在货币信用的构成当中会越来越重要。

土地本位制之所以可行，还有一个关键就是土地带来天然的地租性收入，这个收入是可以对冲货币利息的。在金本位制下持有黄金是没有利息还要支付保管费用防止盗抢的，但是货币存储于金融体系内无时无刻要产生利息，这些利息要形成新的货币，这增加的货币在体系内就是要造成贬值的，因为发行货币的信用对价物黄金没有增加。因此货币利息不断地增加就是挤爆金本位的关键因素之一。经济增长的货币需求增长可以被黄金开采量增长所对冲，但是广义货币 M2 是海量的，它的利息性货币支付却无法解决，这才是金本位真正的硬伤。而石油本位就更成问题，因为石油要不断地消耗使用，未来石油的减少会造成天然的巨大通缩压力，这样的本位是迟早要崩溃的。但是有地租的土地本位则难以简单地崩溃，因为它没有金本位等本位资产的缺陷，自身带来收入可以对冲货币利息性收入带来的强行货币增长。

美国的所谓第三轮量化宽松购买抵押支持债券造成世界资产价格的大涨，这样的上涨背后不是简单的印钞原因，因为前面已经分析过印钞与货币发行的内在异同和本轮量化宽松与前两轮的区别。这样的资产价格上涨的背后就是大家对于未来资产本位的一种预期，在资产本位货币制下，资产是要产生溢价的，也会让市场选择持有更多的资产。对此世界的货币和信用博弈就又出现了一个新的层面，就是是否回归资产本位制与什么资产成为本位资产，这样的道路选择是带有重大利益再分配的，也将决定国际社会的新秩序。

- 4 -
中国政府是怎样限制土地食利的

中国的房地产涨价很多，买房的朋友获利很大，当然是因为土地的增值，我一直说是基建投资的转嫁，那么土地增值的分配就是大问题，我们一直反对土地食利，可以看看国家对土地食利的限制。

有人说中国的超级地租，所谓的土地食利都是被“利益集团”赚取了，不过有人炒房赚钱是真的，但真的就是土地食利吗？土地食利赚了多少？中国是怎么限制土地食利的？

限制土地食利，我们可以看到中国的开发商都是越来越加速开发，因为中国有土地增值税，这个税是要土地增值累进，最高高达增值的60%，而且不得扣除财务成本、管理成本。交了土地增值税，企业还要缴纳25%的企业所得税，赚的钱给股东分红，再加上要缴纳20%的个人所得税。所以中国政府早有税收制度防止开发商的食利行为，中国一些开发商的做法是：一来必须极速开发比速度而不能囤地；二来拿地楼面价超过周边房价，赚钱在工程不在土地；三来拆迁时虚构成本，让人冒充钉子户。虚构的钉子户也是有限的，房地产开发暴利时代已经过去，烂尾的开发商越来越多。

在限制土地食利的情况下，中国的房地产已经制造业化，主要的利润其实是服务型和建筑业。当年万科就提出“5986原则”，即拿地5个月动工、9个月销售、开盘售出8成、产品6成是住宅，奠定了整个行业高周转的基调，然后恒大、保利、金地、龙湖等紧随其后。后来居上的碧桂园做得更极端，平均开盘时间缩短至4.3个月，资金周转率可达一年1.5次，成为业内周转速度最快的房企。

还有人说政府收取土地出让金之后，房子增值巨大，这个就是食利！首先我们要说的是，这是共同富裕的共享，因为每个家庭都限购二套房，部分地区限购更是一套房，也就是说大家都可以买房共享，而真正卖房的时候，现在我们的土地增值税也是要收的，只不过对唯一住房是免税的。政府限购房产已经十几年了。在囤房者的手里的房子并不多，是刚刚搞房地产市场时有漏洞，但为了漏洞不看森林，要清算漏洞破坏市场规则，就是得不偿失了。

好多人说炒房暴利，但他们不知道的是炒房者的暴利由来。炒房这里是金融套利，否则“买的没有卖的精”是规律了，开发商要是觉得可以持有房子得利，是不会把房子卖给你的。炒房者炒的是期房与现房的差价，这个阶段都是不办理房产证的。期房与现房为啥有那么大的差价，背后是中国社会和民间的高利率，炒房拿的是银行的低利率，可以赚取利差的。现在国家加大打击力度，此类炒房行为已经变成金融诈骗问题了。

还有人说，针对中国政府限制土地食利的土地增值税，要避税很容易，可以公司转让股权交易，可以离岸港避税。说这话的人是对中国土地政策不够了解。首先是公司最后的得利，还是要清算的，清算就要缴税，国内的公司还有所得税，境外的公司已经不让拿地、开发和卖房了。更关键的是中国由法人持有的房地产，都是有房产税的。只有个人持有的住宅才免缴纳房产税，二者的差别在于房产税。而法人持有的房地产可以避税，这个避税就一直在年年付出代价，根本不合算。而公司持有的变更给私人，不光要交易收税等，变更还受限制，办公用房现在大城市也限购了。最后中国的房地产不是永久产权，最长是 70 年，到期后可以续期，但到期之后对增值部分，市场和法理的惯例是由所有者享有的。

现在，中国政府对保障房的建设，尤其是租赁性保障房的建设，又提到了一个新的高度，我们的政府反对食利的立场是明确的。另外，我们的贷款确实加了杠杆，对此我们也做了限制，并不会如西方那样，富人资信好，可以多贷款！这里西方贷款资信，是有过贷款经历的资信高，从未贷款的资信最低。中国则是没有贷款经历的资信最高，这是政府强行调整的。因此真正的食利，中国政府是反对的。

- 5 -
房地产的政策底与政府债务问题

在 2022 年恒大集团的债务危机之后，中国房地产行业出现了空前的危机，大量房地产企业资金链断裂，政府对房地产业也从打压变成了扶持，政府需要保交房了。这样的政策变化拐点，我们看作是房地产的政策底。

对房地产业，房价过高确实是影响了民生，但笔者早先就断言，没有一个国家敢让房地产业倒掉！美国的 2008 年金融危机，源于 2007 年的次贷危机，在次贷危机当中，又指向了次级抵押贷款。虽然我以前的著作说了，次级抵押贷款，也就是向信用差的人提供贷款！西方对个人的信用评估，是没有贷款记录的人信用最低！美国如此大的危机，整个次级抵押贷款的规模才 2 万多亿美元，仅仅是次级抵押贷款的问题，根本不足以造成全面危机。

同时对次级债，国内很多理解也是望文生义，次级债的次级不是次品的意思，而是《巴塞尔协议》之下，可以作为商业银行次级资本的债券！这部分债券在通常的情况下是最优债券，最优债券出了问题，还是商业银行信用的关键支撑，当然会全面危机。

次级债的信用关键，也是背后的资产抵押，其中的关键抵押资产，就是以房地产为主的不动产！美国后来走出危机，美元指数暴涨，背后是被说成垃圾债券的两房债券成为全球最优债券！从垃圾到最优的关键之一，就是债券的抵押物价值，美国房地产的价格已经远远超过了 2007 年的房价水平，抵押物都足值可以偿付，同时利率还在 2007 年前美联储的利率高点（最高到 5.25%，美联储至 2023 年年初连续加息也没有超过这个利率水平），当然是最优债券了。

因此房地产不光是住房问题，还是金融问题！每年的销售量和买房人群，对整个房地产价值的存量是小部分，有两个数量级的差别，房地产的存量背后是它支撑起来的信用，这个信用在支撑整个的金融体系，如果信用垮塌，就是全社会的金融危机、经济危机。

现在中国的舆论偏向于能够通过房产税等征税将房价控制在较低水平，这样的结果就是整个中国不动产资产价值腰斩！此腰斩的背后也是中国金融信用的危机！当然这样的舆论，迎合了在房价上涨时民生受到影响的年轻人的想法，但某些人鼓吹房产税让房地产崩盘，其立场可能就有问题了。而现在中国经济的压力，也与房地产吃紧有关。房价的整体下降，导致各种融资的抵押物价值迅速下降，银行安全就会有压力，各种贷款的数额就要降低，中国的社会融资规模就要下降，社会融资数额的统计数据连续非常难看。所以政府的政策转向，带有不得已的情况。所以房地产的价格一旦下降，就要出现债务危机了，恒大集团的情况，已经出现债务违约的连锁反应，这也是政府对房地产政策转向的原因。

同时房地产也是政府财政和公共支出的主要来源，中国依靠的是土地财政，而美国依靠的是房产税，中国的土地财政给政府收入极大的支撑，而美国的房产税是1%~3%，已经不低了，而且是在土地私有的情况下全民都要缴纳的，但美国的房产税对美国的财政支持却远远不如中国。这个差别我们在前面也说了，房产税替代土地出让金是不靠谱的，因为房产税年年收，但很多基础建设投资到土地上是一次性的，这样的资金时间差就要有利息，就是金融资本的利益。美国是金融资本为主导的国家，同时美国土地私有，没有办法像中国这样出让土地，因此美国采取房产税而不是出让土地的方式，不是不想，而是不能。

如果我们仔细研究土地财政，可以发现所有的地方政府的土地财政都是讲总收入，不是讲净收入，所有地方政府的土地财政基本上是负收入的，也就是收入要小于地方对土地相关建设的支出。这些投资支出的转移支付支持了土地出让价格，而土地出让价格下跌，政府的投资平台违约就要加重，政府的整体财政都要出现问题。现在政府的隐形债务很高，因为投资平台的负债很多是表面的，而且政府应当支付的建设费用，很多也没有及时支付，好多施工单位的政府欠款的回收周期不断延长。

中国的地方政府负债与西方的政府负债本质是不同的，原因就是中国的政府是重资产，中国的土地所有权在政府、在国家，中国的地方政府债务，中国的地方融资平台，都是有债务抵押的，抵押物就是建设的道路收费权和储备的土地。也就是说，中国的政府负债是抵押债务，西方政府的负债却是信用债务，西方政府的偿债是依靠信用而不是抵押物，西方政府的信用之一，就是本书所探讨的征税权！但西方的征税权不足以支持西方政府的债务，它们有巨额的赤字，是寅吃卯粮的庞氏骗局，但中国政府不是，因为我们是有抵押物的。

到了 2022 年，中国的房地产真的出现了巨大压力，龙头企业恒大集团面临破产危机，中国的政策就转向了，不光是银行的资金可以进入楼市，各地政府也在保交楼。房地产受到压力，直接导致土地财政收入锐减，政府的财政将出现各方面的问题，因此政府针对房地产的政策底必然出现，而政策底出现了，市场底就不会太远了。就如准备开盘的北京中信城，开盘限价高达了 16.5 万，而且这是小户型楼盘，500 多户房源竟然有 3000 人抢购！价格高还有人抢购，说明市场的底部在某些地区已经提前出现。

很多人会说房价这么暴涨，工薪阶层根本买不起，以后他们将如何住有所居？他们是保障房市场、房屋租赁市场解决的主要对象，新加坡模式就是保障房占主体，中国的问题是保障房政府持有比例太低，不是我们土地的隐形征税权的问题。土地上的投入要通过土地利益收回，中国的房价下降意味着中国资产的价格下跌，将造成经济、金融、信用问题，会严重影响中华民族伟大复兴的大业。

综上所述，我们就知道为什么房地产是不能倒的，房地产的民生问题需要的是政府建造保障房来解决，而不是让房地产崩盘来解决。中国的土地财政有制度上的优越性，房地产要是出了问题。中国的债务危机就要发生了，政府的债务问题也要出现，因为房地产是中国资产，是中国信用，它的崩盘就是中国经济全面的信用危机。

- 6 -
通过美国房产税作用看其私有制度

社会上有一种说法：美国的房子不仅是永久产权，而且房子上面的天空，房子下面 800 米以内的土地也是属于房主的。只有高于一定的高度之后，天空才是国家的，如果在地下 800 米以内发现了石油或者其他矿产，这些资源都归房主所有。但是我们要从更高的角度来认识一下这个所谓的所有权，就可以发现其中的一些端倪了。美国人在房产税之下，其实住房负担并不轻，名义上属于自己的房子，实际上是政府的资金池。

美国对于房子等财产，就是这样每年征收一点税的，美国的房产税是 1%~3%，如果按照 3% 计算也就是 33 年多就要把你的房子整体征收一遍，而且这个税收是按照房价的增长逐步提高的。如果美国人交不出房产税，政府就把他们的房子拍卖了。电影《尘雾家园》（*House of Sand and Fog*）里女主角不过是疏忽了一下，房子就被拍卖了。只要是私人的房子，就算房主已经死了，都要交房产税，这个税额是每年缴纳最高 3%。假如你花 100 万美元买了一栋房子，那么，你每年就要为这栋房子缴纳 3 万美元的房产税，100 ÷ 3 ≈ 33.3 年。也就是说，大约每 33.3 年你就要重新把自己的房子买一遍。而且房产税的征收是根据你所拥有的房子的实际价值来征收的，如果在这 33.3 年里，你的房子升值了，比如，从 100 万美元升值到 300 万美元，那么你每年就要为这栋房子支付 9 万美元的房产税。而且如果你想漫天要价，虽可以不搬，但是你的房子的估价可是大大增值了，你要缴纳的房产税也就暴增了。

美国一些组织策划了一个典型案例来标榜美国的民主。被无偿奉送政府的卡萨罗马（Casa Loma）城堡，是加拿大最大的私人府邸，它坐落在多伦多上城区，是金融家亨利·佩拉特爵士（Sir Henery Pellatt）给爱妻建造的。卡萨罗马城堡有庄严的塔楼，有秘密通道，有漂亮的大花园，共建有 98 间完整的装饰套房。不幸的是，在第二次世界大战间，多伦多市政府给卡萨罗马城堡增加物业税了，从每年的 600 加元至每个月 1000 加元（这在当时是巨款），佩拉特不得不拍卖艺术品和家具。最后因为负担不起 27303 加元税款，房子被收归多伦多市政府，如今被作为对外开放的博物馆。

所以，西方能够作为“钉子户”的，恰恰是富人，那个房子对于他有特别的纪念意义，他可以缴纳高昂的房产税，否则对于你被拆迁房屋的漫天要价，会变成你房产税的计税依据让你缴不起税。

美国的房产税对拆迁具有决定性的影响，你当时交房产税的价格，就是与你的拆迁补偿款相当的。你要是对房子的价值高要价，政府可以修路绕道的背后，是你的房子的高价，政府收税变得更加合算，按照你的要价收税！因此能够让政府绕路的美国“钉子户”背后，是缴纳给政府高昂的房产税！

美国房产税属于地方政府征收税种，州政府大约占房产税总额的 3%~5%，下一级地方政府（县市区、镇、学区、社区）占 95%~97%。财产税是美国地方政府财政收入的主要来源，大约占 30%，一般占地方政府税收的 70% 左右。这样的对于房地产的收税就是这些资产属于政府的例证，或者是政府侵犯公民私人产权的做法。根据美国国家统计局数据，从 2000 年到 2007 年，美国的个人收入增长了 28%，中等价位房的房价增长了 48%，而美国房产税的同期增幅是 62%。

曼哈顿的地产税高达 3%，对于租金 3 万美元的公寓，假如买下公寓至少要 100 万美元，每年的地产税就要付 3 万美元，再加上每年几千美元的管理费、水电费，根本“得不偿失”。这就是为何 90%以上的曼哈顿人甚至一辈子都租房而住的原因。而政府从富人的房产上征税，等于在贴补普通工薪阶层，因为政府规定每年房租上涨幅度不得超过 3%，以期将房租控制在普通百姓可以承受的价格。

在这里我们就可以知道中国的土地名义上是国家所有，但是实际上是私人占有和使用，我们的 70 年土地使用权是没有美国这样繁重的税收的，而且按照《中华人民共和国民法典》，到期是要无限续期的，即使是现在征收物业税的试点，也是对于新增房和高价房的征收，等于是征收奢侈税和把土地出让金由一次缴纳变成分次缴纳，出现了世界各国罕见的商住倒挂。

很多人认为美国土地都是私有的，其实，美国土地私有率并不高。目前，联邦政府拥有美国国土面积的 30%，而且这一比例逐年增加。再加上各州政府、县政府和市镇政府拥有的土地，私人土地的比例就更小了。美国的土地归属实际上也是经过改革等才确定的。

美国独立后，联邦政府对西部土地实行国有化，并决定按地段分块出售，以增加政府的收入，偿还国债和满足土地投机者的要求。但出售土地单位面积大、价格高，西部移民无力购买，因而展开了长期争取无偿分配土地的斗争。由于南部奴隶主的阻挠，直到内战前，无偿授予移民土地的法案均被参议院否决。1862 年，美国总统林肯颁布旨在无偿分配美国西部国有土地给广大移民的法令。国会众议院和参议院于 1862 年 2 月 28 日和 5 月 6 日先后通过了《宅地法》。5 月 20 日林肯颁布此项法令。《宅地法》规定，凡一家之长或年满 21 岁、从未参加叛乱之合众国公民，在宣誓获得土地是为了垦殖目的并缴纳 10 美元费用后，均可登记领取总数不超过 160 英亩（1 英亩≈ 4047 平方米）宅地，登记人在宅地上居住并耕种满 5 年，就可获得土地执照而成为该项宅地的所有者。《宅地法》还规定一项折偿条款，即如果登记人提出优先购买的申请，可于 6 个月后，以每英亩 1.25 美元的价格购买之，这样的政策与我们当年分田地以及后来的宅基地政策是相像的。

这样的政策也是美国南北战争爆发的原因之一，而北方的胜利也与占有土地的人们要保护自己的财产有关。在这样的制度下南方的大地主大种植园是被剥夺权利的，土地的集中趋势受到限制。在我们说南北战争是解放黑奴的战争的背后，这个战争更是一个土地革命战争。在当年黑人是奴隶是没有政治地位的，南北战争也不是黑人奴隶的暴动，该战争真正的原因实际上是土地战争，到今天美国以解除种族隔离和人权为其道德制高点的时候，当然要把这个抬升到前面，而支持土地均贫富的势力是欧洲外来的势力，是在欧洲被限制拥有土地的人群，这些人群怎样操纵和主宰美国的金融和产业，在《货币战争》里面已经说得很清楚了，南北战争根本上也是美国资本博弈，经过这场战争，美国的农业资本让位了工业和金融资本。

美国的房产税和《宅地法》，背后就是金融资本打击土地贵族，打击南方的大种植园主，这些人有大量的土地，对此要征税！西方的房产税，都是面对封建的土地贵族的，背后还有就是掌控金融资本的犹太人！因此金融资本的统治，就是对金融不征税，对土地和房产征税。

对于中国的土地国有和私人占有土地使用权，实际上中国的历史就是这样的，我们中国历史上的土地都是属于皇帝的，所以大家交皇粮是很正常的，所以才有“溥天之下，莫非王土”一说。这样的制度实际上与我们现在的土地公有制是一样的。在中国这样的使用权已经与所有权没有什么区别，反而是西方的所有权在行使权力的时候还要受到很多的限制。美国还有一个很有意思的制度，就是社区居民自治。比如你喜欢一个小区，光有钱还不行，必须这个小区的居民同意，你才能搬进去（买房不需要邻居同意，搬进去住才需要）。如果你干了什么坏事，小区居民可以投票赶你走，你不走就让警察拖你出去。而所谓的在你家地底下发现了石油也是你的，这样的说法也是一种忽悠人的说法，姑且不论在这样的浅层难以有石油，即使有石油，你要开采也是要征得邻里同意的，尤其须征得政府的道路、规划等部门的同意。开采浅层地下资源会造成道路等周围建筑地基下陷，而且还有环境、地下水等资源问题，实际上是你打一口水井都要政府和邻居批准，甚至做一个中国非常常见的污水渗井也是不成的，这样的所谓地下资源所有权私有，只是名义上的。

所以在美国对于房屋和土地的所有权，也是要与公众权利分享的，该所有权包括占有、使用、收益和处分，在这样的规定下，使用权是你与社区公众分享的而不是你独享的。这样的土地制度与中国历史上的唐宋时期类似。买房要经邻里同意，而中国的土地使用权是独享的，你买了房子是不会因为邻居的意见而不能居住的，这样房子的产权价值就又得到了提升，私有的性质更强烈。而美国的社会公众对于你住房行使所有权的限制也是一种社会化权利对于私有权力的限制，在这个角度上讲，美国的土地私有制度也是值得探究的。

在西方社会，你的房子很多使用的权利要受到社区公众的限制，你房子装修的样子也要符合社区的规划。公众对于你的房子的限制体现了公众对于你的房子的权利，也是一种公权力。我们的土地公有制也不仅仅是国有，很多土地也是集体所有制的。西方虽然强调个人权利，但是在西方，契约精神也是西方社会权力的核心，你对房屋的使用要符合公众的意思也是一种契约精神的体现，因为这个社区的居住原则是当初以契约形式建立的。在不同的个人之间，不是个人权利的无限膨胀，而是不同的人的权利之间以契约来维持边界。现在西方在中国兜售个人主义，对于这样的契约精神却是只字不提的。

我们更进一步看，美国有极其高额的遗产税，这个税收实际上是在对每一个人进行一次盖棺定论的所得税清算，这个所得税的比例是非常高昂且可以达到你收入的一半的。而且我们还要看到就是所谓的富豪裸捐的背后，是这些吸收捐款的基金会是私有的，这样的捐款实际上是有能力建立自己基金会的人洗劫其他人的方式。这样的基金会服务的就是真正控制资本的一群人，这个问题在《霸权博弈》相关文章里面已经详细论述过了。这个基金会就是他们的公社，这样的情况就是美国不到万分之一的人对于所谓的百分之五的人的剪羊毛，你死后的财产才是你这一生把消耗刨除后的最终所得。能够被基金会最终所得的，他们最希望的就是你能够捐助到他们的基金会里面，名义上是回馈社会，而实际上是他们的子孙祖祖辈辈，拥有这个基金会让你的财富惠及他们的子孙。因此，美国的私有制度绝对不是你所想的私有。

综上所述，我们可以看到美国的房产税是干什么的，是经过了怎么样的博弈，背后又限制了谁，对此才能够深刻理解美国的房产税制度。它不是你想的那样的简单直接，而是与美国的私有制度紧密相连的。而中国是土地公有制，我们采取的就是土地出让制度，要缴纳的是土地出让金，缴纳土地出让金是更合理的政策。

第四章

征税权与房产税利益转嫁博弈

- 1 -
房产税会不会转嫁给租户

房产税到底会不会向租户转嫁？我们可以看看北京几年前的政策，已经有了试点的结果：就是因为可能多交税，导致房屋租金暴涨，政府下调了房地产出租的综合税率。

以前现金交易，后来房租可以抵扣所得税，所得税报税以后，房租收入就在税务局系统里面了。如果房租是依法纳税，出租房是有增值税和所得税，而且出租房也要缴纳房产税，依法纳税额是租金的 10% 或者房价的 1%，营改增后出租不动产增值税税率为 11%（自 2018 年 5 月 1 日起改为 10%）和 5% 的征收率，所得税是 20%！这些税收总量是租金的 30%~40%，而最后因为向租户转嫁的问题，变成了只征收 2.5%~12%。现在增加房产税，最后综合税率只能是降下来，多余的房子只要租出去了，就是房产税等于没有征收。

对房产税的问题，我是为更底层的买不起房的那群租房人代言。你没有方案能够避免向租房群体转嫁的时候，就不能收房产税！所谓的累进，并不能避免转嫁，出租房子的人，都是有多套房的。能否转嫁，关键是看供需关系和市场中谁是弱势群体。

现在住房紧张，租房群体较为弱势，博弈下来一定是难免被转嫁的。而这群人才是政府最应当考虑，对社会稳定最重要的。但他们终日忙碌，是沉默的大多数。

住房供需关系紧张，现在一些人的想法就是有了房产税，把出租的房子卖给你，经过社会非合作博弈的结果是：想买房的群体侵害更弱势的租房群体，是想要借助房产税植入私货买到房子，不管租户的死活。政府从土地上拿走的又多了一笔税收，整个社会总体负担加重。

唯一一套免征，恰恰转移给了租户，出租的都是多套房的。本来房产税是直接税，但要是唯一一套免征，恰恰把主要的直接税负承担者给去掉了，剩下的都是出租可以转嫁的，就变成了间接税！

还有人认为增加持有成本，就可以让沉睡的房子出租，进入租赁市场，但关键是在核心城市没有沉睡的房子，要不是已经出租，要不就是有钱人给孩子在北京留的房子，只有一套，免征吗？这些房子可没有沉睡着。

表面来看是免征房产税，其实也是可以很不近人情的或者恶意博弈。比如说一套免征，那么预计离婚率还要上涨，而且不是为了买房暂时离婚了，离婚状态很可能会长期化，那么假如一方有病，对方可能会不负责任了。

还有人说可以人均 60 平方米以下免征，不过在中国也是双刃剑，你年轻的时候一家几口人，可以住大房子，当你老了或收入不高了，你的房子是不是要被房产税给挤出去？而且还有极端的情况：配偶或子女意外身故，是不是他要把房子让出来？中国房子的问题，主要是分配问题，是食利问题，这个我在 10 年前就在讲了。

房产税应该征，关键是怎么征，怎么防止向租房群体转嫁！国家应当尽快把更多的廉租房、保障房建设起来。

我们以中国香港的数据和深圳的数据进行一下对比分析。

香港的保障房保障了大约 50% 的人口，保障房以租为主。香港建设保障房的高峰时期，每年保障房的数量比深圳现在每年住房建设总数还要多 40% 左右！当前香港的保障房建设数量，也是深圳住房建设总数的 40% 左右！深圳现在有多少套保障房在建？深圳是500万人租在城中村，政府所持有的出租房只占1.7%，这个时候进行超额累进房产税，让城中村的“房叔房婶”们被迫卖房，让500万人住在哪里？

我的方案是政府手中没有保障房的时候，需要的是大力建设保障房，等政府有了足够多的保障房，50%的人住在保障房了，再讨论对多套房怎么收取房产税的问题。

《财政部 税务总局 住房城乡建设部关于完善住房租赁有关税收政策的公告》于2021年10月1日起实施。简单说来，在租金上涨的压力下，大幅度地降低了原有的出租房增值税和房产税，由原来的租金10%变成了4%！而且大规模经营租赁房产得到了鼓励，注意这个减税可不光是针对保障房。也就是说深圳的“房叔房婶”们，把房屋托管到企业，就是专业化规模化房屋租赁企业，就是享受减税的。

房产税是对长期持有者或炒房者是短线的，长期持有最多叫投资不能叫炒作。长期持有经营，就是出租获益，房产税加税，比如出租市场转嫁，所以国家对租赁房各种降税。

很多人说香港的政策房少，但绝对不是你想的样子，要看房屋数量，把个别现象用来炒作就是有问题。

实际上，“劏房”只是香港低收入居民排队公屋过渡时期的临时居所，根据2016年官方发布的一份《分间楼宇单位的住屋状况》显示，香港有8.76万间“劏房”，仅占所有房屋的3%，而且随着公共房屋的不断增加和非法“劏房”的整治，这个数字在不断缩小。

至于“棺材房”，据2016年官方的《分间楼宇单位的住屋状况》数据，香港不带电表的“床房”只有3329户，也就是说，全香港750万人中只有至多0.04%的人住“笼屋”，而且距统计时间已经过了六七年，现在住“笼屋”的可能就几百人甚至更少了。

在“劏房”中挣扎的人们，坚持几年便可住上公共房屋。据香港房屋委员会统计，公屋的平均轮候时间为5.5年，有超过58岁长者的家庭则为3年。并且，香港特区政府会为与家人同住的长者提供院舍式住屋，很人性化。

中国香港保障房面积大小的分布，差别是其公摊是要单列的，没有公摊的主力保障房在30~39.9平方米，房子算不小了，在香港这个面积是两居了。以前国内公房的面积也很小，类似面积的“老破小”也有两居。香港的保障房真正做到了郊区蜗居，不会有权力挤占。内地的保障房则是面积大得多，但你住不上它们，它们很多是招徕人才用的，同时也是安置拆迁户用的。当然，这其中也带来了权力寻租空间。

香港公共房屋分为两种，租赁型公屋和可售型居屋：租赁型公屋的租金月均2000港币，可以一直住到你收入超过标准为止，租金标准与北上广深的保障房差不多；可售型居屋则以市价5~7折销售，入住10年后可向香港特区政府补差价卖到市场，这个不就是现在内地的共有产权房吗？

香港特区政府的保障房租金低廉，占比巨大，是遏制社会私人租金上涨的强有力的工具，也是房产税租金难以转嫁的保障。

下面我们再看看深圳的情况，把数据解读一下，问题就不简单了，到底会不会转嫁，可以用数据对比。

根据2016年1月深圳市住房和建设局发布的《深圳市住房保障发展规划（2016—2020）》（征求意见稿）可以得到以下信息：根据2013年住房调查，全市住房总量为5.2亿平方米、1035万套。其中，商品房11941万平方米，约128万套；政策性保障性住房2793万平方米，约34万套；单位及个人自建住房，4721万平方米，约55万套；原村民集体经济组织自建、合建房26006万平方米，33.44万栋，约650万套间；工业区配套宿舍及其他6549万平方米，168万套间。不要看数据很大，算一下比例，保障房2793万平方米，数字不小，但在5.2亿平方米的住房总量里面，仅仅占5%左右！

再看下面是深圳市2018年公布的数据，数据每年增加，但远远赶不上深圳市人口增加的速度。

《深圳商报》2018年8月29日报道了房租的上涨给深圳带来的巨大压力。该报道称：以实际居住人口计算，我市住房自有率约为20%，即我市80%的实际人口居住在全市73.5%的租赁住房中，并且全市租赁住房的61.3%均来自质量较差、功能不够完善的城中村住房。深圳已成为全球住房租赁占比最高的城市之一。

深圳的2018年的住房结构中，约有43万套保障房，以平均1~3人/套来算，1700万常住人口中，有5%的人可以住在保障房中，如果按2200万实际管理人口来算，只有3.8%。大多数深圳的“打工人”还是租住在上班更为便捷的城中村中。而租住在保障房当中的租户，仅仅占所有租房人群的1.7%！能够出租的这些房子就是“房叔房婶”的房子了，比例占到了60%以上。这样的数量结构，谁有定价权？在税金压力下，谁可以转嫁？

另外应当注意，深圳的出租房当中，还有占比20%以上的工业区配套宿舍，持有的企业肯定拥有多套房，对企业多套房累进税率吗？如果比累进，个人房产可以变成企业房产进行避税。企业和城中村占了80%的租赁市场，这个堰塞湖是可怕的。

根据深圳住建局发布的《深圳市住房发展2020年度实施计划》，我们来对深圳的房屋建设数量进行分析：一年建设6.3万套商品房，与居住在城中村的租户数量根本不成比例，与深圳的改善型需求不成比例，与外来想要迁入深圳的人口数量也不成比例，房屋供需矛盾巨大。

要达到深圳、香港的保障房水平，需要600万套以上的住房，以深圳目前的建设速度，每年新建的6万多套全部用于保障房，也是很遥远的事情！就算香港的房子面积小，一套使用面积三四十平方米，深圳的平均一套建筑面积150平方米，深圳也改成小的三四十平方米的使用面积或50平方米的建筑面积来保障低收入者，还是至少三四十年的事情。

而现在深圳一年建设的 6 万多套住宅里面，有多少是用于出租的保障房？公布的数据号称有 4 万套保障房，但人均比例依然要比香港这几年每年 2.5 万套的数量少很多。我们注意到，深圳的保障房叫作安居房和人才房，深圳出租的保障房比例很低，而香港则是出租的公屋比出售的居屋要多。香港是 200 万人居住在公屋里面，深圳是 500 万人居住在城中村。而且保障房里面深圳出售的房子与香港的房子保障对象差别才是关键，对购房者的收入限制是完全不同的，深圳安居房人才房对购房者没有收入限制。香港特区政府的"居者有其屋计划"针对收入较低的家庭和个人开放，可以享受以较大的折扣购买公寓。只要没有租住公屋的二人家庭每月收入不超过 6.6 万港元（约 6 万元人民币），所拥有的全部资产价值不超过 170 万港元（约 155 万元人民币）便有资格申请。对于单身申请者，条件是上述限制的一半。如果按照香港工薪阶层的工资中位数与深圳工资中位数是 3 倍的差距来计算，深圳能够买安居房的家庭收入，应当限制在 2 万元才相当。深圳不设此限的结果，就是真正的低收入者和租户，是租住在城中村的人，大多是买不起所谓的保障房的，深圳保障房的权力寻租空间巨大。

在香港，对公屋的租住者收入提高，是要迁出的。根据"维护公屋资源的合理分配政策"，缴交双倍租金的住户须每两年申报资产。不申报资产或资产超出限额的住户，便须在一年的暂准居住期内迁出，其间须缴交相等于双倍净额租金另加差饷或市值租金（以较高者为准）的暂准证费。例如香港在 2010—2011 年度，公屋富户约有 2.3 万户，被收高额租金，占公屋租户 3.5%。该年度香港在相关政策收回的单位有 770 个。这些政策切实做到了保障房真的是给低收入群体保障的。

深圳买新房是摇号的，中签率可高达百分之十几，也可低至百分之三四，房价涨这么多以后，还存在这么大的购买供需矛盾。若在房产税下，深圳一旦房价有松动，更大的购买力还要释放。大量人口是在深圳周边已经买房的，他们深圳工作多年，早已经有了深圳户口或购房资格，都会卖掉周边而涌入深圳买房。深圳具备住房购买力的，是改善型需求，以及周边可以卖房来深圳买的换房需求，深圳的城中村租户大多是最没有购买力的群体。因此如果转嫁涨房租，城中村的“房叔房婶”把房子卖掉以后，城中村的租户们，就是被转嫁的对象。

香港的房产税是难以转嫁的，但房产税也是地租，等于是增加香港的超级地租，而且香港的房子是 2047 年土地使用权的使用期到期，不是收税的事情，是收回的事情。超级土地所有者能够累进税率交税不被收回，他们当然高兴，而内地的房产税是可以转嫁的。

超级地租的关键是谁来为这个地租买单，香港 50% 的人住在保障房内，谁承担了超级地租？超级地租恰恰使香港特区政府有能力去建设保障房。

香港的房子，1997 年回归前是高点，英国人收足了超级地租，然后转给英国公司搞基建赚钱，而现在的香港房价，看似已经比 1997 年高了不少，但比起股市和大宗商品，当年一桶石油十几美元，1 盎司[①] 黄金 300 美元左右，香港股市一万点左右，香港房价远远没有跑赢资产应有的增值和通货膨胀，超级地租的高点就是英国人收的，其后地租给香港经济的财富输送，就很少了。

对住房供需这一个矛盾，我们要抓住矛盾的主要方面，主要方面决定矛盾的发展方向。在政府的保障房所占比例极低的时候，矛盾的主要方面不是劫富，而是济贫，我们需要的就是大力搞保障房建设，进行住房层面的扶贫济贫。把保障房的保障，真正给到有刚需的低收入者，进行精准扶贫不被权力寻租。

① 1 盎司≈ 28.350 克。——编者注

所以我们的方案是政府手中没有保障房的时候，需要的是大力建设保障房，现在的建设力度和速度远远不足！等有了足够多的保障房，50% 的人住在保障房里了，再讨论对拥有多套房的人收取房产税的问题。政府有足够的钱让 50% 的人住在保障房里面了，我们的房屋供需矛盾的主要矛盾，才是变成占有多套房屋的住房公平问题。那个时候收取房产税，是不会转嫁给低收入者的。

只要是政府的保障房建设力度足够，不在于最高房价多少，房价高收取的土地出让金多，保障房建设才有足够的资金。高房价是由富人买单的，保障房是保障普通人的。房价被炒得高，是富人的博弈，而低房价的保障房，才是问题的根本。

综上所述，有了足够的保障房，房产税不会被转移给租户，才可以探讨房产税；有了保障房，房价也不可能被炒房者操纵，房产既得利益者也受到了限制。

- 2 -
大力建设保障房

为了解决我国房地产市场存在的问题,《国务院办公厅关于加快发展保障性租赁住房的意见》明确提出通过房地产开发主体的多元化，确保我国房地产市场健康发展。

新的政策释放了土地供应，只要有廉价的土地供应，建设保障房是资金是充足的。在目前中国的建设当中，房屋的建安成本是很少的一部分，主要成本是土地成本。因此是可以保障政策的实现的。

这次的新政策的看点就是建设租赁性保障房的资金，不会困难了，可以真正地实现保障房建设遏制房价上涨，从其中可以看到政府的决心。该政策的重要看点有以下几方面：

（1）对住房紧张地区的集体土地建设租赁性保障房松绑了。

> 人口净流入的大城市和省级人民政府确定的城市，在尊重农民集体意愿的基础上，经城市人民政府同意，可探索利用集体经营性建设用地建设保障性租赁住房；应支持利用城区、靠近产业园区或交通便利区域集体经营性建设用地建设保障性租赁住房；农村集体经济组织可通过自建或联营、入股等方式建设运营保障性租赁住房；建设保障性租赁住房的集体经营性建设用地使用权可以办理抵押贷款。

这项规定实际上赋予了集体经营性建设用地建设保障性租赁住房的资格，赋予了农村集体经济组织自己建造，或者采用集资入股等方式建造运营保障性租赁住房的资格，乡村城市化不用招拍挂了。

（2）政策对单位自建房松绑了。

> 人口净流入的大城市和省级人民政府确定的城市，对企事业单位依法取得使用权的土地，经城市人民政府同意，在符合规划、权属不变、满足安全要求、尊重群众意愿的前提下，允许用于建设保障性租赁住房，并变更土地用途，不补缴土地价款，原划拨的土地可继续保留划拨方式；允许土地使用权人自建或与其他市场主体合作建设运营保障性租赁住房。

这项政策赋予了城市企事业单位在已经取得土地使用权情况下，在土地上建造保障性租赁住房的主体资格，而不用再走招拍挂和缴纳土地出让金了。

（3）工业园区释放大量新增租赁性保障房的土地供应，不用走招拍挂程序。

> 人口净流入的大城市和省级人民政府确定的城市，经城市人民政府同意，在确保安全的前提下，可将产业园区中工业项目配套建设行政办公及生活服务设施的用地面积占项目总用地面积的比例上限由7%提高到15%，建筑面积占比上限相应提高，提高部分主要用于建设宿舍型保障性租赁住房，严禁建设成套商品住宅；鼓励将产业园区中各工业项目的配套比例对应的用地面积或建筑面积集中起来，统一建设宿舍型保障性租赁住房。

这项政策赋予了产业园区工业企业建设保障性租赁住房大量的土地，达到了新增总面积8%的保障房用地，同时园区有了保障房开发资格，不用招拍挂了。

（4）工业用地、商业用地、教科文用地，均可改建成为租赁性保障房，土地规划禁区被打破。

> 对闲置和低效使用的商业办公、旅馆、厂房、仓储、科研教育等非居住存量房屋，经城市人民政府同意，在符合规划原则、权属不变、满足安全要求、尊重群众意愿的前提下，允许改建为保障性租赁住房；用作保障性租赁住房期间，不变更土地使用性质，不补缴土地价款。

这项政策意味着城市的商业办公住房、宾馆、厂房和仓储、科研教育房屋，均可用于建设保障性租赁住房，中间的过程也不用招拍挂了。

从上面四个层面，我们可以见到中国建设租赁性保障房的政策力度之大。关键看点是多方取得了建设租赁性保障房的资格，不会被开发商渔利，也不用缴纳土地出让金了。中国政府预期的保障房，尤其是租赁性的保障房才是最重要的。我们的分析观点得到了政策的支持和认证。

大力建设租赁性保障房的方案，可彻底改变房屋的供需，有了稳定的租赁保障，租住政府房子不会像租赁商业房那样被房东加价和赶人，那么是租房合适还是买房合适就要重新考虑，降低商品房购买需求成为可能。这样才是可以长期抑制房价、限制楼市食利，又不会向租赁市场转嫁的方案。

在没有保障房在手、时机不成熟的时候征收房产税，房产税可以向租赁市场转嫁。这对租户来说就是灾难。等国家真的掌握了足够的租赁市场保障房，房产税不会被转嫁给租赁市场，就可以考虑征收房产税了。

- 3 -
房产税的陷阱在哪里

· 累进房产税被非合作博弈以后是什么

累进房产税造成个人持有变成企业持有，信托持有，金融渔利，企业的建房租房现在政策是禁止不了的。现在企业资金不进入，是因为个人不交税企业要缴税，有不平等落差。如果政策导致企业法人资本涌入房地产领域，持有房屋出租，那么带来的，将不是房价的降低，而是房价的暴涨，个人与企业实力根本不对等，一定更买不起房子。

在市场暴涨下，房产税甚至是累进房产税就是无效的，因为炒房都是短期持有，快买快卖，房产税是对长期持有的房产征收的。就如房价现在经常是一年翻一番，税率百分之几才合适？更何况对期房，在房地产开发期间，产权还没有形成，难以征收资产税，开发期房的一两年时间，足够炒房者的需要了。所以遏制炒房的不是房产税，是限购限贷和房票。

累进税率之下，“房叔房婶”是可以把房子卖掉的，卖掉以后会如何呢？买房的可不是租户，大量有钱人在等着买呢！而且会马上有机构给“房叔房婶”们兜售他们的“金融创新”方案了，也就是“房叔房婶”可以不用低价卖房，可以把房屋信托给他们。信托之后，就是他们来运作收租了。对法人持有的房屋，我们的税收政策一直有，那就是房价的1%或者租金的10%，二者是按照低的来缴纳的。现行政策是房产信托以后，法人持有房产的房产税就不是累进的了。我们重新制定政策，要对法人也改成累进的房产税可以吗？事实告诉你是这个是不可能的！因为现在就有企业大量拥有职工宿舍，要是房产税累进的，这些宿舍怎么办？低价卖给职工？辞职的职工已经买的宿舍怎么算呢！

中国的企业是可以购买房产的，企业购买房产要缴纳房产税！为什么现在商住倒挂和企业资本不参与购房，很重要的一个原因就是有房产税的差别。要是对法人没有了房产税的差别，不等想买房的人下手，现在有富裕资本的，都会扑进来的。

现在企业资金不来，因为是企业与个人的税收上的壁垒差距，如果这个差距没有了，房产可以避免通胀，以现在的资金成本，尤其是无风险成本是极低的，都会涌入房地产的。

作为金融势力，肯定是政府年年收房产税，不要一次性缴纳70年，这样政府一次性的基建投资，就要找金融机构贷款了。

· 西方累进房产税如何促使富人区和贫民区分化

中国的社会和谐，有一个关键就是中国的富人没有形成特殊的富人区。在一些高档社区，还有不少回迁人群，而且当初房价便宜的时候，也有不少工薪阶层在里面居住，这些工薪阶层很多属于公务员群体。特别豪华的区域，在中国是比较少的，尤其是北京的四合院保护区域，更是如此。

西方房产税的一个作用，就是把历史上居住在核心城区的普通老百姓赶出来。因为核心区的地价高，普通老百姓缴不起房产税，必然会迁移。

无论收不收房产税，大家对住房的成本都会有一个估算，市场会自动平衡。在核心区的普通老百姓，是负担不起高昂的房产税的。虽然有所谓免税政策，但实际操作起来，问题就不那么简单了。

如果收房产税，在核心区的一些原有居民，随着核心区土地估值的上涨，会逐渐迁出。这里要有出租的房屋，租金要包含房产税的，也必然会非常昂贵。租不起房的，也一定会向价格最便宜的地方集中。这样贫民区就要产生了，明显的贫富分化就出现了。

是不是有免缴房产税的？且不说多套房的房东会向租户转嫁，只说一下减免带来的利益，穷人与富人就不一样。无论是按照套数还是按照面积减免，政府收取的核心地区的土地费用，照样是富人减免的更多。有人说，每平方米 10 万元与每平方米 1 万元，同样的减免公平吗？导致的房地产价格下降，是同比例下降的，贵的房子便宜得多，一定是富人可以用更少的钱买房子，富人会更加得利。

还有人说，可以按房屋的价值减免，比如，房产税是一套房价在 200 万元以下的可以免，200 万元以上的不免，这样的博弈会如何？这个博弈其实也是富人得利，原来市区昂贵的房子，千万大宅一般人住不起了，都要便宜卖，富人又捡到了便宜。而穷人的房子，不到 200 万元的被追捧，会暴涨到接近200万元的，结果一样，便宜了富人，富人区也形成了。

欧洲一些国家对面积大的房子甚至会5年征收一次。而实际的情况就是这个征税使得大房子比小房子便宜，出现了价格倒挂。而且以前的法律，就是逼着贵族把房子卖给资本家。现在的结果就是大房子占据巨大的土地资源，但缴税未必多，土地资源被浪费。中国土地稀缺、土地国有，当然不会如此选择。

所以西方的房产税还有一个重要的作用，就是分层，尤其是还累进，房产税1%~3%。看似是给富人收税多一些，而实际的结果就是豪宅因为房产税贵，变得非常便宜，富人都可以便宜买到并住进去，穷人收入不够高，反而进不去。

因为累进税、高额税，房价和缴税在市场的博弈下，一定是价值趋同的，房价会便宜得让缴税变得很合算。但这个模式的背后，就是平时现金流不足的穷人群体，再也住不起核心区的房子。

同样的效应还发生在地区之间，房产税是地方税，越是贵的地方收税越多，城市发展越好。因此，一旦普征，必然加剧城市分化，把本地税转移到外地，会产生地区矛盾，原来所谓的收税维护地方基建费用的话，可能会引发民怨。

因此，西方房产税带来的社会博弈结果其实是加剧了贫富分化，变成了富人区和贫民区的分野，尤其是累进式的房产税，看似特别美好，结果就是让富人买房可以支付更低的价格，而穷人住不起，从而达到了驱赶穷人的目的。

富人是住房消费的群体，不是住房投资投机的群体，富人的投资机会很多元化，进行房产投资投机的就是所谓的富人。房产税的政策，其实是对富人消费住房，带来的利好是更多的，便宜绝对是不对称的。

·房地产政策底与房产税

2023年2月24日，中国人民银行、中国银保监会起草了《关于金融支持住房租赁市场发展的意见（征求意见稿）》。该文件提出，重点支持自持物业的专业化、规模化住房租赁企业发展。金融支持住房租赁应坚持房子是用来住的、不是用来炒的定位，重点支持以独立法人运营、业务边界清晰、具备房地产专业投资和管理能力的自持物业型住房租赁企业，促进其规模化、集约化经营，提升长期租赁住房的供给能力和运营水平。

中国的银行业支持保障房的投资。此前证监会启动了不动产私募投资基金试点工作。此次试点工作是证监会落实中央经济工作会议关于“促进房地产业良性循环和健康发展”决策部署，健全资本市场功能，促进房地产市场盘活存量，支持私募基金行业发挥服务实体经济功能的重要举措。租赁性住房投资全面启动。

此前的房产税，对出租房已经是优惠的综合税率，比增值税、营业税税率还低，实际上就是保障弱势群体的住房，中央再发力，最佳结果是中国内地的保障房的比例比香港地区高！

房产税可以收，但一定不能转嫁给租户。房地产的政策底到了，下面就是市场底，房价还会上涨，但房价下一步的走势，笔者多次分析过，是在社会转型当中，价格会分化严重，是天价与“鬼城”同在。在农村，则是一些村镇的土地值钱了，成为很多人渔利的对象，另外一些村镇的宅基地等却成了“鬼村”，与城里的“鬼城”是一样的。

在保障民生层面，更重要的是保障租赁市场。弱势群体的收入想要在核心地区都可以轻松买得起房子，这在全球各地都是做不到的。不能形成贫民窟的关键，就是足够的房屋租赁市场。这里可以借鉴的地区很多，新加坡就做得很好，70%的房子是保障性的，连美国的保障性住房和租赁市场当中，政府也持有大量的房屋。

所以保障民生，重要的不是房产税调节，而是有足够的租赁性保障房在政府手里。房产税更多的是政府获取财政收入的手段，而不是调节房价的手段，多出来的税收，都是要市场内的主体负担的，不能向最弱势的租房群体转嫁。

我们看到政府指导下金融机构支持房地产，专门的政策指向了保障房，指向了租赁性的住房投资。这个方向可以保障租金的上涨幅度不要过大，弱势群体能够租得起房子，不要无家可归或者住进贫民窟。

因此，房产税的主要作用是住房保障作用，调节房价和收入的作用，是次要作用。财政收入才是西方房产税制度所追求的，但这个经过社会的非合作博弈，会转嫁，为了防止转嫁，就要有充足的保障房在租赁市场。

- 4 -
税收的调控房价和调节分配作用

对中国要怎么样实现共同富裕，化解住房矛盾，笔者也做了自己的思考。

· 合理修正土地增值税

对于土地增值税，首先要了解这个税是什么，调整的利益在哪里。如前文所述，由于建安成本的增加有限，我国房价暴涨的背后实际上是土地价值的暴涨，而土地价值暴涨背后是政府对于市政等基础建设的投入形成土地的附属物、增加了土地价值，这些由政府投资所产生的价值本身就应当合理地回归政府。这部分增值被他人取得是带有食利色彩的，因此在此有以土地增值税控制食利的必要。

因此，对于投资买房和炒房的人，只要以后不再买房全部变现了，最后所缴纳的增值税就变成了无从抵扣的款项，成为他的默认成本了。这个增值税不是固定税率，而是把土地增值都计算在内的高数额。而对于买房自住的人，则在居住时政府不断修建基础设施所形成的增值成了政府给他们的补贴，这样就自然而然地拉开了炒房、投资人群与住房消费人群之间的成本差别。

这样的税收也可以在保障房领域起到作用。对于首次买房的低收入人群，缴纳税收时还可以获得补贴和减免，这样就直接体现了保障房和经济适用房的作用，不用特别建造所谓的保障房，而且所有人的抵扣税额减免一致，维持了公平，杜绝了权力寻租的空间。这样抵扣的结果就是某人买了经济适用房没有缴纳增值税，再换房的时候就没有增值税的抵扣而要多缴税款，在卖房的时候刨除增值税以后的房价就不会太高，食利的空间没有了。与此同时，对于拆迁中的土地增值部分，也可以用类似办法处理，政府投资市政土地所造成的增值，完全由被拆迁户占有和食利是不合理的，增值所得是应当有所得税的，而这样的增值税也可以在纳税人购买其他房产时抵扣，使得土地投资和资金能够在产业中良性运转。

这样设计税收的根本就在于对政府投资土地所产生的增值给予合理认识，让价值增值可以顺理成章地被政府回收。原来的政府土地投资回收方式存在的问题就是投资产生的效益分配不公，全部加载到土地出让后的新房之上，导致新房房价过度上涨。依据政府的投入不同，不同地区的土地增值税多少可以随时调整，这样的调整也可以有效地杜绝开发商囤地，现在开发商囤地赢利模式的关键就是占据优良地块等到政府配套市政投资以后土地增值赚钱，开发商囤地的利益来自政府的土地投入，通过这样的增值税征收方式，开发商囤地的利益就被有效控制，因为土地价值上涨的同时土地增值税也同步上涨，囤地就没有意义了，因为土地增值所应当承担的税费，完全可以按照日本的方式每年估算一次地价作为基准。

如此改变土地增值税，还可以与我们现在的土地出让制度相结合，在土地出让中明确列出政府对于土地投入的增值，以此方式充分揭示本书所论述的土地经济模式，还原被媒体妖魔化的“土地财政”的本来面目。房价问题的实质是分配问题，只要分配方式合理，就可以降低房价实现社会公平。土地财政的问题也是分配问题，修正土地增值税，补贴首套购房者，对于多套购房者还可以加成收税调剂贫富，这样就可以大幅度降低没有计算土地增值税的房价，对于现在土地价值增值占到绝大多数成本的房价而言，降价的空间是巨大的，这样的做法比征收物业税要有效得多，因为物业税是很容易向租房人群转嫁的。

对此我们最后可以举例来说明：

> 根据2010年6月29日《21世纪经济报道》，2009年8月，长沙市政府突然下达征收一项名为“南湖片区开发分摊费”的城市基础设施费用，要求南湖片区已购地的房地产企业，必须按照每亩近200万元的标准，补缴开发分摊费。如不缴纳者，不仅不给予办理正常的开发手续，甚至可以由市政府按原地价收回其土地使用权。最受该项政策影响的，是目前已经出让待开发的667亩土地。他们是按照此前的价格正常购买土地的，现在如果按照市政府的征收方案，一下子每亩要多交200万元，这667亩地的开发分摊费总额将高达12亿元。
>
> 长沙市人民政府2009年8月27日印发的2009年第45号《会

议纪要》。会议纪要表明，2009 年 8 月 3 日的一次政府工作会议上，研究讨论了“南湖片区开发分摊费问题”“省公安厅反恐训练基地配套住房项目报建费问题”“市城建投资公司兴业银行 5.5 亿元贷款分配问题”等多项内容。其中，对于南湖片区开发分摊费问题形成了一致决议：“原则同意按南湖片区范围内剩余用地中净用地计算分摊公共基础设施成本。如用地单位不愿分摊片区开发成本，可以按原地价由市政府收回其土地使用权。”

《关于南湖片区开发分摊费有关情况的汇报》文件，明确指出，南湖片区土地总面积为 5457 亩，目前已出让开发 1909.2 亩。在剩余的 3127.8 亩中，已出让待开发土地面积为 667 亩，未出让 2460.8 亩。而按照湖南楚天资产评估有限公司进行的评估数字，整个南湖片区开发建设的公共基础设施成本为 436998 万元，但南湖片区内的开发项目预计应缴城市基础设施配套费约为 83201 万元，与 43 亿的总数字尚有 353796 万元的资金缺口。

从上面的例子就可以看出，政府大量投资市政造成土地价值的增值，可是开发商已经取得土地套取了政府投资的收益，此时如果政府强行收取开发商的收益又与政府的承诺和土地出让、开发的合同违背，政府实际上是处于进退两难的境地。但是如果采取土地增值税的方式，不断地对政府投入造成的增值征税，这样的矛盾就可以避免了。

· 物业税：不应遏制投资而要遏制食利

现在我国征收房地产保有税已经是大势所趋，但是具体怎样操作有很大的争议，普遍的意见是针对富人和多套房的持有者进行征税，但是仔细研究后会发现，这样征税的结果并不能降低房价。

对于富人和多套房的持有者征税，必然打击房屋租赁市场，因为出租房屋的多是富人和拥有多套住房的人。如果房屋租赁价格暴涨，那么投资房产照样有利可图，房价不会降低的同时穷人反而租不起房屋。再说富人的豪宅本身价格很高，征税后即使豪宅的价格大幅度降低，比老百姓住的房子还是贵很多，从根本上不能解决老百姓的住房问题；而且富人的支付能力很强，即使征税，富人也能够承受，如果征税过头使富人的资产向境外转移，对于国家经济的长远发展是非常不利的。

实际上这样的征税能够迫使富人出售的房屋在市场所占的比例不大，因为富人群体在社会人口中本身的比例就有限。就算是房价最终降低下来，也就是把房价一次性买卖的价格变成了房价的多次买卖，相当于分次征收政府的土地出让金。以目前的房产成本支撑，把一个业主几十年拥有房产的总成本加在一起计算一下，这个成本也是很高的，也就是说房价实际上是变相地涨了。

那么怎样征税才能够实际解决问题呢？以笔者对于市场的了解，应当针对不同性质、用途的住房以不同的方式征税，这对降低房价、合理使用房屋、土地供应和政府公平、解决低收入住房等问题是非常有意义的。

其一是住宅商用的房屋，本身对于商业用房就有相当于房价 10% 的租金或 1% 的房产税，现在住宅商用这笔税基本没有到位，这样与应当纳税的写字楼等相比就存在不公平。通过征税把商业用途挤占的住宅供应给释放出来，必然起到平抑市场的作用。

其二是对于持有经济适用房、廉租房后再买房或者收入超过政策扶持标准的人进行征税，直到他持有的经济适用房被政府回购为止。这样那些骗购经济适用房的人就会少很多，而且最重要的是把存量的经济适用房释放了出来，现在大量住经济适用房的人且不说当初是骗购，当他收入增长后超过享受经济适用房政策的标准时，就不该享受这样的补贴，就应当把房子交出来，不交房就应当交税。这样会在市场上释放出大量适合无房户居住的房子。

其三是小产权房，小产权房是历史原因造成，强制拆除不现实而且会造成巨大的浪费，更加合理的做法应当是就地利用，把它视为一种政策房，加大税收限制，让不符合使用条件的人在经济上得不偿失，自然小产权房就得到了限制。

其四是享受国家福利分房再买房的人，以前的福利分房政府补贴极大，对于房改后没有机会享受的人就是极大的不公平，如果前者再买房就应当就当初他们享受的福利做出补偿，例如，把福利房按照经济适用房的标准由政府回购，如果不补偿就应当调节税收。这样也会使大量福利房进入市场给无房户居住，同时也遏制了购房需求。

其五是拥有宅基地的人买房。农村的宅基地极其便宜，却占有大量的耕地，为了国家战略安全必须保持 18 亿亩的耕地，因此农民进入城市居住后就可以把宅基地释放出来进行复垦，保障我国的土地安全。

· 房价问题说到底是分配问题

住房市场需求旺盛，基础建设投资导致土地增值，所有这些促使房价上涨的因素都是有价值支撑并受价值规律支配的，违反价值规律地人为压低价格，会再一次走向计划经济的回头路，结果一定是市场的报复性涨价。而中国的各种宏观因素平均下来与房价对比也不是那样的扭曲，因此房价暴涨照样有人能够大量买房。中国的住房和房价问题，根本原因在于分配问题，老百姓的收入和所得与房价不成比例，我们解决住房问题所需要的不是人为降低房价而是理顺分配机制。

中国的国内生产总值在20年时间里从8万亿元涨到100多万亿元，考虑到人民币汇率的增值则国内生产总值的增幅更大，其幅度是超过房价上涨的，这本身就说明房价不是问题的关键。问题的关键是我们老百姓的收入没有按照国内生产总值和房价上涨的速度增长，反而老百姓的工资占国内生产总值的比重还出现了大幅度的下降。如果我们的收入能够快速上涨超过房价涨幅，那么我们的社会和房地产市场就会更加和谐。

再进一步讲，我们历史上形成了众多的既得利益和食利阶层，所谓拆迁的食利者的背后就是城乡差别和历史上户籍限制人员合理流动所带来的。这样的食利实际是城市优良资源占有者对于后来者及其投资的一种渔利行为，使得社会的大量资源分配被原有的城市利益占有者获得。对于企业的建设和投资，现在最大的成本是获得土地和厂房，这样的成本实际上是被城市的原土地占有者所获得，原土地占有者的不当得利就会让真正的经济发展动力付出额外的代价。被拆迁者得到的额外的超过其住房价值的财富，是由买房人承担的，是通过房价对于买房人的一种掠夺。

我们土地财政的承担者和受益者也是不一致的，因而产生了食利的空间，比如，我国的土地收益主要由新增的土地承担，也就是最新的买房人承担，但是收益由老城区的原住民获得。这些原住民在被拆迁的时候总是提他们的家园社区和位置是多么的好，但是这样的好位置是政府大量的投资建设所带来的，如果是没有政府的大力投入，这些地方的经济会很难发展。政府使用土地财政把这些地方建设成为城市中心却导致拆迁成本更高，这中间的大量价值增值是政府土地财政投入产生的，却被那些“好位置的”拆迁户所得，这也是一种分配的不公。还有政府使用土地财政收益补贴交通和医疗、教育，承担成本的是新买房的人，受益的却是全体市民。

综上所述，结论就是中国房价问题的本质不是要降低房价而是要合理分配。在中国经济高速增长的下房价同步增加是合理的，但是我们老百姓的收入没有同步增加，因此导致社会矛盾的激化。要解决房价问题让老百姓买得起房子，是不能舍本求末地单方面追求降低房价，不是让房价降下来而是让老百姓的收入升上去。理顺收入分配关系，提高工资的结果就是使得劳动者收入增加而食利者收入受限，提高劳动者在社会分配中所占有的比例，增加社会公众在劳动创造下的收入水平并限制食利者规模，才是经济发展的根本。

第五章

殖民、海权论与香港经济

- 1 -
认识海权殖民的财富模式

西方世界在大约500年前崛起。西方世界为什么能够崛起？大家都会讲到大航海时代，讲到地理大发现，但大航海和地理大发现是如何让西方国家拥有财富的呢？

他们拥有这些财富的关键就是海权的兴起。西方国家的殖民给其带来了巨大的财富，以及西方民族在全球的人口增长。人口的增长依靠殖民，那殖民又是怎么带来利益的？本节我们就是要对海权和殖民进行重新的认识。

· 重新认识殖民

我们总是讲西方世界的殖民扩张、西方国家奴役世界人民等，对于殖民的本质和运作过程却很少提及。本部分就是让大家更深入地认识殖民的本质，认识商业贸易、定价权在殖民当中的作用。殖民不是简单的武力征服，也不是屠杀。殖民的本质是一种殖民者在武力保护下取得定价权后，披上和平贸易的外衣不断剥削被殖民地区的行为。殖民是一种以最小暴力优势控制最大地区以攫取最大利益的方式。

从字面上理解，殖是繁殖、孳生之意。殖民指强国向它所征服的地区移民。依据我们的定义，现指资本主义国家把其经济政治势力扩张到不发达的国家或地区，掠夺和奴役当地的人民（即殖民主义）。殖民主义是资本主义强国对力量弱小的国家或地区进行压迫、统治、奴役和剥削的政策。殖民主义的主要表现是殖民国向海外移民，进行海盗式抢劫、奴隶贩卖、资本输出、商品倾销、原料掠夺等。殖民是一个大国在国外寻求并获得对不发达地区经济、政治和文化占有权的过程。

从 15 世纪开始，在重商主义的刺激下，欧洲国家在南美洲、北美洲、亚洲以及各大洋的岛屿上获得了大片殖民地。1870 年以后的第二次工业革命引起的帝国主义扩张又使得这些帝国主义国家在非洲、大洋洲的澳大利亚以及亚洲尚未沦为殖民地的地区取得了大片殖民地。1898 年美西战争以后，美国广泛地参加了殖民活动。我们要知道殖民不仅是存在于近代西方世界崛起的过程当中，在古希腊和古罗马时期，殖民的概念就已经存在了。在西方世界，殖民这个词汇可以说是自古就有。

如果我们回顾历史，人类最早的殖民活动应当与古亚述帝国的衰落相关。流亡的亚述部族们在古希腊世界的环地中海地区建立了一系列殖民城邦。亚述是古代西亚奴隶制国家，位于两河流域。公元前 3000 年，属于闪米特族的亚述人在此建立亚述尔城，后逐渐形成贵族专制的奴隶制城邦。公元前 10 世纪，亚述进入铁器时代。铁器的使用，生产力的提高，为其长期对外战争提供了充足的兵源和给养。但随后米底人和迦勒底人联合进攻亚述，帝国急剧衰落。迦勒底人乘机建立巴比伦第六王朝，恢复独立，并联合米底人于公元前 614 年攻克亚述古都亚述，公元前 612 年夺取亚述新都尼尼微，亚述帝国就此灭亡，被并入了新巴比伦王国的版图。但是亚述人有着优秀的冶铁和制陶工艺，这些先进的技术成为他们在别处进行商业殖民的资本。这些衰落民族的流民成了最初的殖民者。技术上的领先，尤其是先进的军事技术，是其能够进行殖民的保障。但殖民体系的维系，唯武力论是不成的，经济手段才是关键。经济上的领先既有技术因素也有市场因素，在古希腊和古罗马的殖民过程当中，市场因素起到了关键性的作用。

据说在公元前 8 世纪前后（中国的西周晚期），希腊诸城邦已经远征亚、非、欧三大洲，向外大规模扩张，在覆盖三大洲、三大海洋（爱琴海、地中海、黑海）和跨大西洋的广袤地域上建立起了巨大的海外殖民地。发起并完成这种远洋航行和征服的，主要是全城人口不过 1 万 ~2 万人的雅典城邦。考古证据表明这些城邦的人口规模是非常小的，那受他们殖民的地区难道是无人区吗？他们怎么能够奴役那么多的人呢？实际上他们在殖民之初是非常友好的，是处于守势的。他们利用他们的技术优势进行商业贸易，建立起类似城邦一样的堡垒来保护他们的安全。他们在这些堡垒里面生产外面落后民族无法生产的东西，这些东西被他们定下高昂的价格，然后换取落后民族低价供应的必需品，并且作为市场规则的制定者建立起相应的规则。他们这样的殖民方式也可能转化为暴力奴役落后民族，或者利用落后民族内部的矛盾，让落后民族给他们提供奴隶。因此少数人殖民多数人，并不仅仅是依仗军事领先、以军事手段进行镇压，而是以军事手段为后盾确立市场规则，保持自己的权力和信用体系。这样的殖民方式比起简单粗暴的直接军事镇压来可以统治更多的人口和更广袤的地区。

古希腊和近代西欧的历史是被美化过的，近代西欧的殖民传承源自北欧海盗维京人。维京人的老家是挪威、瑞典和丹麦，他们及其后代诺曼人等通过殖民曾一度控制了大部分波罗的海沿岸、俄罗斯的内陆、法国的诺曼底、英国、意大利南部和巴勒斯坦的部分地区。西方世界真实的殖民感受和实践经验来自野蛮的海盗。在维京海盗侵扰欧洲西海岸的年代，这些北方的海盗民族沿着海岸低地和河流，建立起了他们的殖民定居点。这些殖民者后来逐渐皈依基督教并融入了欧洲社会，他们在宗教的支持下逐步得到权力。英国王室和荷兰的统治者部分是这些海盗的后裔，这两个国家也是后来殖民时代的翘楚。最早从事殖民活动的西班牙、葡萄牙与海盗就有密切的合作关系。

近代西方殖民的野蛮史是难以掩盖的，因此西方世界要创设出古希腊殖民的美妙和“五月花号”的故事。我们可以看一下被美化的清教徒初到美洲时的情景。“五月花号”本来是一条用于商业贸易的货船，当船上的人们离开英国的港口时，许多人都怀疑他们是否能顺利到达大西洋彼岸。船出发的时候共 102 人，在船未上岸之前，就如何管理未来的世界，船上的 41 名成年男子共同签署了一份公约，名为《五月花号公约》。这份公约的大致内容是：“为了国王的荣耀、基督教的进步，我们这些在此签名的人扬帆出海，并即将在这块土地上开拓我们的家园。我们在上帝面前庄严签约，自愿结为一民众自治团体。为了使上述目的得以顺利进行、维持和发展，亦为将来能随时制定和实施有益于本殖民地总体利益的法律、法规、条令、宪章等，吾等全体保证遵守与服从本公约内容。”（部分内容来自网络）。这些内容与当年古希腊历史文献中的记载是高度接近的。古希腊的殖民城邦也是如此通过高度自治来降低统治成本的。

当“五月花号”船上的 102 人到达美洲以后，他们与当地印第安人的贸易还是非常融洽平等的。然而，在 1620 年和 1621 年之交的冬天，他们遇到了难以想象的困难，一度处在饥寒交迫之中。冬天过去时，活下来的移民只有 50 来人。这时，心地善良的印第安人给移民送来了生活必需品，还特地派人教他们怎样狩猎、养火鸡、捕鱼和种植玉米、南瓜等。在印第安人的帮助下，移民们终于获得了丰收，在欢庆丰收的日子，按照宗教传统习俗，移民规定了感谢上帝的日期，并决定为感谢印第安人的真诚帮助，邀请他们一同庆祝节日，这就是感恩节的由来。这个故事是西方人美化过的。实际上，大量的欧洲人到美洲等地去是为了冒险和发财，他们中很多人原来就是流氓无产者，各种恶劣的事情都做。他们对于印第安人的屠杀历史已经很清楚了。“五月花号”的故事背后有一个会说英语的印第安人，这个印第安人曾经是西班牙人的奴隶，获得自由后到英国生活、攒够路费回来的，所以他对英国人非常友好。这完全是一个被包装出来的故事。《五月花号公约》的真实性就更可疑了。

在殖民贸易规则建立的初期，虽然也出现过荷兰殖民者用玻璃珠子换了一个曼哈顿岛这样的事情，但大多数时候双方的交易在局部看来还是公平的，毕竟虽然人家没见过玻璃，但牲畜、木材、粮食的价位还是清楚的。不过要是我们放眼全球的话，这样的交易就不公平了。在美洲，殖民者以一些当地人没有的技术性产品来定价，比如玻璃珠子等，还有印第安人从未见过的马等。这些物资的定价权被掌握在殖民者手里，他们掌握了在不同地区贸易的流动性，他们可以赚取这样的贸易差价。这样的定价权溢价不断地累积，最终会造成被殖民地区的商业崩溃。在被殖民地商业崩溃之后，殖民者的商业统治就建立起来了。

西方世界对于殖民是市场经济自由选择过程的论述实际上早已经偏离了历史的真相。我们从东印度公司的设立过程就可以知道，这个殖民运作过程是完全建立在垄断的基础之上的。1595 年 4 月至 1602 年，荷兰陆续成立了 14 家以东印度贸易为重点的公司。为了避免过度的商业竞争，这 14 家公司合并成为一家联合公司，也就是荷兰东印度公司。荷兰当时的国家议会授权荷兰东印度公司在东起好望角，西至南美洲南端麦哲伦海峡具有贸易垄断权。类比荷兰，英国等国家建立的东印度公司也抛弃了自由竞争，以国家特许权的方式，将所有的竞争因素排除，以垄断的形式来维持殖民利益，借助垄断取得市场的霸权，攫取殖民利益。西方国家的统治者用垄断建立定价权和价值体系，以垄断打垮被殖民者的产业，建立殖民者的统治秩序。等他们以垄断建立起来世界秩序以后，他们反而又要反垄断，其目的就是不让其他的竞争者和竞争国家建立足够挑战他们价值体系的经济力量，以防挑战他们的统治权。

殖民成功的关键是建立一个对殖民者有利的价值体系。在西方世界流动性宽松的条件下，西方人的劳动价值和培养一个劳动力的花费是不同的。西方世界在价格革命以后物价奇贵，养活一个劳动者以贵金属核算的成本与缺乏贵金属的殖民地区养活一个劳动力的成本有天壤之别。殖民者对劳动力成本的定义体系，本质就是一个剥削体系。在这个体系下，他们可以把玻璃珠子定出天价。大量的贸易在这样的价值体系下进行所谓的自愿等价交换，用玻璃珠子换取曼哈顿岛当时也被认为是等价交换。随着这个体系被戳破，殖民者要维持这个体系就越来越依靠暴力，更具体的表现就是货币权力和通道权力。他们拥有足够多的贵金属，控制了海权，因而掌握了贸易的主动权。不同定价体系之间的差距所带来的贸易利润被殖民者占有。这就是殖民剥削的本质。

在殖民者的商业帝国建立起来以后，他们就可以在被殖民地区培养买办，建立雇佣军，腐蚀被殖民地区的政权，直到搞垮原来的政权建立傀儡政权，让代理人进行统治，殖民者实际上就成了奴隶主。这样的方式在开始的怀柔政策之下对于被统治者来说就是温水煮青蛙，等到被统治者想要反抗的时候，会发现自己实际上已经不具备反抗的能力了。

殖民的目标就是在一块新的土地之上，建立自己独立的信用体系，在商业上制定不平等的规则并据此进行市场操纵，以这个信用体系打垮和奴役原有的社会信用体系，因此殖民国特别重视的就是国与国之间的不平等条约。他们攫取被殖民国家的金融权力、产权和货币权，致力于建立新的产权制度，以保障其利益。他们向被殖民的国家输出宗教、文化和价值观，让他们攫取商业利益的行为变成一种理所当然。

在这里我们必须指出，近代西方的殖民与中国古代的扩张是完全不同的。中国不是殖民而是同化，是让对方融入中国的文化。中国古代的扩张更多的是文化扩张，而不是攫取经济利益，是对于普天之下皆为王土的追求。

殖民与简单的军事征服、屠杀奴役也是完全不同的。殖民是在军事保障之下更多地依靠经济手段。殖民统治是与商业和资本分不开的，其核心是建立一套不平等的规则，建立这些规则下的新信用体系、新价值体系。在殖民主义当中，定价权是核心权力。对于这样的殖民，我们不得不承认这是一种高效的统治模式。在当时的高统治成本下，殖民是解决分封与集权的另一种统治方式，一种以商业利益为纽带的统治方式。这个统治方式的统治成本是极低的，但在面临外来攻势时，对外战争能力受制于商业利益的约束，战斗力是低下的。殖民地的战斗力都是不高的，必须依赖宗主国的军事实力，这也是英国的衰落和古希腊、古罗马等败亡的原因之一。现代殖民国家也是在不断发展的。关于现代殖民的关键（海权贵金属、重商主义），以后的章节还会深入地探讨。

· 以殖民视角看文艺复兴

我们认识西方殖民的本质，离不开文艺复兴运动。文艺复兴是指 14、15 世纪在意大利各城市兴起，后扩展到西欧各国，于 16 世纪在欧洲盛行的一场思想文化运动。这是一个带来科学与艺术革命的时期，揭开了近代欧洲历史的序幕，被认为是中古时代和近代的分界。文艺复兴的背后是什么？这里的文化艺术是怎样变成生产力、统治力、财富源泉的？我们需要将文艺复兴与殖民联系到一起看待，以殖民的视角来看文艺复兴会有非常大的不同。

主流的世界史观认为古希腊是西方文明的开端，持续了约 650 年（公元前 800 年至公元前 146 年），位于欧洲南部、地中海的东北部，包括今巴尔干半岛南部、小亚细亚半岛西岸和爱琴海中的许多小岛。公元前 5、6 世纪，特别是希波战争以后，古希腊经济生活高度繁荣，产生了光辉灿烂的文化，对后世有深远的影响。公元前 776 年第一次奥林匹克运动会的召开标志着古希腊文明进入了兴盛时期。公元前750年左右，随着人口增长，雅典等地的希腊人开始向外殖民。在此后的250年间，新的希腊城邦遍及包括小亚细亚和北非在内的地中海沿岸。在荷马史诗描写的时代（公元前11世纪至公元前9世纪），“古希腊”半岛上的人自称为亚该俄斯人（Acheos）或达拉俄斯人（Danaos）。他们的族种和语言来源是地中海彼岸的迦南人和腓尼基人。在古希腊诸城邦中，势力最大的是斯巴达和雅典。所谓古希腊文明其实是环地中海文明，地域包括西亚、北非和南欧，希腊本身并不突出，众所周知的迦太基就在非洲。在雅典全盛期，古希腊文明汇集了各地文明，形成了一个文明高峰。以雅典为代表的古希腊文明能向外传播，也要归功于马其顿帝国的扩张，这是一段武力扩张与文化交融并行的大历史。这些城邦的文明积累被认为是后来欧洲文艺复兴的根基。

那么所谓古希腊文明的根底到底如何呢？我们对于古希腊文明是有质疑的。质疑的学者认为：现在西方流传的那些所谓古希腊名著（包括荷马、修昔底德、希罗多德、柏拉图、亚里士多德的著作），都不是用古希腊文创作的原作品。在文艺复兴运动中，西方世界出现了对古希腊文献和文化的大规模而且有意识的伪造活动（何新《希腊伪史考》）。文艺复兴时期对意大利新兴商业城市产生巨大影响的，最初并不是古希腊文明，而是阿拉伯人和阿拉伯文明（包括犹太人）。欧洲人是通过阿拉伯人和犹太人才接触到古希腊文化和哲学的。欧洲人用拉丁文字翻译的古希腊作品，都是根据阿拉伯文字或希伯来文字转译的，因此作品内容的真伪确实是存疑的。西方的崛起需要文明、文化来修饰，有些内容确实有可能被注水，但也会有一定的真实基础。

对古希腊文明的吹捧，背后是对西方殖民的历史美化。我们从中可以看到所谓的古希腊文明和罗马文明中阿拉伯文明的影子。阿拉伯文明在中世纪相对欧洲是先进文化，而且阿拉伯人也是以做生意著名的。阿拉伯地区以沙漠为主，不是传统的农耕地区和国家，以贸易和商业立国对他们来讲是非常重要的。阿拉伯部族历史上的贸易也带有一定的殖民色彩，只不过对这一切欧洲人是不愿意承认的。他们愿意说这是他们祖先的智慧，再加上宗教信仰的因素，因此欧洲在崛起的时候突出古希腊文明是必须的。还有一个非常重要的因素就是成吉思汗的崛起对于阿拉伯世界的威胁——巴格达被攻陷、埃及等地也面临巨大的威胁，这样的结果导致了知识的扩散。阿拉伯人到直布罗陀与西班牙的直接接触，对于西班牙率先崛起是有巨大的技术输入作用的。这些都被说成是文艺复兴的功绩。所谓文艺复兴就是古希腊文明的复兴，而这个复兴的背后，就是殖民。这样一种在古希腊、古罗马时代普及的统治方式的复兴，于大航海时代在全球找到了市场。

文艺复兴还有一个主要的意义是创立了一个虚拟的艺术市场，用来吸收过多的货币。艺术品在价值定位上是可以被无限推高的，给艺术品定高价是殖民者的需要。在定价体系当中，艺术品是有特殊性的，其价值无法进行常规的比较和替代，就如达·芬奇的《蒙娜丽莎》在当时就是天价，被国王以4000 金币购得。文艺复兴时期的大量艺术品成了殖民者取得贸易利益的源泉。艺术品的定价权和艺术品价格的暴涨，是维系西方国家殖民信用扩张的有力保障之一。艺术的兴起，导致各种社会财富的艺术溢价变得膨胀起来，使得社会总财富的计价变得完全不同。艺术溢价在等价交换的时候能够换取更多的资源和财富，这是定价权和殖民的真谛。

艺术品在其本身的价值之外，变成金融货币的一种延伸，在社会当中充当了货币价值储藏的功能。因此文艺复兴让艺术品增值，是增加西方世界总体财富资产的有力手段，也是挤压货币流动性离开财富储藏领域进入流通的手段。这样的社会财富增加手段是维持殖民掠夺的重要方式。

贵族对艺术品的消费需求，使得殖民文化进入了政治的空间。在封建时代，贵族们的庄园经济都是自给自足的，之后对艺术追求的出现使得他们开始入不敷出，这就给掌握现金的殖民者们带来了巨大的政治机会。这样的机会首先是从宗教开始的。我们可以看到金融资本家的代表美第奇家族与文艺复兴的关系，美第奇家族中出现了多位教皇，金融资本与宗教结合了。拙作《霸权博弈》当中有一个基本的观点，就是这个世界是由三种力量博弈平衡所决定的：宗教、政客贵族、金融资本。在金融资本与宗教结合起来以后，原来的贵族统治体系会被打破，西方社会资本革命不可避免。这个革命开启了殖民者和殖民主义掌权的过程。同样由于文艺复兴，教会的财富需求也增加得很快，商人对于教会的影响越来越大。美第奇家族能够出现多位教皇，已经充分说明商业对于教会的影响。教会也离不开货币和金融。为了维持这样的财富，教会支持资本革命是必然的，同时教会进行变革也是必然的。宗教走向宽容、新教的出现等，都与资本的崛起有关。在各个殖民地，宗教对于殖民地的渗透也非常关键。

文艺复兴实际上为西方殖民主义找到了精神支持。因此，在文艺复兴中找出来的各种古希腊故事和历史神话，被美化是可以想象的。文艺复兴给西方的殖民找到了历史依据和理论基础，从而使得西方的殖民统治方式比古代更完善。殖民成了一个不公开说的秘密，西方的殖民“智慧”达到了前所未有的高度。如何把他们入侵和掠夺全球变成所谓的文明扩散和淘汰落后文明，这就需要文艺复兴的神话来美化。

文艺复兴更多的智慧来源于阿拉伯文明。阿拉伯文明对于西方世界的崛起贡献巨大，这个作用却被忽视了。在印度等东方地区，中世纪受到了阿拉伯文明的巨大影响。在西罗马帝国灭亡以后，古罗马、古希腊文明在西方就已经不复存在，连历史记录文件都没有。现代西方文明是阿拉伯文明转移的结果。西方世界硬要把这些转移所带来的文明说成是他们的独创。他们的古希腊、古罗马文明的复兴依据，是阿拉伯文明带给他们的。在古代希腊、古罗马文明时期，阿拉伯地区与当时的泛希腊地区本身是不分家的，古代罗马帝国的疆土也包括现在的阿拉伯地区。随着西罗马帝国被日耳曼人所灭，才相继出现了一批国家，先后有法兰克、伦巴德、奥多亚克、勃艮第、汪达尔－阿兰、东哥特、西哥特、盎格鲁－撒克逊等王国建立。这些王国之间战争不断，其中盎格鲁－撒克逊、法兰克王国存在的时间比较长。

西方世界通过所谓的文艺复兴融入阿拉伯文明的精髓，又保有了自己民族宗教信仰的制高点，这与中世纪通过残酷手段保有了一个强大统一的宗教是有关的。但在文艺复兴以后，吸收了新文明的宗教就发生了分裂和变革。我们可以看到的就是西方的殖民和大航海是最早开始的，然后是文艺复兴、宗教改革运动、资产阶级革命、资本掌权和启蒙运动，这个过程是不能颠倒的。实际上宗教改革先于文艺复兴，而殖民扩张则在文艺复兴时期就开始了。西方国家偷换了中世纪宗教的概念，中世纪黑暗在文艺复兴时期同样存在，在宗教改革时期新教一样的不宽容，宗教宽容是在启蒙运动以后了。

综上所述，我们如果能够从殖民的角度来看文艺复兴，就会知道文艺复兴背后是一种统治艺术的价值观的兴起，是一个给西方殖民主义找到精神支持的过程，是一个摆脱阿拉伯文明的影响占据道德制高点的过程，是对古代殖民形态的创造，是对古希腊奴隶制的现代应用，是殖民智慧的复兴。

延伸阅读：北欧海盗的历史[①]

维京人（Viking）就是北欧海盗。在欧洲语系中，维京人就是北欧海盗的同义词。他们从公元 8 世纪到 11 世纪一直侵扰欧洲沿海和英国岛屿，足迹遍及欧洲大陆至北极广阔疆域。欧洲这一时期被称为“维京时期”。在英语中，这个词是从 18 世纪的传奇故

① 内容源自网络。——作者注

事中引入的，有一种说法认为其来源于古代北欧人的语言，“vik”意思是“海湾”，“ing”意思是“从……来”，合起来的意思是在海湾中从事某种事，“vikingr”就是在海湾中从事这种事的人。另一种说法认为其来源于古英语“wíc”，意思是“进行贸易的城市”，因为后来部分维京人定居到不列颠岛，并和当地人进行贸易。

最早见于历史记载中的维京人被记录在《盎格鲁－撒克逊编年史》中的公元789年一次他们对英国的袭击中。当时他们被当地官员误认为是商人，这些海盗杀死要向他们征税的官员。第二次记录是在公元793年。此后200年间维京人不断地侵扰欧洲各沿海国家，沿着河流向上游内地劫掠，曾经控制俄罗斯和波罗的海沿岸，甚至曾远达地中海和里海沿岸。

维京人与很多地区保持着贸易上的往来，考古学家从北欧的墓葬群中也找到了不少别的地区的产品与钱币。不过他们更加喜欢白银，商人随身带着天平，用银块充当砝码。石刻与传说记载了他们的旅行。

公元860年，沿着伏尔加河溯游而下的维京人来到了俄罗斯（当时还不叫这个名字）。他们同当地的斯拉夫人进行交易，从诺夫格罗德南下，沿河来到波尔加，用奴隶换取蜂蜜和毛皮，再顺着伏尔加河进入里海，换乘骆驼，一直来到巴格达，交易丝绸和香料。

另一条贸易路线是沿着第聂伯河到达基辅，进入黑海，到达伊斯坦布尔，向他们出售精美的珠宝首饰。维京人是很好的水手和船匠，相比较，别国的船去不了远海，设计也很笨重。维京人的船分量轻，船身狭窄，吃水浅，可以在欧洲所有河流中航行。

公元9世纪至10世纪，维京人侵袭了在海岸上沿着低地河流基本上无防御的弗里西亚和法兰克城镇。尽管维京人从没有在这些地区大量定居，但他们确实设立了长期基地，所以在一些情况下被公认为统治者。低地国家被维京侵袭持续了超过一个世纪。公元907年维京人以2000艘战船和8万人的部队攻击了君士坦丁堡。不过他们后被拜占庭的皇帝以最优惠的贸易条件成功收买。由于突袭英国、法国和日耳曼的规模和次数增加，他们开始建立殖民地作为继续突击的基地。法国西北方的维京人的殖民地即诺曼底（由北欧人的名称而来），在那里居住的人被称为诺曼人。

在10世纪，法国国王以割出部分领土为代价从维京人那里买回了和平。其他的诺曼人征服了西西里、大半的意大利，并在巴勒斯坦建立了十字军王国。在公元911年，法国的国王封诺曼底的维京首领为公爵，以换取他们皈依基督教和停止入侵。诺曼底公国成立后，不断出现卓越的战士，包括公元1066年征服英国的威廉一世、公元1060—1091年从阿拉伯人手中夺取西西里的罗伯吉士卡特和他的家族和由十字军战士所建立的耶路撒冷王国的国王鲍特温一世。

维京的入侵在10世纪末期便已停止，部分原因是他们在成为基督徒后，不再听从过去异教信仰的战士价值观。另外，斯堪的那维亚分为几个王国，新的统治者将注意力集中在管理业已拥有的土地上。除此之外，维京的殖民者在俄罗斯、法国和不列颠等地亦被他们周围的文化所同化。

11世纪时的德国历史学家不来梅的亚当曾在他的著作《汉堡

大主教史》第四卷中记载过：“海盗们在西兰岛收集了大量的黄金，这些海盗被他们自己人称为维京，我们称他们为阿斯考曼尼。他们向丹麦国王纳贡。”

13 世纪时，挪威国王哈罗德一世下决心要将这些海盗从苏格兰及附近岛屿清除出去，部分维京人逃到冰岛。北欧的传说将他们描绘成无畏的英雄，但到了 18 世纪又把他们描绘成强盗。

维京人由威胁而发展出来的欧洲战士文化，随后在地中海东部的圣地找到了发挥的新出口。基督教的传播削弱了这些古老异教战士的价值观，并使得这种价值观慢慢消失。古北欧人亦被他们以前常侵扰的基督教文化所同化。英国的占领者和征服者就成为英国人、诺曼人成为法国人。

延伸阅读：传奇的美第奇家族[①]

在经济史上，美第奇家族是现代金融业的开山鼻祖。13 世纪以来，经过十字军东征的洗礼，欧洲通向地中海、红海和印度洋的传统海洋贸易路线被阿拉伯人切断，意大利成为欧洲最主要的贸易大国，热那亚人和威尼斯人控制了来自东方的丝绸和香料进口。

① 内容源自网络。——作者注

意大利人在跨国贸易扩张中积累了大量周转资金和财富，专门从事货币汇兑、货物抵押、结算、保险和有息贷款的商业银行在这里纷纷诞生。排斥贷款付息的基督教势力较为薄弱的佛罗伦萨逐渐成为金融中心。特别是在1252年发行了弗罗林金币后，热那亚和佛罗伦萨铸造的金币在整个欧洲被广泛采用，进一步巩固了佛罗伦萨银行业的地位。

美第奇家族是13—17世纪称雄于佛罗伦萨的名门望族。该家族最初经营兑换钱币的钱庄，后来随着财富的大量积累而设立了银行。在众多家族领袖中，3个重要人物维系了美第奇家族的传奇。

一个以高利贷生意起家，精于计算、钩心斗角的金融家族，沉浸在中世纪前的古典浪漫艺术之中，并主导开启了文艺复兴时代。这与大众文化认知中对于金融家的定位相去甚远。

美第奇家族中出过3位教皇和2位法兰西王后。一方面在政治上权倾一时；另一方面，他们开始资助艺术活动，对佛罗伦萨的文艺复兴产生了巨大的影响。美第奇家族是从北托斯卡纳的穆杰洛地区来到佛罗伦萨的，“但是他们更远的祖先可能来自东方。按有些人的说法，他们可能是犹太人”。

早在14世纪90年代之前，人们对美第奇家族的称呼可能更多的是“流氓”而非“银行家”。他们是一个没有起色的小团伙，以低暴力事件而非高融资活动著称。1343—1360年，美第奇家族至少有5人因为资本罪而被刑事法院判处死刑。对于乔万尼·美第奇来说，让美第奇家族活动合法化是他的奋斗目标。他通过勤奋工作、节俭持家、精打细算，最后成功了。1385年，乔万尼成为一家银行罗马支行的经理。这家银行是由他的亲戚、佛罗伦萨放贷人维埃里·美第奇经营的。在罗马，乔万尼以一个外汇交易员的身份而声名卓著。从诸多方面来看，教皇都是理想的客户，因为他提供了一定数量流入和流出梵蒂冈金库的不同货币。正如我们所看到的，这是一个多种铸币共存的时代，有些是黄金，有些是白银，有些是贱金属，这使长途贸易或纳税很复杂，需要把一种货币兑换成另一种货币。乔万尼清楚地看到，更大的机会在佛罗伦萨。他在1397年返回佛罗伦萨，到1420年的时候，他把业务移交给他的长子科西莫，自己在威尼斯和罗马成立了银行分支机构。他还从两家佛罗伦萨羊毛工厂获取收益。后来他在日内瓦、比萨、伦敦和阿维尼翁增设了银行分支机构。

美第奇家族早期业务中特别重要的是商业汇票，这是中世纪发展起来的一种贸易融资手段。如果一位商人欠另一位商人债务，只有等到交易完成几个月后才能用现金支付，那么债权人可以给债务人出票，还可以使用该汇票作为支付手段，在自己的权限之内，以低于票面的价格从愿意充当中间人的银行套取现金。征收利息被视为高利贷而受到教会的谴责，然而没有人能够阻止精明的交易者从此类交易中获利。这是美第奇家族业务的本质。没有支票，说明只是口头上的，并记录在银行册子里。没有利息，储户被赋予自由裁量权（每年利润的一定比例），以补偿他们的资金所承担的风险。

乔万尼的“机密簿”（libro segreto）让这个家族的崛起散发

出迷人的光芒。在某种程度上，这只不过是一个小心翼翼保存账簿的故事。按照现代标准，这里肯定有不完善的地方。虽然早在14世纪40年代，复式簿记方法在热那亚广泛使用，但美第奇家族并没有系统地使用这种方法。尽管如此，现代研究者对美第奇家族整洁有序的账目也有深刻的印象。档案还包含了一些早期美第奇家族的资产负债表，一边是记录准确的准备金和存款（作为负债），另一边则是贷款客户或商业票据（作为资产）。美第奇家族没有发明这些技术，但他们广泛应用了这些技术。而美第奇家族成功的真正关键，与其说是经营规模庞大，不如说是多元化经营。早期意大利银行一直是单一的经营结构，很容易被违约债务人拖垮。美第奇家族银行建立在特殊的定期重新谈判合同的基础之上，实际上是多重相关的合伙关系。银行分行经理并不是雇员，而是地位较低的合作伙伴，他们从利润份额中抽取一部分作为报酬。正是这种权力下放，让美第奇家族银行获得了巨额利润。美第奇家族银行在1402年拥有大约2万弗罗林金币资本，在册职员最多17人；1397年至1420年所赚取的利润为151820弗罗林金币，大约每年是6326弗罗林金币，年收益率为32%，仅罗马分行公告的年收益率就超过30%。这种经营模式在佛罗伦萨纳税记录上得到证明，记入其中的乔万尼的资产一页接一页，加起来总计是9.1万弗罗林金币。

· 殖民模式下海盗与海权的兴起

西方各国能够建立殖民体系，能够维持西方各国与殖民地的巨大价格落差，这里面海权和海盗的作用是关键性的。在蒙古战争和金融政策输出金银的条件下，在大航海时代美洲的地理大发现以后，全球金银主要集中在西欧，最终导致以金银定价的价格革命。此后，东西方的物价尤其是劳动力价格等出现了巨大的价差。这巨大的差价造就了不同的信用体系和殖民渔利的前提条件，而维持这样的信用体系的落差，就需要海权和海盗起作用了。

中国的丝绸陶瓷，印度的香料运到欧洲，价格要翻几十倍。如此的差价，定价合理吗？西方世界的主流观点是殖民逻辑的延续，是西方殖民者给世界制定的规则：只要没有武力胁迫，没有垄断，成交的价格都是合理的。但这个定价是在没有武力胁迫和垄断的情况下做出的吗？这个武力胁迫和垄断是在贸易的通路海权层面，是由海盗支持和维护的。在近代，由于海洋被控制，只有能够与海盗建立良好关系和控制海洋的人，才有贸易机会。因此这样大的价格落差只能由海盗和海权的垄断者攫取。这不是一个公平的市场贸易结果，即在贸易上“只有我能够到你那里进行贸易，没有你到我这里进行贸易的可能”。渐渐的，因为“我到你那里进行贸易的关税已经商定好了，而原来你没有到我这里进行过贸易，所以关税多少是由我随意定的”，这样的贸易和价格还是合理的市场定价吗？

为了维持贸易的需要，海洋的贸易通道就非常重要。在以往的陆权时代，贸易被一路收税，谁也绕不过税吏，但海洋贸易就不受陆路关卡的限制，而且运输成本大幅度降低。这样的价格差就产生了巨大的利润。我们知道按照市场经济的规律，如此的价格落差经过贸易后会迅速降低，是不可能长期维持的。那么为何西方世界与东方殖民地的贸易价格落差会一直维持着呢？这就是因为殖民者通过海权和海盗建立起了贸易壁垒。这个壁垒越高，越能够体现海权的价值。

海上交通一样是有关卡的，这样的关卡与陆地相对应就是海权的关卡，现代“海关”的概念也诞生于此。在历史上，海关不仅是一个国家的国界港口，还拥有各种海上交通要道的通行权。海权国家会确保自己的交通线安全，并同时能切断敌人的交通线，从而达到自己垄断海权和贸易的目的。海洋交通线愈长，相对于陆地的关卡和运输费用的差价也就越大，则海权所能给予的利益也就愈大。而海洋交通线的建立，与殖民地的取得也是互相促进的，维持海权的海军军事补给，依赖的是海线上的各个海外基地（殖民地）与海港。

如果距离过于远，补给难以到达，又要维持在其中的海权地位，就不得不与海盗合作了。在大航海时代，西方世界的海盗与国家的关系，并不是一个要剿灭的敌对关系，而是一种互相合作的关系。西方国家甚至授予这些海盗抢劫特许权，也就是著名的私掠许可证，把他们的抢劫变成了合法行为，将海盗作为维护自己海洋权力的辅助力量。海盗是他们海上通路中的有利的壁垒。海盗不能完全脱离陆地，也需要国家主权的保护，二者的结合是一种狼狈为奸的交易。谁有海权，就意味着谁可以在贸易当中拥有竞争优势。不平等的关税必然导致竞争者垮台，这是被包装在市场自由交易的外衣之下的维持殖民信用体系的关键。对于殖民地的抗争，如果抗争者不能突破海权的限制，贸易利益就会被完全控制。

西方的海权国家，并不是一开始就那样强大的。西方探险者进行初次大航海的时候，力量都是很弱小的。真正主宰海洋的是海盗。海盗们到底会跟谁合作，差别在哪里？海盗要攫取利益也离不开上岸交易，海盗找谁交易才是问题的关键。海盗要找金银多的有钱方交易，哪里的金银流动性大，海盗的赃物在哪里就能够获得更多的金银。西方世界当时集中了最多的金银，在共同使用金银等贵金属货币的时期，比东方世界的物价要高，可以把货物卖出更多的金子和银子来，因此海盗与西方主权国家合作是必然的。其中，犹太人赚取了大量黄金，是主要的商业经营者。犹太人当时社会地位低、底线低，与海盗合作的可能性最大，潜在的合作对象也是客观存在的。因此我们可以听到北欧海盗与犹太黄金资本联盟控制着世界的说法。海盗是不会与当时发达但物价低的东方文明合作的，而会与金银多、物价高、相对落后的西方政权合作。这给了西方掠夺者能够向东方殖民的可能。西方各国因此赚取了大量的财富，继而崛起。

英国崛起就是最好的例证。1588 年英国著名的私掠船长弗朗西斯 · 德雷克就作为副指挥参加了击败西班牙无敌舰队的英西大海战。1587 年，英西海战爆发，德雷克的海盗船队在这次海战中起到了至关重要的作用，而德雷克也被封为英格兰勋爵。海盗联盟大军是与英国海军一起参战的。公元 911 年，法国国王封诺曼底的维京首领为公爵，以换取他们皈依基督教和停止入侵。维京人后来上岸变成诺曼人，诺曼人又登陆英国成为英国的统治集团。同民族是合作巨大的信用保障，维京人的海上战斗力是当时海权争霸的关键，就如蒙古骑兵的陆地战斗力决定了古代欧亚大陆的陆权一样。海盗是西方各国崛起和殖民成功的关键因素之一，西方世界的黄金则是吸引海盗的关键因素。西方各国由于需求的不同，对于海盗的称谓在不同场合下是不一样的。西方人在不同场合可能分别用两个词来称呼“海盗”:“冒险家”或“航海家”。在我们看到的各种西方世界的文字当中，“冒险家”或“航海家”是频繁出现的，但要论这些人的行为，则与海盗无异，对此我们要有足够的判断力。

后来随着经济的发展，西方国家获得殖民地大量的财富，自己有足够的力量建立海洋霸权，与海盗的合作需求就下降了，也不愿意给海盗分享巨大的海权红利了，海盗海权的合法性就没有了，海盗就成为被剿灭的对象了。后来随着其他国家的崛起，海上的贸易被某一个霸权垄断的可能性越来越小，铁路的出现导致陆权重新崛起。霸权国家为了殖民和垄断优势，新的垄断就进化到了金融权力。金融交易上的壁垒很多是类似海权的，海上的通路权与金融的结算权类似。因此在西方世界发展到金融时代产生现代金融体制时，货币的权力成为最关键的因素。谁能够发行信用货币成为决定性要素。日本当年接受以英镑发行日元，英国就免除了日本一切不平等条约。信用货币这个体系的维持，依然离不开物流贸易体系的军事霸权，当今美元的信用来源不是其不断赤字的政府国债，而是美军控制全球海洋贸易通路的军事实力，以及整个美军实力带来的全球供应体系。就如石油离不开运输，在美军的实力下产油国不得不以美元来结算石油贸易。

以殖民的视角我们能够充分认识到海权的重要性。海上实力是殖民成功的重要保障。西方各国取得海权称霸世界，所依靠的不是文明，而是在金银的诱惑下与海盗达成的合作。海盗的实力对于西方的崛起有主导性的作用。

延伸阅读：私掠许可证与豢养海盗[①]

西方的海权崛起与海盗的关系是非常微妙的。对此我们需要给大家介绍一下所谓的文明国家给海盗抢劫的合法凭证，以及为了国家利益搞丛林法则豢养海盗的历史故事。由此你才能够更了解西方殖民到底是怎样的。

私掠是指由国家颁发私掠许可证，授权个人攻击或劫掠他国船只的行为。执行私掠的船只通常被称为私掠船或武装民船，船

① 内容源自网络。——作者注

长通常被称为私掠船长。16—19世纪，武装民船通常被认为是属于国家海上武装力量的一部分。

随着新航路的开辟，航海贸易业热了起来。新大陆的发现、殖民地的扩张，令世界各地游弋着各种各样满载黄金和其他货物的船只。各国的利益竞争和对殖民地的野心给海盗活动提供了最大的温床。随着私掠许可证的出现，海盗活动开始“合法化”了。

后来各国政府使用这些许可证作为国家工具来加强海军力量，这可以使该国在不增加预算的情况下，凭空多出一支能够攻击敌国商船、保护本国商船的海上力量。以私掠许可证豢养海盗是一些号称“文明”的国家的历史污点。在这个自由与荣誉共重、炮声伴随海风的海盗黄金岁月，一批著名的海盗头子涌现出来，基德船长、“黑胡子”蒂奇、“黑色准男爵”罗伯茨等都成了海盗史上的传奇经典。

私掠船通常被利用来破坏敌国的海上贸易线。对于海上力量弱小的国家来说，这是一个战胜强大敌人的好办法。不少国家使用这个方法建立起自己的海上武装力量，同时还培养了大量优秀的水手和军官。私掠船攻击敌船所获得的货物通常会在指定地点拍卖。其收入按照一定比例归船长、船员和授权国（皇室）所有。必要的时候，私掠船还会被征调为军舰参加战斗。

随着各国的经济发展和实力提升，已经取得海洋霸权的西方列强们就不再允许海盗分享他们的海洋利益了。海盗和私掠国际潜规则也就走到了尽头。1856年，克里米亚战争结束后缔结的《巴黎条约》以附件追加的形式废止了私掠权限，但当时美国未批准此合议。直到1907年，含美国在内的列强在海牙和会中决议武装商船必须视为军舰造册管理之后，私掠许可证的历史才正式画下句点。此时海盗已经从国际海权舞台当中退出了很多年了。

· 流动性与殖民的本质

殖民的本质一直是商业统治而不是农业统治、宗教统治或武力统治。虽然殖民离不开农业、宗教和武力，但殖民控制的主要层面是商业，是货币，而不是其他东西。这样的商业模式是一个统治成本更低的模式，不过这也是有前提的。在最开始殖民的时候，商业控制只体现在物流层面。本书的核心假设在于定价权是流动性导致的，殖民体系的关键就是建立自己的信用体系取得定价权。要达到此目的，殖民统治的关键就是怎样管理和控制好流动性的问题。

在贵金属时代，货币不能人为创造，不能如当今信用货币时代这样印钞放水，但是一样有控制流动性的手段。国家会在物流层面来控制流动性。古代陆路运输成本极高，中国古代就有千里不运粮的说法。对于大宗商品而言，高昂的成本经常会导致难以长距离运输。大规模低成本的物流离不开水运，一个国家的运转体系是以航运为核心的。殖民离不开一个开放的海洋体系。古希腊的殖民就非常好地利用了地中海的航运条件。地中海非常平静，很适合航运，各个殖民地就在地中海的四周建立起来了。要在大洋上航行需要尖底帆船，郑和远洋的船只就是尖底帆船。到了大航海时代，尖底帆船制造技术更加成熟，人类征服海洋进行航运的能力进一步得到提高，逐步可以实现环球航行。海洋成了物流的控制核心。

流动性是一个相对的概念，一个地区的商品流动性是否丰富要和这个地区流通的商品数量相对应。控制了物流，也就是控制了流动性的变化。尤其是在古代贵金属时代，货币也是一种商品，运输成本也是巨大的。在世界殖民和航运的历史上，直接运输贵金属金银本身就是运输业中很重要的项目。不同地区之间的货币流动性是要依靠金银的流动来完成的，因此控制金银的运输也是控制流动性非常关键的层面。

控制物流还有一个重要的层面就是控制粮食。古代的粮食运输是非常困难的，路途距离远，赶车的过程中人吃马喂消耗很大。我们想一下一车草料和粮食可以供给拉车的马和赶车的人走多远？运粮还要考虑回来的成本，这个距离除以 2 就大约是可以运输的距离极限了。粮道中间建设囤粮点等模式虽然可以延长距离，但成本也非常高。在古代，靠天吃饭，粮食的产量每年相差会很大。遇到灾年的话，谁能够控制粮食运输谁就可以获得巨大的利益。殖民时代的粮食战争也是非常残酷的，英国掠夺富裕的孟加拉国的时候就出现过多次粮食危机。

粮食在古代经常是一种准货币，或者说粮食决定了货币的价值。到粮食紧缺的时候，体现出来的不是粮食涨价而是货币贬值，因为货币能够购买的所有商品的价格，都要高于能够养活生产这些商品的劳动者口粮的价格。因此粮食危机造成的是全面的涨价而不仅仅是粮食涨价。闹饥荒时，一根金条或者一栋房屋换一个馒头的事情屡有发生。殖民统治就是要控制粮食这样的刚需，在刚需的压力下重新建立价格体系。

金融的进一步发展，给殖民带来的就是更直接的控制货币流动性的手段：货币的衍生和货币的结算。在殖民时代，西方世界的货币是金本位的，对应的殖民地东方世界却是以白银为主要货币的，而且殖民地的货币是实银，是直接的金属铸币，但西方殖民者的货币是以殖民武力保障下的对应于黄金的纸币，这个货币不是贵金属，可以比贵金属货币的数量多很多倍！就算在本位货币时代承诺其纸币对应贵金属的兑换价值，但纸币的数量比贵金属的数量是要多很多倍的。纸币相对于贵金属数量衍生多少，是被金融资本所控制的。

再后来，他们连之前承诺的纸币与贵金属的等价关系也不承认、不保障了，贵金属价值所对应的财富也被金融系统的所有者占有了。这使得货币利益从贵金属矿主或者说贵族土地所有者手中，转移到金融者和殖民者手中了。对殖民地的金融权力都是在殖民者手里的，殖民地的货币发行是以宗主国货币为本位的。殖民者可以制造货币的时候，就比控制物流时期可以控制更多的市场上的流动性，取得更多的定价权。而殖民者与殖民地的货币一个是金本位纸币，一个是白银货币，在黄金与白银的比价上升也造成了黄金的溢价，这个溢价就是货币的定价权，并且殖民者利用这样的溢价让殖民地白银内升外贬，货币的汇率变化让殖民地财富大量外流，进入了殖民统治者的腰包。

同时期，近现代的金融体系建立了。在这新的金融货币信用体系下，殖民者能够控制的流动性就更大了。在以往财富体现为贵金属货币的时代，一个人所拥有的财富他人是难以利用的。在现代货币体系诞生以后，货币所代表的财富是被其他人利用的。纸币后建立了银行金融系统，你的财富持有方式不是直接持有商品货币而是持有信用货币，也就是在银行的存款。但你的存款所对应的财富给谁使用和以什么代价使用则你说了不算了，而是由银行决定，他人利用你的财富还可以被另外的人再利用，这样的层层衍生，财富被利用的程度就达到了极致。假如你有 100 万元银行存款，这 100 万元所对应的财富就被银行再贷款给他人，他人就利用了你的财富，而且贷款给谁、以什么利率贷款，存款人都不能控制。而贷款人取得的贷款也是存在银行的，这笔存款还可以被另外的人贷款，如此往复，财富的效应得到了数倍放大，这样的决定能力就是一种权力。如果这个权力被垄断了，就是一种霸权。而这样的金融权力到底在谁的手里，在近代殖民崛起的时代是非常关键的。西方把蒸汽机作为他们工业革命的原动力，但是如果我们了解历史，瓦特的蒸汽机是在1769年发明的，而发明蒸汽机之前很久西方世界的优势就确立了，殖民时代也早就开始了，历史与现实是被本末倒置的。新的技术不断进步，是西方世界殖民成功后的结果而不是原因，是在有巨大财富保障下的创新。财富是基础，财富是殖民得来的，对于科技这样的锦上添花是在有丰富流动性保障的条件下促生的。在流动性紧缺的时候，技术研发的费用经常是最先被砍的费用。一个国家的崛起和资本化，背后的流动性支持在哪里非常关键？现代流动性更体现在信息流上面，我在《信用战：全球历史演进元规则》一书里面曾经分析过，信息、信用与货币是一个性质的，信用是以一组信息表述的，纸币等也是一个信息的载体，你在银行的存款和财富就是这个世界的一组信息。从物理层面看，你可以利用的能量和资源是熵，熵也是信息、是状态数量，信息的流动本身也是一种流动性。

笔者认为，殖民的成功在于取得定价权，通过垄断定价权让市场调节其他事物维持统治，是在古代管理成本极高的情况下节约管理成本最好的方式。殖民统治能够成功，源于其比武力征服更低的统治成本，在流动性与市场竞争的情况下，他们的统治目的得以实现。因此殖民者无论到哪里，首要要求的就是开放市场，在开放的市场当中实现他们的垄断和统治。但在一个开放的市场争夺统治权，要害就是对这个市场货币和商品的流动性进行掌控，流动性是其统治的原动力。殖民的本质在于建立信用体系，掌控商品和货币的流动性。

·海权跨越了陆权征税权

认识了殖民和大航海，我们就可以看到，海权成功的关键是其跨越了陆权的征税权。西方各国大航海的最大动力，就是可以绕过被奥斯曼土耳其阻断的东方贸易之路。

在陆权的模式之下，到处有关卡，到处要征税，一件商品从东方到西方，价格会翻几番，普通商品也会变成天价商品。就如西方历史上的胡椒，在东方是很普通的植物果实，到了西方则成为与黄金差不多的东西，甚至还有“他没有胡椒”这样的俗语，意思是他很穷，不是贵族。能食用胡椒成了贵族身份的象征。

西方世界海权在大航海时代的成功，则可以越过陆上的关卡。在绕过好望角航行印度的航程当中，往来一次的利润可以高达成本的 60 倍。东西方的海上贸易让胡椒便宜了下来，茶叶和瓷器也进入了西方社会。让西方的资本所有者掌握了巨大的财富和权力，成为统治者，西方各国进入了资本社会。

海权的统治方式是不同于陆权的，陆权是征税，征税是伴随着暴力统治的，陆地上的政权也是统治者陆军能够到达的地方。而在海权的模式之下，海军如何征服和控制一个陆地国家？在近代的历史当中，更多的不是在陆地战争中打败一个国家，而是在海洋和运输通道上封锁它。比如现在，美国要的就是金融定价权和贸易权。他们披着民主的外衣进行金融殖民。

海权和殖民追求的是不平等条约，是规则制定权。

在第二次世界大战后，美国在海军霸权下建立的布雷顿森林体系，维持了美元作为世界货币的霸权。后来布雷顿森林体系崩溃，美国又让美元绑定了石油，控制了在全球能源定价中起关键作用的石油价格，从而控制了世界交易定价的规则，确定了美元新的霸权地位。在信息爆炸的新时代，美国的信息技术和网络，又成为世界的新霸权，对此我写过《网络霸权：冲破因特网霸权的中国战略》和《平台博弈：网络平台无序扩张与元宇宙规则》两本书。目前，网络世界的根服务器和域名解释服务器完全由美国控制，美国是世界信息网络的网管，制定全球的网络规则。同时在 2008 年金融危机之后，美国开始实施量化宽松政策（QE），新冠疫情之下，美国又将 QE 常态化，把美国国债资产化，将美元变成了可支付财富，发展了数字虚拟货币体系，发展了虚拟经济和金融衍生品，以数字虚拟财富的泡沫换取资产，进一步获取财富。对此我也写了《数字泡沫：虚拟经济交易学》一书进行理论论述。在新时代，美国也是一个海权殖民国家。同时美国又讲美洲是美国人的美洲，对南美北美大陆讲陆权，美国崛起前的孤立主义时期，关注于美洲大陆，是陆权为主的国家，美国实际上是一个海权与陆权兼顾的国家。

21 世纪中国崛起，中国成为世界的制造中心和世界工厂。2022 年中国的外贸顺差达到 8700 多亿美元，创造了新的世界纪录。2023 年中国外贸顺差一样是快速增长，制造业的龙头汽车产业，中国也实现突破成为世界第一。我们是一个陆权为主的国家，中国的“一带一路”倡议，说明中国要兼顾海权和陆权。中美的竞争，现在在海权和陆权全方位展开。

无论是定价权的殖民，还是征税权的延伸，背后的目标都是一样的，就是要取得财富，主导世界财富的再分配。征税权是财富再分配的手段，定价权是另一种财富再分配的手段。历史上最近的 500 年，海权超越了陆权。但在现在的新时代，陆权崛起，同时征税权对世界的影响也会越来越大。世界财富再分配的博弈要求我们要充分认识征税权的作用，尤其是中国作为世界制造中心，在征税权上更有优势，更应在未来竞争当中发挥所长。

- 2 -
海权论与超级地租

阿尔弗雷德·赛耶·马汉（Alfred Thayer Mahan）在《海权论》一书中提出了一个概念：海权。他认为，“海权即凭借海洋或者通过海洋能够使一个民族成为伟大民族的一切东西。”马汉的这一论述最大限度地拓展了海权的内涵和外延。他所说的海权应该包括海上军事力量和非军事力量。前者包括所拥有的舰队、附属的基地、港口等各种设施，后者则包括以海外贸易为核心的、和海洋相关的附属机构及其能力，也就是国家海洋经济力量的总和。

对海洋贸易的附属基地、港口等各种设施，是要收取超级“租金”的，这在经济上是海权论的焦点，是海洋政权的利益来源。陆权的利益来源是各个关口的税收，而大航海，绕过了这些关口，陆权的征税权丧失了，从而带来了陆权的衰落。

如果对海权论比较了解的话，我们就可以知道在海运的节点城市，也就是控制海权的要点，在这些位置，殖民国拥有控制权。有了控制权他们就可以从过往的贸易和航运当中获取超级地租的巨大利益。

我们要注意海权的节点，基本上都是避税港。海运贸易没有所得税，起码对海外的收益不收所得税，也没有流转税，这样这些节点才能够成为一个海运的中心。要征税的话，海船就绕着走了。大航海时代的船只要绕过非洲好望角，就是源于土耳其的阻挡，因为土耳其要征税。到了近代，金融权力崛起，海权就拥有了广义的概念，海权节点也变成了金融中心。因为物流是需要融资的，物流的中心也是现金流的中心。海权节点成为现金流和物流的中心。然而，不收税，节点怎么维持管理和盈利呢？这里的关键就是海权节点城市土地的价值。海权节点城市是有超级地租的，有港口费等。

海权的超级地租与陆权的过路费有着根本的不同：海权节点上，都以全球贸易为主；而陆权的过路费，则是以本国为主，过境贸易毕竟是少部分。二者一个是向内的，另一个是向全球开放的。

中国香港地区显然是东亚水道的航运中心，是亚洲的金融中心、国际资本的聚集地。香港本地的土地资本和有产者，收了国际资本的超级地租，这个博弈对中国是有利的。这类情况与国内的土地财政政策是不同的。国内的土地财政政策是收回基建投资的手段。

香港当初作为海权的节点，海权论早就讲得非常清楚，超级地租是可以向全球转嫁的。

所以看清楚海权论的精髓，就知道地租是一个全球博弈的点。为何各个海权节点都经济发达，因为他们是海权利益方，是物流的中心。有人把香港的衰落说成是因为收取超级地租，事实恰恰相反，是因为香港收不到超级地租了。

- 3 -
香港经济崛起的秘籍——土地财政

我们先了解一下香港的土地制度，香港使用的是土地租用制，沿袭了英国的土地批租制度。其特点是只租不买断，除授予圣约翰大教堂拥有永久业权外，其余土地仅将土地经营权、使用权以一定年限出租给承租人。同时，在租用时，土地使用者要支付“地价”，还要与政府签订土地契约。香港的土地出让方式主要包括四种：拍卖、招标、私人协议和临时出租。

香港在 1997 年 7 月 1 日前，为英国殖民统治，其全部土地俗称“官地”。我国 1997 年 7 月 1 日恢复对香港行使主权之后，香港土地全部回归中国。根据《中华人民共和国香港特别行政区基本法》规定，香港的全部土地均属于国家所有。

很多人有一个巨大的误区，认为香港的房价如此之高，是因为香港市民拥有房产权和房屋下的土地所有权，但事实上香港的土地所有权是属于中国政府的。业主对香港的所有房子只有土地使用权，而且土地使用权将在 2047 年到期，从目前来看只剩下 20 多年。这远远少于中国商品房的使用年限，到期以后怎样处理现在还不清楚。

香港主要由香港岛、九龙半岛和新界地区三部分组成，全境土地面积约 1106.34 平方千米。香港自 1842 年被英国殖民后，就开始实行土地批租制度，土地所有权归英国王室所有。这些土地是英国从中国强占的。英国授权由“港英政府”代为掌管并向土地开发商或土地使用者批租土地，开发商或使用者通过承租取得规定期限内的土地使用权，并向“港英政府”一次性缴纳规定期限内的土地使用权出让金。1903 年，“港英政府”完成了对全港土地详尽的地籍测量，调查和登记了香港境内土地的产权、位置、面积、用途等，同时对土地所有权制度进行变革，宣布除新界部分农业用地归当地村民所有外，其他土地统称为“官地”，最终所有权归英国王室所有，由“港英政府”代为行使。英国的此举极大地侵犯了中国的主权。因为很多土地他们是跟清政府租用的，租期 99 年，英国根本没有这些土地的产权。在当时，香港土地是不能私有的，所有土地由“港英政府”一次性出让若干年限的土地使用权，并一次性收取整个出让期限内各个年度地租的贴现值总和。

1997 年 7 月 1 日香港回归后，中国政府要收回土地，根据国际通行的法理，房产要跟随土地使用权的转移而转移，到中国行使主权以后香港土地上所有房屋的所有权要归属中国政府所有。英国把从清政府租借来的土地宣布为英国王室所有，是对当年合约的违约，应当承担违约责任。最终，英国归还之前清政府割让的香港岛，中国得到香港全境，但是中国要保持这个制度 50 年不变。要知道，彼时谈判是在 20 世纪 80 年代初期，当时，中国根本没有什么私人产权的概念，双方妥协共赢的方案就是保持香港的稳定和土地房产制度，因为土地是香港政府最重要的收入来源。

在英国殖民香港的 100 多年时间内，香港土地的租赁期有多次变化。这样的变化也与国际博弈有关。首先是香港岛及九龙界线街以南的土地。1841

年港府第一次批租土地，当时未对租期做明确规定。1844年以后租期确定为75年，不可续约。1848年，因承租人抱怨租期太短，“港英政府”把租期从75年延长至999年，而且不用补交任何地价。在随后的50年中，除大部分九龙半岛内地块以及海边地块外，香港岛及九龙界线街以南批租的土地，租期都是999年。1898年，“港英政府”发现租期过长会导致政府无法与承租人一同分享土地升值的收益，还需要与重新租来的土地的租期统一，因此在新批土地时取消了999年租期的租约，代之以75年租期并可再续租75年且不另收地价的租约，同时政府要求承租人在75年租期期满后支付按新标准制定的土地租金。此后，75年租期成为标准租期，直至1997年香港回归（部分例外的情况是尖沙咀东部地块批租的土地期限亦为75年，但不可续约）。其次是北九龙及新界的土地。1898年，北九龙及新界的土地由英国政府向清政府租借，由“港英政府”接管。“港英政府”以99年减最后3天（由1898年7月1日起计）批租给土地开发商和使用者，在1997年6月27日期满时收回，再由“港英政府”在6月30日归还中国。经过这样的调整，在香港回归前，香港的所有土地契约都将期满。为了保持香港在过渡期内政治和经济的稳定，1984年《中华人民共和国政府和大不列颠及北爱尔兰联合王国政府关于香港问题的联合声明》（以下简称《中英联合声明》）规定，“港英时期”的土地批租制度将继续实行下去。1997年7月1日以前期满的土地契约可以续约；1997年7月1日到期的土地契约可以自动延长至2047年；租赁期限超过1997年7月1日的土地契约依然有效。

对于土地财政的收入，在香港的中英管理过渡时期内也是共管的，依据是《中英联合声明》附件三《关于土地契约》第六条：从《中英联合声明》生效之日起至1997年6月30日止，“港英政府”从土地交易所得的地价收入，在扣除开发土地平均成本的款项后，均等平分，分别归“港英政府”和日后的香港特别行政区政府所有。属于“港英政府”所得的全部收入，包括上述扣除的款项，均拨入“基本工程储备基金”，用于香港土地开发和公共工程。属于香港特别行政区政府的地价收入部分，将存入其在香港注册的银行，除按照附件第七款（四）的规定用于香港土地开发和公共工程外，不得动用。该文件第七条约定:《中英联合声明》生效之日起，立即在香港成立土地委员会。土地委员会由中英两国政府指派同等人数的官员组成，辅以必要的工作人员。双方官员向各自的政府负责。土地委员会将于 1997 年 6 月 30 日解散。土地财政是双方共同管理香港的核心，也是双方激烈博弈的标的。当年为了这些土地资金的使用权双方摩擦不断，而且香港的新机场等重要设施也是通过这些土地收入而建造的。在香港 1997 年回归之时，香港土地基金信托成员向当时的香港特别行政区行政长官董建华提交结账，土地基金全部移交给特区政府。剩余的土地财政收入总资产达 1971 亿港元，其中包括精心管理的累计盈利 471 亿港元。

1984 年,“港英政府”根据《中英联合声明》对香港土地批租制度的部分内容做了修改，香港此后实行了土地批租制和土地年租制的混合体制。根据《地租〈评估及征收〉条例》规定，1985 年 5 月 27 日期满的土地续约后，土地承租人不用补交地价，但要在续约期内缴纳实际年租金；同时规定 1985 年 5 月 27 日以后新批出的土地，土地承租人除了要一次交清地价外，还要按年缴纳实际年租金。目前，名义年租金和实际年租金处于并存状态，未到期的批租土地还在实行名义年租金，续期和新批租土地则全部实行了实际年租金制度。在征收范围上，除了新界原居民的乡村屋得到豁免外，名义年租金和实际年租金涵盖了香港地区的所有物业。目前香港 213 万个物业总数中，缴纳实际年租金的物业数为 158 万个。中国当今的土地出让金制度很大程度上是借鉴了香港的土地制度而发展起来的。《中华人民共和国香港特别行政区基本法》规定,“香港特别行政区境内的土地和自然资源属于国家所有，由香港特别行政区政府负责管理、使用、开发、出租或批给个人、法人或团体使用或开发，其收入全归香港特别行政区政府支配”，从法律上确定了回归后香港土地的特区政府所有制形式，香港之前的土地财政在香港回归以后得以继续施行。

香港政府通过土地契约将不同期限的土地使用权批租给受让人。土地契约与中国政府的土地出让金合同内容也是类似的。香港的土地契约是土地出让方和受让方之间达成的协议，在协议中出让方允诺在一定期限内将土地使用权出让给受让方，受让方支付土地出让金后在规定期限内拥有土地使用权，并在期限届满后归还土地。土地契约明确规定了土地的地理位置、面积、租约的期限、土地用途（如住宅用途、工商业用途或其他用途）和对土地使用的限制条件（如建筑物的高度、式样等）。土地契约的各项条款非经双方同意不得更改。如果受让人有改变土地用途的要求，在不违反城市规划的前提下，政府允许改变契约中的有关条款，但必须事先提出申请，获得同意并补交相应的地价后方可更改用途。

香港的土地出让金与西方国家的地价是有很大区别的。香港的土地一直是政府所有的，与西方国家土地私有制度下的地价概念是不同的。在土地私有制度下，土地所有权允许买卖，地价是指土地所有权买卖的价格。在土地政府所有制下，土地所有权不允许买卖，允许买卖的是土地的使用权。所以在香港，地价通常是指土地使用权的价格（包括一级市场土地使用权拍卖价格和二级市场土地使用权转让价格），这样的制度与内地现在的土地制度类似。而土地出让金作为土地在出让期内使用权的报偿，与地价既有同一性，又有很大区别。两者的主要区别在于土地出让金反映并适用于土地租赁关系，而地价则反映并适用于土地使用权的买卖关系，两者各自具有独特的作用，不能相互替代。更关键的差别就是在土地公有的情况下，政府实行土地财政政策的法律依据就比较充足；在土地私有的模式下，政府要实行土地财政政策的话在法理上依据不足，因为你是没有权力征收私人财产的。私人财产不受政府的征收是西方私有制法律体系的基石。因此西方很多国家没有实行土地财政政策的模式，并不是他们不想实行也不是实行这个政策没有意义，而是在他们的社会制度下无法实行。

西方国家在无法实施土地财政政策的模式下，采取了房产税的政策。房产税属于一种财产税，是针对所有权进行征收的，对拥有使用权的人不应当被征收。在国际投资合作的条约当中，经常可以看到禁止政府对于特许权收费授权以后再征税的限制。土地使用权实际上也是政府所有土地的一种特许权，因此在土地是政府所有的模式之下就会发展出土地财政，而在土地私有的模式下就会出现房产税。

很多人认为香港的发达是由于金融、贸易和物流等产业的发展，带动了社会服务业的繁荣，所以香港才会有高昂的房价。事实上，这个因果关系是反过来的。

金融、贸易和物流的发展，除了对交通地理位置有要求，关键是对交易的信用有要求，没有资信保障就没有交易。交易的信用从哪里来呢？它是房地产创造的。房地产是融资的抵押物和贸易的担保物。在这里，房价对于金融信用的影响不仅仅在于贷款和金融安全方面，它对于贸易和物流也是非常重要的。比如贸易公司拥有一个价值 10 亿元的大楼，那么它以此为担保就可以开出 10 亿元的信用证，就可以做 10 亿元的贸易，楼价如果涨到 20 亿元，它所能够做的贸易就变成了 20 亿元，但是如果楼价下跌一半，那它所能够做的生意就只有 5 亿元了，所以房价对于经济的影响是极大的。如果它不买楼，那么它就需要有 10 亿元的现金在银行做担保，这些现金的利息是很低的，因此贸易与房地产的联系是非常密切的。资本市场也一样，香港孕育了亚洲明星资本市场，它哪里来的那么多的资本呢？这些资本也是通过房地产的抵押贷款、贸易中的信用贷款等造成的金融衍生效应。房地产引发再贷款式的货币发行，以此实现了充足的资本金，世界各地的公司都来香港上市，促进了其资本市场的繁荣。这些资本是香港持续发展的保障，因此楼市的增长就是香港金融和信用的增长。

所以香港房价大跳水以后，没有房地产提供的信用体系的支撑，香港的贸易、金融等行业同步衰退。在金融资本主义经济模式当中，信用是比成本更重要的因素，因此香港经济开始了全面下滑。亚洲金融危机对于东南亚各国的打击也首先是房地产业的危机，由此引发了国家信用的崩盘。新兴的阿拉伯中心城市迪拜，实际上也是复制了香港的成功道路，并且取得了阿拉伯世界中心城市的地位。迪拜想从石油经济向土地金融经济转型，但是石油问题太敏感了，西方的政治势力的干预是很强烈的，加上其房地产建设的产业链也不在国内，因此在 2008 年世界金融危机、石油价格暴跌以后，其房地产业出现大幅度的下滑。但是即使是这样，世人也不能否认迪拜中东明星的地位是房地产开发成就的，而不是源于石油的开采。

香港贸易、物流和金融业的发达，还有一个关键因素就是它是一个国际著名的免税港。那么香港基建的资金是从哪里来的呢？答案就是它的土地财政。香港在中英达成协议、确定以土地收益进行公共建设以后，香港房地产大涨并且进入了繁荣期。所以是香港的土地财政支持了其免税港的生存，而免税本身使得各种交易成本和生产成本大幅度地降低，极大地促进了当地的经济发展。香港的土地财政使得各种配套设备和服务业繁荣，让其极大地不同于其他岛国的免税港，在各个免税港的竞争当中也取得了竞争优势。

在房地产金融信用的保障下，在免税港税收政策的支持下，香港才得以成为亚洲金融中心之一，才得以吸引全世界对亚洲的贸易在香港转口，才得以吸引世界跨国公司将总部设立在香港。这些国际性大机构的到来也促使了房地产价格进一步提高。地产金融所带来的财富通过高工资在社会中再分配，使得社会进入富裕阶段。工资的提高又带动了消费的需求，因此形成了良性循环，造成香港各种服务业的发达，使其快速步入了现代化。

现在中国内地有些城市也是以物流、贸易和金融为主，其发展与香港的情况类似。这些城市的建设资金来源也是土地的出让，它们的各种服务配套是很好的，因此个人和企业在这些城市有利可获，这样的利益本身支持了土地的溢价。这也是香港的房价可以如此高昂的原因，因为对于土地的投入都转化到了房价之上，而税收的降低和各种福利补贴也转化到了你能够在此定居上，而定居的门槛就是房价，这就形成了一个经济不断增长的动力循环，使得社会越来越发达。同样的情况在其他新兴市场国家也表现得非常明显，就连俄罗斯这样地广人稀的国家，莫斯科的房价也是北京的好几倍，而印度孟买的房价也是上海的一倍。

有人会问为什么房地产在西方国家经济体系内的地位和作用不是这样的？这个问题的关键就是控制这些国家经济命脉的人不掌握房地产，所以他们需要控制房地产的涨价，房价高涨的背后就是对于他们经济利益的压榨。

同时要说明的是西方的信用体系不是依靠土地的。土地是否作为金融信用是极大不同的。房地产的金融信用价值是会在房价上产生溢价的。西方的金融信用来源从原始的贵金属解脱出来以后，先是依靠了金本位制度，在金本位和布雷顿森林体系崩溃以后依靠的是国债和霸权。如果一个国家不依靠土地的信用又没有霸权的地位，那么其货币信用的来源就只能是外汇，而货币信用一旦来自外汇，外汇储备就成为人家的“鱼肉”，货币政策的“刀把子”是掌握在他人手里的，经济主权就要被他人影响。西方当年在香港搞土地金融信用时，国际金本位制度的布雷顿森林体系还存在，因此这样的土地财政制度就得到了支持。后来这个制度因《中英联合声明》的协议文件而获得维持。在土地信用破产以后，香港的土地基金并入外汇基金，港币盯住了美元，导致港府不得不大量储备美元，不断深受国际金融大鳄的攻击和美联储印钞政策的剥削。

对于中国的房价认识，是要借鉴香港的成功经验的。对于西方舆论，不能只看其表面，更要思考深层次的本质问题。

第六章

美国金融泡沫与铸币征税权

- 1 -

金融信用的乾坤挪移

世界进入现代社会，现代的金融体系正建立起来。人类社会的信用，可以被集中起来使用。谁能够集中信用，谁就有影响世界的力量。

在现代金融平台之下，金融的衍生和掉期，可以利用你以前的积累，也可以利用你未来的信用，还可以把一个国家和社会的整体信用在金融平台上进行整合，使得金融的力量无比强大。与金融相关的铸币税，也是金融霸权国家和实体可以渔利全球的有力武器。

在贵金属时代，假设你有黄金万两，那它所对应的财富和信用，只能是你来利用，其他人是无法利用的。到了现代社会，就算你有 1 亿元存在银行，你这 1 亿元对应的财富和信用给谁使用？以什么代价给谁使用？都不是你所决定的。这些都是银行说了算。你这 1 亿元的财富信用是被银行控制和掌握的。

在现代货币体系下，银行还可以让货币衍生。只要你有资产和信用，银行愿意相信你能够偿还，它就会把别人的 1 亿元存款贷给你，那么你就会有了 1 亿元的存款，而原来别人的货币存款依然存在，那么货币存款就变成了两亿，货币发生了金融衍生，这个是货币银行学最基本的原理。从央行发行的基础货币到后来衍生出来的货币，货币数量会成倍增加，增加的倍数有一个金融名词叫作货币乘数。金融体系是创造货币和信用的，金融体系也是与政权一起收取铸币税的。

现代社会，虚拟市场发达、数字市场发达，货币进一步衍生，进一步地创造信用，还有了金融衍生品，有了数字虚拟货币。这些虚拟的财富，都是在原有实体财富的信用上衍生而来的。原来的信用带来的金融利益，被金融系统取得和获利。这部分利益被它们分享，财富实质上是发生了再分配，金融信用对全社会的财富进行了信用大挪移。

-2-
铸币税的间接税博弈

铸造货币，是一个政权的重大权力。伴随着铸造货币而来的利益就是铸币税。在现代金融状态之下，货币不是贵金属，不是铸币。纸币是国家信用保障之下的货币符号。在信息数字时代，金融脱媒，人类社会对纸币的使用也越来越少了，我们现在的网络支付普及，大家普遍使用线上支付工具，每个人的口袋里面几乎没有纸币现钞了。

铸币税，也称为“货币税”。指发行货币的组织或国家，在发行货币并吸纳等值黄金等财富后，货币贬值，使持币方财富减少，发行方财富增加的经济现象。这个财富增加方，通常是指政府。财富增加的方法经常是增发货币，当然也有其他方法。

铸币税的英文为Seigniorage，是从法语Seigneur（封建领主、君主、诸侯）演变而来的，又称铸币利差。《美国传统词典》进一步将其解释为通过铸造硬币所获得的收益或利润，通常是指所使用的贵金属内含值与硬币面值之差。因此，铸币税并不是国家通过权力征收的一种税赋，而是铸造货币所得到的特殊收益，是在金属货币制度下，铸造货币的实际成本与货币表面价值之差归铸币者所有的收入。铸币者取得的该项收入被称为“铸币税”。在纸币制度下，货币当局发行货币，取得全部收入。它的价值计算公式是：$S=(Mt+1-Mt)/Pt$。其中，S 为铸币税，$Mt+1$ 为 $t+1$ 期的货币发行量，Mt 为 t 期的货币发行量，Pt 为 t 期的价格水平。

最早的铸币税实际上是铸币与贵金属的价差，中国历史上经常有铜贵钱贱的情况，导致民间把铜钱融化变成铜器，后来政府为了解决这种情况，在铸造货币的时候加入更多的铅。铜钱的铜与铅的比例，经常成为中国古代朝堂争论的焦点。

如前文所述，中国古代铸币的实银和银锭之间经常有差别，这个差别，叫作火耗。这是收取货币相关官员的灰色利益，是陋规。这个陋规实际上也是极具历史特色的铸币税。到晚清之后，中国发行了银圆，银圆与银子的重量是不同的，一枚银圆是 24 克，与 37 克多的一两平库银具有一样的购买力。铸币税到了现代社会，在中国境内已经没有了；但在西方社会，银行的现钞买入卖出价和现汇买入卖出价大约相差 3%，这实际上就是铸币税，来源于实银的火耗。

古代货币的铸币权归中央。中国汉朝时期，汉高祖刘邦以“听民私铸”示惠于人，民间铸恶钱小如榆荚，称为“荚钱”；汉惠帝时禁民间铸钱；汉文帝五年（公元前 175 年）废《盗铸钱令》，重许民间私铸钱币。中国历史上的巨富邓通等人，就是靠私铸货币发家致富的。汉朝的诸侯国都私铸货币，汉朝中央政府压力很大，汉武帝元鼎四年（公元前 113 年），实行了一次成功的币制改革，禁止各郡国铸钱，专门由上林三官铸造重如其文的五铢钱，从此铸币权统一归于中央政府。汉朝以后，因统一铸币权对封建国家的财政至关重要，故对垄断铸币权无大的争议，主张私铸者日寡。到王莽执政时期，大量铸造缩水的货币，以收取铸币税解决财政危机，带来了古代的通货膨胀，最终造成了政权的崩溃。

广义来讲，通货膨胀也是一种税，是广义的铸币税的一种，是铸币拿走财富之后的结果。通货膨胀税是指在通货膨胀条件下的一种隐蔽性税收。在经济出现通货膨胀的时候，受通货膨胀影响，人们名义上货币收入增加，导致纳税人应纳税所得自动地划入较高所得级距，形成了档次爬升，因而按较高适用税率纳税。这种由通货膨胀引起的隐蔽性增税，被称为“通货膨胀税”（inflation tar）。通货膨胀使一部分人名义上成为高收入者，收入的更大比重以税收的形式转移到政府中。

现代社会弥补财政赤字的办法，除了增加税收和借债，就是通过向银行透支增发纸币。在纸币流通条件中，国家增发纸币虽然可达到取得一部分财政收入的目的，可是势必会造成纸币贬值、物价水平提高，从而使得人们用同额货币收入所能购得的商品和劳务比以前减少。因为它实际上是政府以通货膨胀方式向人民征收的一种隐蔽性税收。

铸币税或者说通货膨胀税是一种间接税。政府大量印钞拿走财富，由于承担通胀的主体并不确定，也就是说通货膨胀税的承担者是可以转嫁的，因而将其认定为间接税。

在全球一体化时代，铸币权是各国的主权。一国之内可以统一铸币权，国际之间更多的是美国的金融霸权。铸币税转嫁给谁，实际上是国际金融博弈和世界财富再分配的关键。

美国巨大的政府债务不是准备用其国内的税收来偿还的，而是要利用其金融霸权，向全球收取铸币税来支持自己的开支。美国政府与国会关于国债上限的争吵，实际上是美国对世界到底征收多少铸币税的政策博弈，这就是美元金融霸权的核心。全球各国的应对方式就是尽量少让美国收取铸币税，不要因为美国的印钞给本国带来输入性通胀，不要因为国内经济崩溃让美国资本可以“薅羊毛”。

本人在《涨价的世界》一书里面就说过，美国印钞不是关键，发钞才是关键。只要货币发行出去了，获取了货币面值对价的财富，那么其他各国就会被收取铸币税，就要承担通货膨胀，就是财富被拿走的一方。

我们要认识到，在当今金融全球化和美元霸权之下，金融间接税——铸币税的厉害。美国的铸币税是向全球征收的，这才是美元最大的利益，也是美国能够保持强大的根本。

-3-
中外金银差价的百年套利

明朝的物价是非常高的。明朝以银表示的金价，和宋、元时代比较起来，可以说低廉得多。这种现象，在明朝末年已经开始引起顾炎武的注意，他在《日知录》中说："会典钞法卷内云：洪武八年（1375 年），造大明宝钞，每钞一贯折银一两，每钞四贯易赤金一两。是金一两当银四两也。征收券内云：洪武十八年（1385 年），令凡折收税粮，金每两准米十石，银每两准米二石。是金一两当银五两也。三十年（1397 年）……更令金每两准米二十石，银每两准米四石。然亦是金一两当银五两也。永乐十一年（1413 年），令金每两准米三十石，则当银七两五钱矣。"我们要了解，铜钱、白银和黄金之间的兑换比例，就像现在的外汇价格一样，是常常变动的。不同朝代的兑换比例不一样，同一朝代不同时期也不一样，不像现在 1 元钱等于 100 分这样明确。另外，明朝 1 斤相当于现在的 596.8 克，1 斤等于 16 两，1 两折合现在的 37.3 克。中国的黄金和白银的比价在明初是 1 ∶ 5，后来是 1 ∶ 10 左右，而在西方的金银比价一般是 1 ∶ 20 左右。18 世纪，美国的白银 1 盎司一般不到 1 美元，黄金则是金本位的 1 盎司 20 美元。中外的差别不仅是金银的购买力问题，更是金银本身的比价问题。在西方，从牛顿开始，主要是以黄金作为货币的本位；在中国为主的东方，货币是贵金属白银，黄金一般不作为日常的货币使用。

在实现金本位以后，作为本位货币可以数倍地衍生货币数量，黄金的需求因此暴增，所以在供需关系的作用之下，黄金的货币溢价得到了空前的加大。黄金的货币金融衍生使得黄金对白银有一个持续溢价的趋势，这个趋势也是西方可以不断套利的利益来源。这种货币的溢价在这些套利当中让东方国家买单了。

西方国家控制了美洲的白银，美洲是白银的主要产区，他们本来应当是不缺少白银的，那为何白银没有了呢？结合中国的历史，就可以明白问题之所在。牛顿的时代，正是西方世界的白银流入中国的时代。因为白银的流出，西方国家的白银数量越来越少，以至于维持原有的金银复本位制度所需要的白银数量不足了，因此西方世界取消了金银复本位制度。白银不再作为货币，白银货币属性的溢价也就没有了。西方国家开始进一步压低白银价格，确保白银与黄金的购买力差价。在东方，白银作为货币比黄金有更明显的溢价。在这样的价差之下，西方从东方进口货物的利润增大，他们甚至可以把白银作为一种从美洲而来的货物拿到东方换取财富。这样的金银套利进行到后期，西方的白银不足，威胁了西方定价权的优势。他们就搞出来一种新的商品来换取白银，那就是鸦片。鸦片造成了东方白银再度外流，从而维持了西方在定价权上的优势。

在西方各国对中国的侵略和不平等条约之下，维持西方各国的贵金属套利是重要的层面。在第一次鸦片战争之后，西方各国就强加给中国一个固定汇率制，也就是著名的海关两，规定 1 英镑可以在中国当作 3 两白银使用，也就是英国的纸币可以与中国的贵金属白银相当。这维持了西方国家对中国的贵金属套利。

到了晚清时期，贵金属套利在银圆和实银银两之间展开，这个差别真的可以说是西方国家收了大清朝的铸币税。大家都知道当时中国流行了墨西哥的鹰洋，1 鹰洋实际上等于 1 美元的银币。按照当时的标准，1 美元银币大约相当于 0.7 盎司白银。相当于 1 美元银币（重 26.73 克，含银 0.9 克）的鹰洋到了中国比白银 1 两的小银锭和散碎银子使用更方便。中国当时的 1 两银子官方标准是光绪三十四年（1908 年）清政府规定库平 1 两等于 37.301 克。但 1 美元银币在美国大约可以购买 2 盎司白银，1 盎司的重量金衡是 31.1034768 克，中间一样有巨大的套利空间。洋行可以收取鹰洋到美国买 2 盎司的白银再投放到中国来。到民国时期，中国也开始发行银圆，1 银圆包含的白银是 24.1704 克纯银，这才结束了西方各国对中国的贵金属铸币套利。

西方各国的崛起伴随东方贵金属外流到西方的过程。这个过程在金融上先有流动性的变化，然后是经济上的变化，最后是信用的变化。定价权是信用问题，是信用体系的主导权问题。这样的套利促进了东西方进一步的不均衡。

按照市场经济规律，市场可以迅速消除套利，但中外的金银套利却为什么可以维持上百年？这背后的原因就是有超越市场贸易的力量在起作用。西方各国的重商主义是严格控制贵金属外流的，中国则没有；西方各国有控制贸易通道的海权，中国也没有；西方各国用军舰强迫中国接受他们的鸦片，进而换取中国的白银。因此在这样的市场外衣之下，掠夺就这样发生了。这种金银套利的背后，实质上就是东西方的货币定价权的博弈。

西方贵金属的金银套利，本身也是一种铸币税，导致的结果就是东方国家的财富长期流入西方国家。西方国家通过黄金的货币发行和货币衍生，通过武力，维持了西方国家于东方国家贸易上的铸币税，也就是西方国家海权利益。西方国家崛起的时代，也是铸币税全球征税权博弈的时代。

-4-
铸币税下的牛顿与金本位发展史

对西方施行金本位的故事，很多人不了解，这与著名的大科学家牛顿有很大关系。在英国英格兰银行成立之前，英国社会上流通的货币主要是银币和金币。1694 年，英格兰银行开始发行纸币——英镑，只是那时的英镑还不能算真正的货币。

据中国社会科学院金融所副所长王松奇介绍："当时的英镑只是一种纸钞，因为当时流通的是黄金，所以英镑只是记录黄金的单位，它本身没有价值。所以有电影《百万英镑》的故事，就是说一张英镑的纸币可以印成 100 万，它只用来换黄金。"[①]

1687 年，牛顿出版了著名的著作《自然哲学的数学原理》。牛顿用数学方法证明了万有引力定律和三大运动定律，这四大定律被认为是"人类智慧史上最伟大的一个成就"，奠定了经典物理学的基础。之后，牛顿从科学家华丽转身，在 12 年之后成为英国皇家造币厂的厂长，并且从事相关的工作长达 30 年之久。

1696 年，牛顿进入英格兰皇家造币厂，成为英国造币厂的监督员，1699 年牛顿被任命为造币厂厂长。监督员只是国王在造币厂的代表。1666 年英格兰取消铸币税之后，监督员的职位实际上纯粹是个闲职，但收入颇高。成为造币厂厂长之后，牛顿的收入更高，年俸 2000 英镑。牛顿高薪职位的背后是他成了资本信服的代表。对比一下当年建造格林尼治天文台才花了 500 多英镑，就知道这是一笔巨款。给牛顿这么高的收入，当然也是物有所值

① 来源：CCTV《经济半小时》，2009 年 4 月 6 日。

的了。

当年金币和银币带有自然汇率属性，是全球流通的，就如墨西哥鹰洋在中国晚清时期也是硬通货。牛顿在任职期间发现一个金路易金币在法国价值为 17 先令，而在英格兰则为 17 先令 6 便士，这使得金子大量流入伦敦；而银块的价格，也一直高于银币所代表的价格。因此，在英国，投入流通中的 700 万英镑的银币很快就退出了流通，这就造成了白银的短缺。

在 1717 年 9 月 21 日的货币报告中，牛顿分析了欧洲各国以及中国、日本、东印度的金银价格情况，认为英国当时的白银短缺已经是不可改变的事实。随着黄金的大量流入，人们已经开始拒绝使用银子进行支付，即使接受银子，支付者也要付出额外的费用。而且，黄金的大量流入也使金价自动回落了。政府面临的问题就是：是政府来降低金价还是让金价自己缓慢回落?

牛顿经过研究分析认为，当时英国社会上尚有很多银器，把这些银器拿来铸币，也能解决白银短缺的问题。但是因为存在金银利差，黄金仍然会持续不断地流入英国，货币套利不会停止，因此他不主张用白银进行铸币。在劣币逐良币的金融效应之下，黄金事实上已经成为英国的本位币。

牛顿在 1717 年 9 月的货币报告中建议将黄金价格固定为每金衡盎司（纯度为 0.9）3 英镑 17 先令 10 便士，动用官方的力量保持这个价格不变。虽然金本位制度的形成不光是依赖于黄金价格的固定，也有赖于白银货币地位的变化，且英国直到 1774 年白银的非货币化才完成，但不可否认的是牛顿此举对后世影响巨大，牛顿的改革为金本位制的形成奠定了基础。

虽然对牛顿弃学从政很多人有很多争论，但是如果抛开这些争论，历史上的经济学家们对牛顿的工作还是表达了相当的肯定，甚至评价极高。比如《货币史》的作者格林 · 戴维斯就认为牛顿担任英格兰皇家造币厂厂长是货币史上的一件大事，此时期正是英国从银本位向金本位转化的时期，因而戴维斯将1699年到1727年牛顿主政造币厂列入1600年至1699年的货币大事年表。金德尔伯格在《西欧金融史》中货币大事年表当中，除了列入了1696年的货币重铸事件以外，还列入了1717年牛顿将黄金价格定为每金衡盎司（纯度为0.9）3英镑17先令10便士事件，并且进一步评价道，“1717年英镑以黄金固定了价格，这个价格一直延续到1931年，其中从1797年至1819年之间和1914年至1925年之间中断过”。

牛顿为金本位制的形成所做出的贡献，虽然在当时可能是偶然的，但对人类经济发展的影响却是巨大的，并将被后人连同他在自然科学上的贡献一起永远铭记。中国英国史学会常务理事陈祖洲认为：很多学者讨论1816年英国金本位，其实在1717年的时候，英国就有实行金本位制度。至少牛顿在英镑和黄金之间建立了一个比例关系，这对金本位的实行肯定有促进作用。

对牛顿的金本位制度的建立，背后还有一个关键因素就是英国与荷兰的战争。英国与荷兰的战争有四次，时间分别为：1652—1654年（第一次），1665—1667年（第二次），1672—1674年（第三次），1780—1784年（第四次）。第二、三次英荷战争的结果，是法国在其中渔翁得利，获得了大片土地与商贸利益，在欧洲的国力直线上升从而超越荷兰，成为欧洲陆地上的最强霸权。在此时我们可以看到英国施行了牛顿的金本位，背后也是黄金白银与法国货币的关系。在金本位的基础上，到第四次英国与荷兰的战争，英国击败荷兰开始获取世界金融霸权。金本位成了英国主导的全球标准，可以在全球渔利了。不讲战争背景，对金本位和铸币税的理解就不会到位。

英国在对荷兰战争胜利，取得世界海权和金融霸权的背景之下，于1816年通过了《金本位制度法案》，正式以法律的形式承认了黄金作为货币的本位来发行纸币。到1821年英国货币制度正式启用金本位制，英镑成为英国的标准货币单位，每1英镑含7.32238克纯金。

对此我们可以总结一下，英国1717年牛顿放弃白银作为铸币，仅仅以黄金为唯一标准，每盎司黄金值3英镑17先令10.5便士。英国100年后把英镑与黄金的关系作为法律定了下来，变成了金本位制。随着英国货币与黄金的挂钩，英国又逐步强大成了世界第一强国，在近代世界各国不断插足。1818年荷兰、1871年日本、1873年法国、1875年丹麦、1893年俄国等，全球进入了金本位货币时代。

随着金本位的建立，在金本位的历史上，还有一个大事件，就是在南非发现了巨量的黄金。随着在南非发现黄金，南非白人之间发生了战争。1884年探矿专家在德兰士瓦共和国的比勒陀利亚和瓦尔河之间发现了世界上规模最大的威特沃特斯兰德金矿（Rand，简称“兰德金矿”）。随后在这座金矿上建立了约翰内斯堡。此金矿储量是54000吨黄金，远远超过当年全球黄金保有量总和，第二次世界大战后美国建立了布雷顿森林体系，美联储也只有20000吨黄金储备。所以英国人就与原来的荷兰殖民者后裔布尔人发生了激烈的战争。在英布战争后，英国将南部非洲的殖民地连成一片，控制了通向非洲腹地大湖区的走廊。世界上最大的兰德金矿被英国把持，英国得以控制全球经济命脉。来自南非的黄金使得伦敦迅速成为全球金融业和黄金交易的中心。

但在第二次与布尔人的战争中英国付出了巨大的代价。英国先后动员了45万军队（英国官方统计数字为44.8435万人），其中25.6万为英国正规军，10.9万为英国志愿军，5.3万为南非英国殖民地军队，3.1万来自加拿大、澳大利亚和新西兰。巨大的代价和德国在欧洲的崛起，使得英国的全球殖民霸权被削弱。在1901年、1907年澳大利亚和新西兰先后成为自治领。接着诸多英帝国的殖民地也纷纷宣布成为自治领。第一次世界大战后，英国衰败的趋势已非常明显，这也成为第一次世界大战新兴德国为首挑战英国霸权的背景。

后来的金本位制度在1914年终止，其背景是第一次世界大战。在第二次世界大战后全球都希望能够恢复金本位，因此到1925年丘吉尔恢复了金本位制度。此时中国依然是以白银为货币的国家，主要货币硬通货是银圆，东西方的套利依然存在。到1929年全球爆发危机，英国等国家再度废止金本位。此时废除金本位的背景还有苏联的成立，把沙俄的黄金拿到欧洲换取财富，同时美国施行了《白银法案》，大规模地提高了白银价格，还有道威斯计划和杨格计划与第一次世界大战德国的战争赔款，金本位的崩溃背后也是激烈的国际博弈。

第一次世界大战结束后，英国为了维持其霸权地位，使世界重新恢复到第一次世界大战前各国以货币英镑为基础的金本位，组织了以解决战后欧洲经济复苏问题的热那亚会议。英国力图通过这次会议来加强英国在第一次世界大战中被削弱的世界金融霸主地位。美国在收到出席热那亚会议的邀请函后，祭出孤立主义的保护伞，宣称热那亚会议的政治性比经济性强，美国保持中立将不参加会议。英国希望其他欧洲国家放弃和黄金挂钩的国内金本位政策，而直接挂钩于与黄金挂钩的本位币即英镑。英国希望通过建立金汇兑本位，消除欧洲各国的外汇管制，让英镑而非美元作为各国的外汇储备。热那亚会议上英国的这套设想得到了不少欧洲国家的赞同，但美国坚决拒绝了英国的计划。美国不去参会，实际上已经让英美的矛盾和斗争完全公开化了。

英国在打败西班牙成为日不落帝国后就取得了世界的货币霸权，这是牛顿建立金本位的背景。英国控制了南非的黄金，成为在重商主义经济学下真正的全球贵金属控制者。这个霸权地位一直维持到第一次世界大战之前。英镑主导国际货币汇率的金本位制是英国领导下的国际货币体系。当时，英镑在国际交易中起核心作用，与今日之美元一样是国际本位货币。英国的信用延伸到全球，世界各国任何人在需要时可到英国按规定的限制数量将英镑兑换成黄金，英国保证英镑的信用。在“日不落”的光芒下，包括澳大利亚、南非等英国殖民地国家以及欧洲的很多国家都采用的是金汇兑本位制，这事实上就是一种依附英国的货币制度。各国本币同英镑挂钩，本币不能再兑换成黄金而只能兑换成外汇，即英镑，来进行国际结算。各国除了黄金之外还使用大量的英镑来用以国际结算，这也意味着各国必须用黄金来买卖英镑进行储备以维持本币的稳定。

当年日本能够与英国结盟，英国带头取消与日本的不平等条约，是因为日本是英国的金融附庸，日本的日元发行是以英镑为本位的，日本还替英国火中取栗，与中俄进行战争，战争的利益恰恰被英国攫取。第一次世界大战前英国的金汇兑本位制没有布雷顿森林协议覆盖面大，西方列强法美德俄是相对独立的。人们总提到布雷顿森林体系，其实这个布雷顿森林体系不是美国的原创，它恰恰是英国当年金汇兑体制的翻版。第一次世界大战让这个体系瓦解是英国货币霸权衰落的开始，美军介入第一次世界大战不是为帮助英国而是要遏制德国和苏联的崛起，同时要取得金融货币的果实。因此战后大家都想回归金本位，但是回到怎样的金本位，英美的含义却是大不同。英国式的金汇兑本位制美国是断断不愿意接受的。

在第一次世界大战中，美国的长期中立导致其取得了巨大的胜利，最后参战又抢得了政治筹码。美国获得了大量黄金流入，参战各国都欠了美国的钱。美国就是利用战争借款和贷款使得各国放弃英镑金本位转为美元金本位。当美国希望德国回归金本位绑定美元时，英国极力主张把德国马克建立在英镑基础上。美英就德国的新货币与黄金挂钩还是与英镑挂钩问题产生的矛盾和斗争，实质上是美英在世界范围内建立国际金融秩序的斗争。《凡尔赛和约》规定英、法等国家可以从德国得到战争赔偿，但同时也规定这些国家要偿还美国的债务。

第一次世界大战德国的赔偿额，由 1920 年确定的 2690 亿金马克（第一次世界大战前的德国货币单位）变为1921年的1320亿金马克，后在1929年变为1120亿金马克。这些钱价值多少按照黄金为参照最准确，1921年确定的1320亿金马克约相当于4.7万吨黄金。第一次世界大战结束时，欧洲各国欠美国的战争借款共达103亿4千万美元。其中英国为43亿，法国为34亿，意大利为16.5亿美元。如果按照战前20美元每盎司的金本位计算，这一笔巨款要5亿多盎司的黄金，折合黄金17万吨，在当时全世界的黄金存量都远远不够这些。这样的巨额债务导致欧洲各国对美国让步是必然的。欧洲英法矛盾是一个更大的问题，英国不愿意过多地削弱德国让法国崛起，法国也不愿意回到英镑霸权的时代，这样斗争的结果还是便宜了美国。

1924年8月30日道威斯计划生效前夜，美国如愿以偿地使德国新货币与美元挂钩。这个挂钩是与美国的道威斯计划密不可分的。战争赔款、贷款、战争借款等通过道威斯计划联系起来，使得美元成了世界货币。1924年4月9日道威斯拟定了一项解决赔款问题的计划，史称道威斯计划。该计划经同年7月16日—8月16日之伦敦会议（英、法、意、日、比、希、葡、罗、南、美参加）讨论并通过，同年9月1日生效。该计划企图用恢复德国经济的办法来保证德国偿付赔款。主要内容是：由协约国监督改组德意志银行，实行货币改革，并由协约国贷款8亿金马克（折合1.9亿美元）给德国以稳定其币制；在赔款总数尚未最后确定的情况下，规定德国赔款年度限额，即由第一年（1924—1925年）赔付10亿金马克开始，逐年增加，到第五年（1928—1929年）增至年赔付25亿金马克；德国支付赔款的财源来自关税、烟酒糖专卖税、铁路收入及工商企业税；发行110亿金马克铁路公债、50亿金马克工业公债；德国的金融外汇、铁路运营以及税捐征收事务受国际监管。德国以法国、比利时两国从鲁尔撤军作为接受赔款计划的条件。

1924年8月16日，该计划被双方接受。道威斯计划的执行，对19世纪20年代后半期德国经济的恢复和发展起了重要作用。1924—1929年德国支付赔款110亿金马克，获得外国各种贷款约210亿金马克。1928年德国声称财政濒于破产，无力执行该计划。1930年该计划被扬格计划所取代。德国从美国、英国等国得到的贷款约为210亿金马克（约合50亿美元），其中美国向德国提供的是22亿5千万美元。同一时期，美国从各协约国收回了约20亿美元的战债本息。道威斯债券的发行和各国的偿债，让美元从债券到德国，德国赔款到战胜国，在战胜国还债回到美国，完成了一个完美的循环。而50亿美元的金额折合黄金2.5亿盎司，也就是8000吨左右，与现在美联储的黄金储备相当。

第一次世界大战后英国的控制力削弱，各个殖民地为了自身利益纷纷采取单独行动。1925年1月南非在美国的支持下单独回归金本位，同时加拿大已经回归金本位，澳大利亚也决定回归金本位。在这样的背景下，1925年4月，英国回归金本位，英镑兑换美元的汇率维持在高位。英国的回归带动了大量跟风国家，到1926年，已经有30多个国家回归金本位。第一次世界大战前英镑兑美元是1 ∶ 4.86的高汇率，战后再维持这样的高汇率已经难以平衡，美国降低利率让英镑升值到战前水平，让大量美元流入英国。对此，衰落的英国只有无奈地接受。美国的黄金美元打败了英国的传统政治势力，美联储向英格兰银行贷款2亿美元，摩根财团向英国财政部贷款1亿美元，美元的霸主地位显著增强，有了与英镑在国际上一较高低的能力。这里我们不能以今日的思维看待这些借款，在非金本位时代，大量印钞、大量借贷是赚便宜，货币会大幅度贬值而且利率很低；而在金本位时代，货币会有巨大通缩压力，同时会利率高企。在那个时代，世界强国都是债权国，能够给他国放高利贷是一种权力和强大的表现。

在世界重新归于金本位之后，英国掌握了南非、澳大利亚、加拿大等地的金矿，而美国通过道威斯计划控制了世界的货币，这是一个分裂竞争的格局。在道威斯计划下，美元的国际需求被大幅度激发了起来，但拥有更多金矿的却是英国。美国人发行的大量货币和贷款缺乏足够的黄金支持；英国丧失货币霸权带来的代价明显，产业萎靡、外贸逆差扩大；德国得到巨额贷款以后，生产得到大发展，德国制造得到了更好的信誉。德国制造业的成功对英国的压力，进一步加剧了世界经济格局的不稳定。1920 年英国出口贸易总额 133450 万英镑，到 1929 年为 72330 万英镑，在世界贸易当中的比重由 1913 年的 13.9% 下降为 1929 年的 10.8%，并且产生了巨额贸易逆差，达到 4 亿英镑。以前英国虽然有逆差但只有 1.7 亿英镑。如此巨大的逆差在金本位下英镑的信誉是无法维持的。与此同时，第一次世界大战前英国的金汇兑本位制时期，大量发行在世界的英镑储备，在信用危机时，也是要以黄金还账的，各国储备的英镑在英镑不作为本位货币下回找英国大量换取黄金，换了黄金再储备美元，黄金就流入美国人的腰包了。

英国不愿意拿这些黄金给美国尽义务，只要英国不向市场上放出黄金，美国的美元扩张政策在金本位的情况下就与英镑一样无法维持，美国为了美元的扩张也不会维持金本位的，金本位的崩溃就是必然的了。在金矿所有权与货币霸权分裂的情况下，拥有黄金的一方不会给货币霸权一方释放黄金，货币霸权一方没有足够的黄金同时又不愿意放弃货币霸权地位，则必然引起一场巨大的信用危机。1929—1933 年这样的危机就发生了，伴随这样的危机最终的选择必然是放弃金本位，美国后来的决策就是如此，美国不但放弃了金本位，而且还实行《白银法案》，让货币对另外一种贵金属白银成倍升值。白银是当时中国、印度等东方国家的货币，货币竞争性贬值的时代来了。各方都极力地持有黄金以备战争而让货币贬值，在这样的贬值当中德国成为最大的得利者。“杨格计划”和“道威斯计划”所发行的债券在 1935—1936 年的价格大幅贬值，道威斯债券从 79 美元下降到 37 美元，杨格债券从 59 美元下降到 29 美元。

假设这些债券的面值是 100 美元，德国每发行一张债券，50 美元用于还债，另外50美元用于发展生产，以这样的债券价格和贬值情况来看，德国不但不用还利息，而且不用全额偿还。这哪里是战败国该有的待遇，战胜国对于他国公众的债务也没有这么优惠的待遇。这样就很容易理解1935—1936年前后战败国德国的经济为什么能够突然崛起了。这些所得，可以说是金融所得，也可以说是第一次世界大战后的全球金融博弈当中，德国收取了英国、法国、美国等国的铸币税，因为是全球资本在买道威斯债券，很多是英国、法国的资本。

道威斯债券总额近40亿德国帝国马克（1924—1948年的德国货币单位，相当于8亿金马克），利息7%；杨格债券总额近15亿帝国马克，利息5.5%。这些债券大贬值带给德国的利益有多大，非常容易计算，而相关的借款超过200多亿金马克，贬值的程度可以以此为参照。德国的这个经验，现在已经被世界发达国家广泛采取，只不过没有人会明说的。在20世纪初自由主义的经济学惨败，原因就是货币是黄金决定的，决定货币的黄金的分布本身是不均衡的，是可以收铸币税的。

因此在牛顿发明了金本位，让货币与黄金挂钩后，全球财富又有了新的博弈舞台，看似原来直接的铸币税没有了，但伴随着本位货币和贵金属之间的套利和财富输送，带给世界财富的再分配效应，其实更大了。

- 5 -
竞争性贬值的铸币税博弈

铸币税是一种间接税。各国要收取铸币税，最直接的方式就是引起通货膨胀。货币的贬值会带来债务的减少，大家都开始采取同样的措施。谁贬值得多，国内的通胀就更厉害，也就是收取了铸币税。各国都想要通过铸币税，促进通胀，减少债务负担，进而导致货币的竞争性贬值。

竞争性货币贬值，指各国政府通过使自己国家货币贬值的方式来得利。在2008年危机后，QE和零利率成为常态。根据美国《联邦储备法》，经济危机时期，美联储拥有无限发行货币、向任何人发放贷款的权力，无须通过国会批准。

在各国广泛实施量化宽松货币政策背景下，预计数量型宽松的货币政策的盛行必然会带来货币对实物的大幅贬值。这与18世纪30年代大萧条后世界脱离金本位制度、18世纪70年代布雷顿森林体系解体这两段世界货币体系变革时期表现出本质的类似性。世界货币体系的变革往往伴随着货币的竞争性、集体性贬值，从而打乱原有体系下形成的相对稳定的增长和物价预期，增长和物价波动均明显加大。

我们可以看到，美国这几年的通货膨胀率不断创造新高，这与美国债务新高是对应的，美国对世界的铸币税的税率也越来越高。全球铸币税的博弈，我们也可以从以下几个层面进行分析。

· 铸币税QE的常态化

2008年金融危机之后，为了解决危机带来的巨大损失，全球发达国家进入了铸币税强取豪夺的时代。量化宽松（QE）发行信用不足的货币，本身就是在收取铸币税。

QE主要是指中央银行在实行零利率或近似零利率政策后，通过购买国债等中长期债券，增加基础货币供给，向市场注入大量流动性资金的干预方式，以鼓励开支和借贷，也被简化地形容为间接增印钞票。零利率或近似零利率的条件，才是构成量化宽松的关键。

2001—2006年，为了应对国内经济的持续下滑与投资衰退，日本央行在利率极低的情况下，通过大量持续购买公债以及长期债券的方式，向日本银行体系注入流动性，使利率始终维持在近于零的水平。通过对银行体系注入流动性，迫使银行在较低的贷款利率下对外放贷，进而增加整个经济体系的货币供给，促进投资以及国民经济的恢复。这与正常情况下央行的利率杠杆调控完全不同。

2008年金融危机，美国也开始搞QE了，突破了央行不直接购买国债的禁忌。在此之前，日本已经搞QE多年，随后美联储搞了四轮QE政策，然后在舆论压力下开始了加息和缩表。在2020年之前，QE一直被认为是一种权宜之计，所以当时的世界主流舆论和央行的表态都是QE是要退出货币政策的，只不过是早晚的问题。

然而QE带来的利益是巨大的，从美国说要退出QE开始，就不断有人分析美联储是还要推出QE的，退出是不可能的，以后会QE常态化。这个预测在2020年全球暴发新冠疫情之后，终于变成了现实。所不同的是，以前大家在谴责QE，而这一次的QE则是在全球的盼望之中推出的，得到的是一片叫好。

2020年3月，美国在疫情的压力之下，美联储宣布新一轮量化宽松行动，宣布将无限量购入美国国债及抵押贷款支持（MBS证券），以便为市场提供必要的流动性。美联储在2020年华盛顿时间周一（3月23日）早间，为了缓解上周在市场上出现的流动性紧缩问题，公布了一项大规模的救市计划，宣称将扩大其资产购买规模，并把某些类型的公司和市政债券囊括在内。美联储表示，一周前批准的国债和MBS购买将是无限制的，还称一周内将购买3750亿美元的国债和2500亿美元的MBS。

除了上述措施，美联储3月23日宣布的计划还将向雇主、消费者和普通企业提供3000亿美元的贷款，并动用在全球金融危机期间使用过的定期资产抵押证券贷款工具（TALF）。美联储还宣布了两项旨在支持企业信贷市场的贷款工具：其中一个工具将向投资级公司放贷，并提供为期四年的过渡性融资；另一个工具将在公司债券市场购买评级高的公司发行债券和在美国上市的交易型开放式指数基金（ETF）。

在这份救市计划宣布前，其实美联储已经宣布将购买5000亿美元的国债和2000亿美元的MBS。而3月23日的计划，表明美联储的QE开启了无限量模式。

美联储的QE常态化，实际上就是对社会的流动性永远宽松的预期，虽然期间还可以操控流动性的波动，但总体宽松的大方向是不会变的。这个永远宽松带来的，可能是长期股市的上涨。以后股市的差别不是点位涨不涨，而是波动率大不大了。在QE常态化之下，对市场的牛市熊市理论，都要重新进行认识。永远宽松带来的数字泡沫、泡沫规则，及其如何收割世界，需要有人揭示。

上述美联储的一系列操作，被全球公认为QE常态化的开始。因为QE无限量了，也不用特别授权、讨论和公开了，大家对其关注度也就降低了。在此期间，美联储的资产负债表急剧扩大，美国M2的数量急剧增加。我们要注意的是在2008年金融危机当中，虽然QE让美联储资产负债表扩表很多倍，美国M2的增长比例却是缓慢的。现在美国M2的增长也是大大加快了。

美国的QE常态化，也是在告诉全世界，货币数字化时代的到来。货币就是债务的符号，货币的性质已经发生了根本改变。

美国的QE常态化，也是在告诉世界，美国要收取铸币税了。美国的铸币税才是金融时代解决美国政府债务问题的关键。美国的QE产生了货币，需要足够的资产财富背书。到底是谁通胀，谁被收铸币税？铸币税是间接税，它转嫁给谁，由谁承担？才是博弈的关键。

·以铸币泡沫换取资源

美国 QE 常态化，开始无限量印钞。印钞要在市场上取得财富，等于向市场收取了铸币税，这些铸币税是由谁承担？铸币税不是简单的通胀，铸币税的博弈方式也比大家想的复杂。

在印钞模式之下，各种资产和证券的暴涨，很多时候不被叫作通胀，但和通胀的效果是一样的！所谓技术性牛市，就是说股票价格涨了，而且高涨的股票还可以全球置换其他资产和股权，进行并购，即股票的价值泡沫是可以换取资源的，是可以填实的。

在美国还没有推出不封顶的 QE 和 QE 常态化的时候，大家对疫情下的美国股市一片看空，而笔者就预计美股不会有“熊市”。

2020 年 3 月 10 日，笔者就预言了美国要采取兑水作弊的模式了。

3 月 13 日，笔者又说，以后的市场变化，美国不会有“熊市”了，市场随后也印证了笔者的判断。

3 个月后，美股就又创新高，6 月 5 日美股集体暴动，道琼斯指数暴涨 3.15%，纳斯达克指数更是创下历史新高。

在新的 QE 模式之下，美国的金融霸权是既要收取铸币税，也要保持美元的信用，简单的通胀是会让货币的信用崩溃的！因此通胀是一个技术活，让商品尽量不通胀，而资产的通胀变成泡沫，被叫作技术性牛市，然后全球换取财富，并且不断地创造资产，创造出各种虚拟资产。脱实向虚和金融衍生品，都是在制造虚拟资产和资产的泡沫。

所以在 QE 常态化之下，数字虚拟经济持续高涨，在新冠疫情影响下的市场，已经创出了新高，而美国的公司收益是多少？资产是多少？疫情损失弥补了多少？股票这些虚拟资产金融资产，其价值是增加了还是减少了？为何价格可以暴涨，里面有多少泡沫？而其交易换取的实体财富，可都是真金白银。

在人类现代社会的历史上，货币的发展方向就是脱实向虚，从贵金属货币到以贵金属为本位的信用货币，再到与贵金属价值脱钩的信用货币。现在是各种数字货币和衍生货币都登上了历史舞台，是金融衍生品的世界，金融衍生品的规模已经远远超过实体经济的规模。QE 的背后是带来了数字货币及金融衍生品的繁荣，维持了数字泡沫。QE 的货币走向，实际上也是被控制的，能够实施 QE 而不发生“通胀”的，才是问题的关键。

现在通胀一词在不同场合是不一样的，同样是货币买到的东西少了，在实体经济中叫作通胀，在虚拟经济中叫作牛市。

现代货币，其实就是一个债务信用的符号。美元是美联储债券，美债是美国政府债券，QE 常态化则是两种债券的兑换畅通化。当美联储使用无限 QE 等工具释放出不限量的货币符号时，实际上是在广义的符号体系这个空间里进行的操作，如果拿工业经济时代的价值规律进行分析，必然要出错。因为工业经济时代的价值规律在当今的广义符号体系里，只是很小的一个子集。

货币的脱实向虚，其实也是货币性质的改变，即货币从商品货币到媒介货币，也可以说是实体经济货币变成了虚拟经济货币，货币的价值是虚拟的，是媒介，不是其本身作为一般等价物商品的价值，其实纸币不是虚拟货币吗？而你的存款在银行里面，不是数字吗？与以前的真金白银，已经本质不同了，这些货币背后的信用是谁利用的？别人能够利用它的信用，实际上已经虚拟了它的价值。而现在货币的无媒化的结果，就是货币脱离了纸币，货币的交易离不开交易体系，交易体系是数字体系虚拟体系，货币的流动是受控的。美国可以 QE 常态化，与货币只能在数字体系内流动是有关的，货币的流动，是受到交易体系的控制的。

现在世界货币发展的趋势，就是从信用货币到信息货币、数字货币，各种数字货币的出现，还有去中心化。其实去央行化，背后是信息算力的背书，是信息系统的保障，作用是充当交易的媒介，而且交易其实脱离了主权央行的监管，这个已经在勒索病毒只要比特币当中体现了，以后世界会怎么样？比特币的价值已经膨胀了多少？一大堆类似的货币在等待着，又有多少泡沫要出来了。

我们来看一组数据。

> 1970 年，全球基础货币总量（央行资产规模），不到 1000 亿美元；
>
> 1980 年，这个数字大约是 3500 亿美元；
>
> 1990 年，这个数字大约是 7000 亿美元；
>
> 2000 年，这个数字大约是 1.5 万亿美元；
>
> 2008 年，这个数字变成了 4 万亿美元；
>
> 2020 年，这个数字变成 33 万亿美元，其中美欧日三家加起来就有 20 万亿美元。

全球基础货币在持续增加。在美元的带动下全球货币数量的飞速增加，会引起泡沫的持续产生，由此，新的经济逻辑和博弈方式出现了。也就是本书要讲的虚拟经济交易理论。

在世界走向数字虚拟的时候，中国的货币体系与现在西方各国的不同，这个差别也要看到，差别造成落差，是可以套利的。2020 年 7 月，中国的人民币 M2 达到 212.55 万亿元超过 30 万亿美元，比美国（18.28 万亿美元）和日本（10.64 万亿美元）的总和还多。但中国的 M2 与西方国家的不同，中国不是 QE 常态化下产生的 M2，中国是老百姓有大量的存款，老百姓要存钱银行就要有 M2，而这部分 M2 在中国对应的是银行对基础建设投资的贷款或者政府债务对基建的投入，都是有实物背书的。而西方国家则是 QE 常态化，背后是国债，国债超额发行，而国债发行取得的财富都是要消耗掉的，就如本次新冠疫情直接分给国民花掉一样，所以二者不可以直接简单地比较。因此美国搞的更多的是虚拟经济，而中国更多是实体经济，二者的不同一定要充分体会。

中国的 M2 暴涨与美国的 QE 的不同，更关键的在于中国的利率可不是零利率。只有在接近零利率或者负利率下央行购买的债券，才被叫作 QE。零利率之下的财富再分配博弈，QE 货币换取资源的储备的差别，才是问题的关键。“积著之理，务完物，无息币”(《史记·货殖列传》)。这个道理，中国古人 2000 年前就知道，要储备必须使用不付利息的货币。

因此中外交易体系的博弈、新旧交易体系的博弈，新旧交易理论，现在在世界上都是并行的，要根据不同场合具体分析，不能信息不对称，不能被制度性套利。

到 2020 年底，世界的大水漫灌，已经是这个样子了。他们管这个不叫通胀，叫作牛市。

这么多的泡沫是要换取资产的。西方的牛市指数，已经超过历史上任何一个时期。这个超越的背后，西方是如此评价的:“央行面对目前的资产价格和估值水平从未如此鸽派（债务负收益率处于历史高位），新政策将实施收益率曲线控制（YCC）来替代现代货币理论（MMT），促使美国、欧盟和日本债券市场（包括股票市场）进一步国有化。”华尔街的资产交易实际上大量是美国国债。请看以下事实。

> （1）2020 年第三季度，美债波动率降至 37 点，为历史最低水平。
>
> （2）全球垃圾债收益率降至 9.2%，为 2014 年 9 月以来最低。

（3）2020 年美国高收益债券（HY）、投资级债券（IG）及杠杆贷款发行额达 2.5 万亿美元，创历史纪录。

（4）2020 年美国国债发行量 3.4 万亿美元，创历史纪录。

（5）全球股市市值从低点猛涨 39 万亿美元，达到 100 万亿美元以上。

（6）2020 年全球股票发行（IPO 等）年化规模 1.1 万亿美元，创历史纪录。

（7）美股 IPO/ 二次发行规模高于标普 500 回购规模，为 2009 年四季度以来首次最大泡沫，创造了历史纪录。

美国现在需要的，就是把泡沫填实，获得其他国家的财富流入，否则泡沫破裂，会导致更大的危机。对于西方国家怎么以各种的虚拟泡沫换取财富填实泡沫，取得金融的铸币税利益，笔者在《数字泡沫：虚拟经济交易学》一书当中有过详细的分析，这里就不再进行更深入的探讨。

西方的铸币税，在当今的状态不是简单的通胀，而是泡沫和资产的博弈。西方以虚拟的泡沫换取实际的财富。美国对华就是双重标准，美国到处实施 QE 和创造金融货币泡沫，但对中国的资产就是不断地挤泡沫，中国所有的泡沫都要被其戳破，以便他们在交易当中，用带泡沫的资产获取中国没有泡沫的资产，取得巨大的利益。这就相当于对中国收取了铸币税。

· 金融危机的财富去了哪里

美国以铸币税收走财富，同时又要把他们的这一行为隐蔽起来，以保护他们的货币霸权和货币信用。在铸币税之下，税负到底转移给谁了？什么时候能够看到？其实我们看到的金融危机，就是铸币税财富转移的结果。在现代货币体系之下，铸币税的体现不是简单的货币通货膨胀，而是通过金融危机来体现的。

所以现在我们就可以回答一个很多人问过的针对金融危机的问题：金融危机的损失哪里去了？如果市场的交易是零和交易，应当没有损失才对。但事实上在金融危机发生以后，市场上是全面损失的，鲜有得利者，而且商品价格一定是下跌而不是上涨的。就算有做空得利的，其所得与实际的损失也远远不对等。损失哪里去了？这才是问题的关键！这个损失实际上被货币权力者占有了。他们“合法”占有了相关的财富。这个占有之所以合法就是他们实施了铸币税。

金融危机之下大家损失的财富哪里去了这个问题的答案，就是这些损失实际上早已经发生，但金融体系的虚拟价值掩盖了这些损失。这部分财富被铸币税收走了，金融危机的结果就是确定了铸币税作为间接税，最后转嫁给谁承担了。

货币 QE 在没有实际财富的前提下，创造出来那么多的货币，真真切切地从实体经济中拿走了那么多财富。美国疫情之下的所谓救市，创造出来的货币发给了社会，这些货币是要买东西的。买来的东西都是消费品，财富被消费掉已经不存在了，但货币依然存在于金融体系当中，大家会觉得那些财富还在。这就好比一个抢凳子的游戏，凳子是资产，抢凳子相配的是货币信用，金融游戏的统治者自己先拿走了一些凳子，接下来人多凳子少，到了危急时刻，谁抢不到凳子，谁就是被掠夺的对象。所以危机发生之前，有人站着、有人坐着，看不出凳子已经少了；只有危机发生后，每个人（货币）都要用到凳子（信用）的时候，才会发现凳子已经不足了。金融货币的印钞从市场体系当中拿走了财富，市场必然崩溃，只是在不同的市场领域有不同的崩溃。以前各国以国内市场为主，主要危机是在国内发生的，是一个内卷化的博弈。美国在第二次世界大战后全球化以来，可以输出这个危机。只要他们成功发钞，从其他地方买到资源，也就是事先抢到了凳子（信用），那损失就要其他人买单了。

1980 年有一场有趣的“世纪之赌”,《人口爆炸》的作者保罗·艾利希和《终极的资源》的作者朱利安·西蒙，一派认为人口爆炸资源会快速耗完，另外一派则认为替代和价格体系可以让资源的价格下降。两派决定赌不可再生资源是否会消耗完，并选定了 5 种金属，看 10 年后这 5 种金属是否会涨价。结果是资源派输掉了，到了 1990 年，世界人口增加了 8 亿，但这 5 种金属无一例外跌了价。因为当它们价格上涨时，就刺激了人们研发出更便宜的替代品，比如塑料和光纤就在各种场合大规模替代了铜线。艾利希输了。不过我们需要注意的是衡量资源价格的货币是被操控的，价格下跌的背后，一定是伴随某些经济体的危机，这个赌注在 1990 年就是苏联解体前夜，也是中国 1988 年以来的货币贬值的结果，当时这 5 种金属主要是中国和苏联提供给国际市场的，当时两国对美元的渴求远远超过了对这些资源的渴求。

印钞以后，美国在华进口创造了新高。美国 QE 常态化，美国这个时候也不提贸易逆差要征加中国的关税了。在这场博弈里面，美国印钞买中国商品，中国出口创新高但不要简单地认为中国赚了。以后出现危机，美国已经消费了财富，买单的是谁，是不是美国，还要在后续的博弈当中确定，而美国给中国的施压，其目的就是保障买单者不是美国，最好是中国来买单。

如果没有金融危机、没有经济危机下的价格体系崩溃和暴跌，价格一直涨上去，对金融国是不利的，对资源国却是颇为有利的。而如果价格跌到很低，让制造国廉价买到资源，对制造国也是颇为有利的。而金融国需要的好处，其实是价格的高低由他们的金融工具控制，这个涨跌是需要金融周期的，周期里面也是需要有危机。在他们的金融工具之下，价格可以涨到天上，也可以跌到地底。制造国觉得价格低想要抄底，金融国就可以在你的抄底价格上再腰斩一下（看看 2008 年的石油价格 36 美元 / 桶），腰斩不够，我还可以是负值（看看2020年石油期货的负37美元/桶）。金融霸权需要的是控制权。

很多人可能会发现，印钞的QE与金融危机的损失相比，似乎数量也不成比例，这又是为何？这里我们要看到，交换的对象不仅有货币，还有货币的各种衍生物，如各种虚拟资产。QE产生出来基础货币，基础货币被衍生出来很多倍，叫作货币乘数。富裕的流动性，会催生巨大的资产泡沫，这些虚拟数字资产最容易膨胀。其资产膨胀的规模，远远超过实体经济规模，也远远超过衍生货币的规模。而这些虚拟资产，也是用来交换货币和实体财富的，这是一个复杂的交换体系。这个体系是通过货币印钞和虚拟资产泡沫不断换取你的财富，并且把换到的财富拿走消费掉。其实这就是一个赌场的模式，一次次的危机，就是一次次的赌局清零。

控制世界的统治者，其实是需要金融危机发生的。没有危机去消耗他们超发的货币，没有危机让价格体系崩溃重组，就没有他们不断得利的机会。但在危机发生前，他们需要把印钞货币先发出去，而且更关键的是要决定危机在谁那里爆发，要把他们有泡沫的资产给换出去，从而使他们能够操纵赌局的输赢。这样的金融危机就是他们在收取铸币税。他们需要的就是危机发生，把铸币税的承担者给确定下来。铸币税他们要收，但通货膨胀他们是不接受的。他们需要的是别人承担通货膨胀带来的负面影响，需要的是给其他国家输入通货膨胀。

而当今中国崛起和中美矛盾，就是美国的财富已经从金融市场拿走了，在2008年金融危机之后他们就一直在拿走其他国家尤其是中国的财富，美国的负债不断创新高，美联储的资产规模不断扩大，而谁为此买单还没有确定，他们就不能让这个泡沫破裂，因为此时破裂，会把损失砸在自己手里。这就是金融危机的实质。美国的金融霸权和铸币税，一直是需要让中国买单的，中国不给他们买单，他们就以中美脱钩来威胁，美国能够印钞换取中国资源，收取中国铸币税的情况下，它是绝对不想与中国脱钩的。

综上所述，我们知道金融危机的发生，是有背后黑手的。它肯定要发生，因为有人要博弈财富的再分配。金融霸权国家要向全球收取铸币税。

· 国债的暴跌与特殊 QE

前面我们提到了金融危机“消灭”的财富，实际上是被铸币税收走了。在抑制通胀和加息周期，铸币税取得利益的方式还有很多，我们可以以英国国债的操作和美国后来的特殊 QE 来进行说明。

2022 年年末，英国的长期国债暴跌，40 年期的国债的市场交易价格，从年初的 100 英镑，直接跌到了 25 英镑。

国债发行的市场认购当然可涨也可跌，但是不到一年就跌到 25 英镑是不正常的。即政府当时发行国债的时候差不多是以 100 英镑发售，政府得到了 100 英镑，不到一年就跌到了 25 英镑，如果政府从市场上把这国债再买回来，只用 25 英镑就足够了。那政府不用等到 40 年国债期满之后去偿还，买回来直接注销就行了。

也就是说，政府发一年期的利率为央行利率有限加点后，利率 5% 的 100 英镑国债，买方市场上已经跌到 25 英镑的 40 年期债券，可以买 4 张 400 英镑，而在不到一年前，发行 4 张 40 年期 100 英镑的债券，得到的是 400 英镑，等到一年后，他需要偿还的只不过是 100 英镑加利息，只有 105 英镑。这样的操作，政府可以白白赚接近 300 英镑。

政府是债券置换的操作，发短期的国债买长期的国债，然后政府的债务就大幅度地降低了，还不用去央行来操作。因此现在美联储只管加息，现在美联储在说的是什么？要缩表。所以债券美联储是不买的，但是对于政府来讲，可以在国债的长期和短期之间进行操作。

金融就是玩这些利率的，债券本身可以抵押，玩债券的杠杆比玩股票的杠杆还要大。算上衍生品等，债券的杠杆可以到 100 倍，是股票的 10 倍。所以大家要知道债券市场也会非常厉害地波动。

按照前面的例子，英国的 40 年期的债券，市场价卖 25 英镑，但是政府回购的话，按照 1 年期的利率给银行，就是政府当时以 100 英镑卖的债券，现在加上 1 年的利息，就是花 100 多英镑就从银行手里买回来了，而不是以市场的 25 英镑价格，等于是银行本来是账面浮亏 75 英镑，现在浮亏没有了，但同时银行要买政府的一个 100 英镑的短期债券，短期债券利率可能很高，但这对原来的浮亏而言，损失可以忽略不计。

别看现在银行是浮亏，但若是银行的流动性有压力，必须出售这些债务的时候，那么浮亏就变成了实亏了。美联储加息缩表之下，市场上流动性紧张，银行是很可能被迫低价出售债券的。英国的 40 年期国债暴跌到 25 英镑，就是各种流动性挤兑的结果。

美国美联储加息缩表，各种持有美债的实体对美元的流动性压力很大，美元指数在高位，美债在市场上浮亏得很厉害。

美国政府怎么做的呢？就是给与美国有关系的主要银行定向输血。美联储在 2022 年年底就私下征求这些银行是否愿意回购美债。当然回购的钱，政府会再卖新的美债，比如短期的债券，可以让利息高一点，让银行把长期的债券换成短期的债券。如此的利益输送之下，那些银行肯定会买账的。这样一算的话美国银行的损失就没了。因为短期的债券不会跌太多，下跌空间有限。因为利率提高以后，影响一年还是影响 30 年、40 年、50 年差别很大，所以长期债券和短期债券是不一样的。

这样的操作并不改变美国政府的总负债和影响负债上限。政府对债券的长短期的套期操作，一样是可以收取铸币税的。

2023 年 3 月，美国硅谷银行暴雷，引发了金融危机，美联储采取了特殊的 QE，也就是在银行挤兑的状态之下，允许深度跌破票面的美债按照票面贴现。这样的贴现的作用，类似于前面分析的政府债券的长期和短期的套期操作，再一次改变了金融铸币税的承担方向，大量的债券损失变成了东方大国的投资者和移民美国的人群，带有巨大的利益输送。

综上所述，铸币税就是间接税。货币霸权国家不仅要收取铸币税，而且要博弈谁是铸币税的承担者，要通过间接税转嫁给别的国家。铸币税的征税权是货币霸权的核心。

- 6 -
铸币税洗劫苏联，美国大发“冷战”财

· 苏联解体崩溃的财富变成美国铸币税

苏联解体，财富大量流失，独联体国家都发生了严重的通胀，很多人说这是苏联货币战争的失败导致的。我们从另一个角度也可以看成是美国对苏联采取的铸币税政策。

美国通过铸币税赢得“冷战”

苏联解体的时候，财富大量流入西方社会，西方社会实际享有了苏联解体的经济红利。里根时代是以国家高昂负债，把美国从世界最大的债权国变成最大的债务国为代价搞了星球大战计划，通过国家的负债与苏联进行军备竞赛从而拖垮苏联。苏联解体后，美国的债务问题得到了彻底的解决。

美国在“冷战”时期，从世界最大的债权国变成了最大的债务国。布雷顿森林体系崩溃后，美元绑定石油，美国开启了负债印钞模式，也开始了全球通胀模式，对全球征收铸币税。

我们可以看到，在布雷顿森林体系之下，黄金的价格固定在35美金每盎司，而布雷顿森林体系崩溃后，黄金的价格达到了800美元每盎司，之后黄金价格逐步走低。苏联解体之前，黄金价格最低跌破300美元每盎司，但依然与布雷顿森林体系下的黄金价格有数量级的差别。2008年金融危机前，黄金暴涨超过2000美元每盎司，后来即使有所下跌，也没有再次跌到1200美元每盎司之下，目前黄金价格在2000美元每盎司附近。

同时石油的价格也从3~5美元每桶高涨至伊朗石油危机时候的36美元每桶，2008年金融危机的时候，石油暴涨暴跌，最高147美元每桶。最低则是36美元每桶。因为美国的脱实向虚，石油期货的负值结算，意味着空单涨成天价。

美国为了掩盖铸币税和通胀，世界的通胀指标设置的很有意思。CPI、PPI都是指部分商品的价格，CPI更多的指的是食品，而PPI指的是工业原料，两者都没有计算服务的价格、资产的价格，尤其是房价和证券价格，还有期货等虚拟商品的价格，比如前面说到的空单的价格，因此这些指标并不反映铸币税实际占有的财富。

美国是通过铸币税赢得“冷战”的。美国想摆脱危机，就希望一个足够大的经济体倒下，就如苏联一样，让他能吃够这个大国的红利。如果不能让某个大国倒下，就要全世界一起倒下，就如2008年金融危机一样，让全球承担美国的铸币税，给美国的债务买单。因此对铸币税的全球财富博弈性质，我们需要有充分的认识。

卢布的国际金本位信用体系

很多人都知道当年美国第二次世界大战后搞的金汇兑本位制——布雷顿

森林体系，但对苏联在华沙条约成员国和苏联加盟共和国内部搞的货币体系就不了解了。苏联也有一个国际金汇兑本位制的货币体系，这个体系就是金卢布体系。

卢布最早是沙皇俄国的货币单位，1800 年开始确立其与黄金的比价，1897 年卢布纸币的含金量为 0.774234 克。十月革命后，苏俄政府继续使用沙俄卢布。1921 年发行新卢布，规定 1 新卢布兑 1 万旧卢布。1922 年 10 月，第二次缩小纸币面额，规定 1 新卢布兑换 1921 年发行的苏联 1922 年五角星半卢布 100 卢布。1922 年 10 月俄罗斯共和国国家银行又发行了切尔文银行券，即金卢布，每个切尔文含金量为 7.742 克，由 25% 的黄金和 75% 的商品保证，含金量与沙俄金卢布相同，在苏联用于外汇贸易结算。1924 年 2 月发行新的 1、3、5 卢布政府纸币和铜、银辅币，同时规定新币 1 卢布兑换旧币 5 万卢布，1 切尔文银行券兑换新币 10 卢布，由此确立切尔文银行券为政府纸币并由中央银行发行。18 世纪 30 年代中期，由于国内外政治经济形势影响，卢布汇率经常变动，很不稳定。从 1936 年 4 月 1 日起才把卢布汇率固定在法国法郎上，规定 1 卢布等于 3 法郎，对其他货币则据此套算。1936 年 10 月 1 日法国法郎降低含金量，卢布汇率调为 1 卢布等于 4.25 法国法郎，1937 年 6 月底法国取消金本位制，卢布汇率改为以美元计算。1947 年币制改革，废除切尔文银行券，保留辅币不动，发行新的卢布纸币，规定 1 新卢布兑换 10 旧卢布，用于回收第二次世界大战时期过多发行的 1924 版卢布。1950 年进行战后第二次货币改革，以汇率为中心，使东欧各国货币与卢布建立比价联系，并规定卢布含金量为 0.222168 克，同时对美元汇率定为 1 美元等于 4 卢布。从 1957 年 4 月 1 日起，为吸引非贸易外汇，政府规定对西方自由外汇的非贸易往来，在正式汇率基础上附加 150% 的补贴，即对美元非贸易汇率为 1 美元等于 10 卢布。1961 年 1 月 1 日苏联进行战后第三次货币改革，发行新卢布，含金量为 0.987412 克，1 新卢布兑换 10 旧卢布。卢布对内升值10倍，对外升值4.44倍，即对美元汇率相应改为1美元等于0.90卢布，同时取消非贸易附加价，统一了汇率，直至1971年美元贬值，卢布对美元汇率才相应调整。1973年2月美元再度贬值，西方国家货币先后实行浮动汇率，货币含金量已不能作为确定其汇率的依据。从1977年11月起，苏联开始采用一篮子货币加权法计算卢布对西方国家货币的汇率。1989年10月28日，苏联宣布实行双重汇率。

1990年11月1日卢布官方汇率近30年来第一次大幅度贬值，由1美元兑0.6卢布贬到1美元兑1.80卢布。1991年12月25日苏联解体，卢布成为俄罗斯的本位货币单位。苏联的其他加盟共和国在独立后，有的发行了该国货币，有的仍采用卢布。1993年7月，俄罗斯政府宣布，1961—1992年发行的卢布纸币停止流通，同时发行新版卢布。1994年11月25日，卢布的官方汇率为1美元兑3235卢布。

在苏联时期，卢布的币值曾高达2美元，但苏联解体后，通货膨胀迅速，卢布的币值急剧下降，最低时达1400卢布兑换1美元。1994年俄罗斯开始发行新卢布，普京当选总统后，执行控制通货膨胀的政策，新卢布已达到将近26卢布兑换1美元。

为了让具有800多年历史的卢布跻身为国际货币之一，2006年俄罗斯决定为卢布票选出一个专属标志。同年7月1日，卢布成为可自由兑换货币。

我们看了上述的历史，就知道苏联的解体，其背后还有苏联的金卢布汇兑体系的瓦解。在美国的布雷顿森林体系崩溃，美元绑定了中东石油的情况下，苏联的金卢布体系依然存在，而美国通过把国家变成债务国，通过印钞收取全球铸币税的时候，苏联依然是金汇兑本位制的体系。受制于黄金的数量难以大规模的印钞收取铸币税，苏联“冷战”的财富由来受到了限制。争霸战需要强大的金钱、经济来支撑，苏联的货币金融不行，没有铸币税集中财富，最后就是经济走向崩溃。与之相反的美国则是在争霸战当中，用铸币税给它的战争成本买单了。

计划经济下的信用与苏联崩溃

在苏联的计划经济之下，企业的盈余会上缴。企业都是按照国家计划发展的，国家的收入在于国家对基层经济单元的控制，这个控制更多的是行政控制。

在苏联的计划经济下，各个经济体和劳动者的货币收入是与实际收入严重脱节的。计划体制内的信用崩溃以后，社会劳动力的收入大幅度下滑。劳动力价值崩溃，使得以劳动力价值定价的整个社会价值体系破溃。其背后还有国家征税权的缺失，国家出现了财政困难，由于没有相关的市场，国家举债的来源也是没有的。

很多人总结了苏联卢布不具备交换凭证的货币意义：苏联卢布是计划经济国企会计的薄计产品单位；苏联 2300 万种计划价格和“无限”的换算负担的能力局限；苏联国企无法核算效益和国家的最终破产。之所以存在这些问题，是因为当初缺乏有效的管理手段。其实这本质是一个管理成本的问题。卢布同时还是金卢布，背后对应的是黄金，但黄金实际的数量，会远远少于体系中卢布的数量。一旦出现危机，就是对国家和央行的黄金挤兑。美国在布雷顿森林体系崩溃的时候，私人持有黄金是非法的，美国以不承兑黄金等来解决问题。苏联难以采取同样的方式，或者说苏联想要采取同样的方式的时候，相关国家的外汇已经被美元替换了，甚至是让黑市主导了市场，苏联失去了美国当年的机会。

苏联的货币并非用于经济流通，而仅仅用于平民消费。因为只有平民的消费才需要用到“平等的货币”，其实际含义相当于配额消费券。领导干部的货币尽管大小形状都一样，但进入特供商店，却是要领导的政府身份证明的。对于平民来说，货币本身就已经是配额消费券，具体的消费还需要品种凭证。

在苏联解体之后，大量货币化的资产缺乏足够的货币，所以各种资产会被贱卖。但贱卖之后在各民生领域会出现货币过剩。大家会用出售资产得到的货币来买食品。苏联不够市场化的货币在不同领域的扭曲和不均衡，后面的章节还会用理论模型进行讨论。

为什么石油美元战胜了金卢布

苏美“冷战”为什么美国获胜而苏联走向了解体，其中的货币金融和财富再分配是关键性问题。在“冷战”的关键时刻，美元的金汇兑本位制崩溃了，这对苏联本来是利好的。但在第四次中东战争当中，苏联关键时刻表现得太软弱，导致美元在布雷顿森林体制崩溃之后绑定了石油。美元脱离了黄金的锚定，可以大量印钞了，而苏联还是金卢布体系，货币的发行是受制于黄金锚定的。

美元成为石油美元，卢布依然是金卢布，美国能够在布雷顿森林体系崩溃的危机当中爬起来，关键还是受益于战争的胜利。谁控制了中东，谁就控制了石油，就控制了现代社会和取得了货币信用。有了足够的货币信用，就可以对全球收取铸币税了。

对于第四次中东战争的结果，苏联的领导人显然没有认识到这场战争是决定其国家未来的重要战争。当时的苏联总理阿列克谢·柯西金说：“只因为埃及与叙利亚而跟美国开战并没有道理。”格别乌首领安德罗波夫则说：“我们不该因此引发第三次世界大战。”最后，苏联接受了阿拉伯国家战败的事实。苏联自己不缺石油，石油替代黄金作为货币信用的来源，其战略意义的重要性，苏联没有认识到。

第四次中东战争最重大的结果并没有体现在军事和政治上，而是体现在经济上的阿拉伯国家向美元的屈服。战争中埃及只在西奈战线获得了一小部分土地，以色列却在戈兰高地以及运河西岸获得了更多的土地。这场战争使阿拉伯国家了解到他们无法在军事上击败以色列，只能向以色列的幕后支持者美国屈服。具体表现就是主要产油国沙特阿拉伯同意了三件事：一是石油只能用美元结算；二是将大部分石油税收收益用于向美国政府缴纳保护费；三是把获取的超大量石油美元投资到伦敦和纽约的大银行。随后，欧佩克其他成员纷纷效仿，与美国签署了相似的协议。

据世界银行数据显示，1980 年，发展中国家所欠外债总额不过 4300 亿美元，在 1980 年到 1986 年，为这些债务支付的利息就高达 3260 亿美元，本金又偿付了 3320 亿美元。到了 1987 年，109 个债务国反而还欠着西方国家 13000 亿美元。此时美国是以高利息对发展中国家的债务进行收割的。其间还发生了拉美债务危机，拉美在第二次世界大战后的经济发展成果也全部被美国收割。此时美联储把美元的利率提高到了惊人的 20% 以上，让美元债务变成了高利贷。

高额的美元流动性风险和美国的高息政策，使得各国不得不大量存储美元，而且西方社会兜售新重商主义，让发展中国家的央行货币发行锚定美元。全球储备美元，使得美国的大规模印钞开始。美国可以向全球收取铸币税，也可以在军备竞赛中开展星球大战计划拖垮苏联。

美国的反弹道导弹防御系统之战略防御计划，简称星球大战计划（Strategic Defense Initiative，亦称 Star Wars Program，简称 SDI），是美国在 20 世纪 80 年代研议的一个军事战略计划。该计划源自美国总统罗纳德·里根在“冷战”后期（1983 年 3 月 23 日）的一次著名演说。其核心内容是：以各种手段攻击敌方外太空的洲际战略导弹和外太空航天器，以防止敌对国家对美国及其盟国发动核打击。其技术手段包括在外太空和地面部署高能定向武器（如微波、激光、高能粒子束、电磁动能武器等）或常规打击武器，在敌方战略导弹来袭的各个阶段进行多层次的拦截。美国的许多盟国，包括英国、意大利、德意志联邦共和国、以色列、日本等，也在美国的要求下不同程度地参与了这项计划。计划由“洲际弹道导弹防御计划”和“反卫星计划”两部分组成。其预算高达1万多亿美元。随着美国中央情报局“冷战”密件曝光，“星球大战”计划被认为是一场彻底的骗局，一时间舆论哗然。有人认为，“星球大战”计划只是美国政府为了拖垮苏联而采取的一种宣传手段而已。不过笔者还是认为美国的星球大战计划还是投资了大量的高科技项目，这些投入使美国科技大幅度领先于其他国家，其中的信息技术、半导体技术等催生了当今的信息革命，而美军的军事领先也是在这些资本的促进下完成的。美国的军备竞赛和铸币税，把美国的科技也提升到了一个新的水平。

综上所述，我们可以看到美国能在“冷战”中获利，军事上的关键转折点是在第四次中东战争，经济上则是美国布雷顿森林体系崩溃之后石油美元的成功诞生。美国对全球征收铸币税，开始了星球大战计划的军备竞赛，拖垮了金卢布体系的苏联联盟。由此可见，征税权的博弈、财富的再分配，是决定世界走向的关键。

· 费雪方程式揭示的私有化贱卖

苏联解体，源于经济问题。在经济的压力下，俄罗斯开始了私有化进程，私有化是如何让外来的资本掠夺俄罗斯的？有关的经济模型是什么样的？我们接下来将进行分析。

这里我们首先引入西方著名的关于货币价格理论中的费雪方程式加以说明。费雪方程式是传统货币数量论的方程式之一。20世纪初，美国经济学家欧文·费雪在《货币的购买力》一书中提出了一个交易方程式，被称为费雪方程式，即 $MV=PT$（M——货币的数量；V——货币流通速度；P——物价水平；T——各类商品的交易总量）。通过费雪方程式，我们可以看到，在原先的货币环境不变的情况下，商品数量的增加与价格下降成反比。在我们的产权流通领域的货币数量是非常有限的，在计划经济时代进行产权交易的货币量和货币流通速度都是一个非常低的数额。这样的结果就是，让价格急剧下降，进行产权交易的富人和外来者取得极其巨大的收益。

看似公平的私有化，实际是，俄罗斯的民众纷纷出卖私有化证券，而企业的经营者和有钱人乘机廉价收买，私有化证券以极快的速度向他们手中集中。在股份化的国企中 90% 的小股东持股不到 10%，而 1% 的大股东则持股 85% 以上。据俄罗斯国家杜马私有化结果分析委员会委员弗·利西奇金提供的数字，俄罗斯已出售的 12.5 万家国有企业，平均售价仅为 1300 美元，其价格之低廉创世界纪录。俄罗斯 500 家大型国有企业实际价值超过 1 万亿美元，但只卖了 72 亿美元。仅 1996 年一年，因国有企业私有化造成的经济损失就比希特勒侵苏战争使国家财产遭到的损失还要多得多。

对于私有化所引起的资金紧缺下的贱卖，这样的资金量与价格的关系我们可以想见一下中国资本市场资金紧缺的时候会是怎样一种情景。每当有一只较大的股票上市，都可能造成股市的大震荡，而此时的私有化，等于是把所有未上市的公司一夜之间都上市了，股市的价格体系会崩溃成什么样子是可想而知的。

·“休克疗法”所必然导致的恶性通胀

在上面的论述当中，我们看到了俄罗斯的私有化过程中，民众抛售—市场货币供应不足—资产被贱卖—财富被集中到少数富人手里和外国资本手里。这样的贱卖就是洗劫了一个国家，但是这里有人会说，只要卖了钱不论多少也是给国民增加了收入，似乎这样的私有化多少都是给人民增加了财产，是造福于民，更有人说财产属于私人了，私人怎样贱卖只是个人的选择，但问题真的是这样的吗？

实质上老百姓收入并未增加，甚至以前的收入也被洗劫光了。这个掠夺的实质就是通货膨胀，也可以说是通货膨胀税和铸币税。在外汇自由流动的状态下，取得财富的是外国的寡头。这些寡头并不是苏联的高官，并不是西方宣传的“腐败分子”所得，这才是问题的关键。苏联解体和“冷战”的失败，独联体国家按照西方的药方“改革”和私有化，他们的巨额财富损失，其实也类似于战争的赔款。

俄罗斯金融寡头的组成，并非自由派们到处宣扬的是苏联主要领导及其子女亲属们。这些人中的主力，别列佐夫斯基、古辛斯基、霍多尔科夫斯基、斯摩棱斯基、弗里德曼、阿列克别洛夫、阿布拉莫维奇等，他们在苏联时代大部分都是社会普通阶层成员，没有太多的财富积累，但他们都有一个共同特点：都是犹太人。考虑到俄罗斯 1.5 亿左右的人口中，俄罗斯裔占大多数，犹太裔只有 25 万左右，不到 0.2%，名列各民族人口第 26 位，这个现象显然是令人记忆深刻的。在经济急剧下降和超级通胀的背景下，离开了国际垄断资本，特别是国际犹太资本的大力支持，他们是做不到这点的。想一下当今控制世界的盎格鲁-犹太黄金资本联盟对于世界的统治，这个控制世界的金融资本能够对于俄罗斯的变革视而不见吗？如果是按照西方心证的司法规则，根据社会共识和逻辑关系就可以心证得出结论了。但是如果你把这些事实说出来就是他们所谓的阴谋论。金融寡头控制了俄罗斯的主要金融、能源及传媒机构。在俄罗斯的叶利钦时代，“民主俄罗斯”是标准的“资本控制国家”模式（彭晓光《百年边缘论》）。

俄罗斯实行私有化以后，1992 年当年通胀率即达到 2501%。持续的严重通货膨胀、多年恶性通货膨胀，不仅造成俄罗斯经济生活混乱，而且使广大民众遭到空前浩劫。1992 年俄罗斯全面推行“休克疗法”，导致经济瘫痪、物价飞涨、卢布贬值，居民损失了4600亿卢布储蓄，物价上涨了51倍，而名义工资仅提高了11倍。价格指数1991年比上年上升168%，1992年上升2508.8%，1993年为844%，1994年为214%，1995年为131.4%，转轨5年，物价上涨了近5000倍。其后几年通胀略有下降，但仍然处于极高水平，1996年为21.8%，1997年为11%，1998年为84.4%，1999年为36.5%。至此导致81%的居民已经没有储蓄存款，所有的劳动积蓄被彻底洗劫。

俄罗斯私有化为什么会导致必然的恶性通货膨胀呢？我们按照公式 $Mv=PT$ 可以看到，老百姓虽然贱卖了所得的债券和产权等权益，所得的现金还是极其巨大的，这样的情况就等于对社会注入了大量的货币 M，而老百姓需要购买的商品 T 却难以快速增加。尤其是在苏联的计划经济下，一切按照计划生产，生产能力没有冗余。因此在 T 不变的情况下，货币 M 数量的增加必然导致价格 P 的暴涨。更进一步的是，在这样的价格暴涨下，老百姓持有现金的欲望极大降低，导致原来不参与流通的定期储蓄等广义货币 M 也加入流通中来，进一步提高了市场中的货币供应量。同时还有不能忽视的关键因素就是货币流通速度 v 的急剧增加。在通胀的压力下，老百姓本来是要一个月花光的月工资必须在得到工资的当天抢购当月所有必需品，这样的结果就是货币流通速度增加了30倍。按照费雪方程式，商品的价格就要增加30倍。这样的结果相互作用是一个相乘的关系，导致货币恶性通胀100倍就是非常轻而易举的事情。更进一步的是，在这样的通胀下，为了维持政府的开支，政府原来的收入按照通胀前的货币计量就严重不足了。政府不得不再一次大规模地印钞，私有化后俄罗斯政府债台高筑，政府财政入不敷出，靠发行钞票和举债度日，内债余额约200万亿卢布，外债余额新增约600多亿美元，政府预算1/3用于偿还债务。因此政府被迫放松银根，仅仅是1992年就增发货币18万亿卢布，是1991年发行量的20倍。在印钞机的轰鸣中，俄罗斯的财政货币紧缩政策流产了，如此造成的多米诺骨牌似的连锁效应，如山崩一般的难以阻挡。

在此为了让大家明白这样的威胁是多么严峻，我们可以以中国 2009 年的数据推算一下。当年中国的狭义货币是 20 万亿元，广义货币 70 万亿元。居民储蓄存款 22 万亿元，企业存款 16 万亿元，加上其他各类存款，存款总额 47 万亿元。2009 年我国国内生产总值 33.5 万亿元，社会商品零售总额 12.5 万亿元。按照费雪方程式 $Mv=PT$，如果私有化在一年内完成的话，原来的 PT 只不过是 12.5 万亿而已。中国国有企业价值超过 50 万亿，就算是货币的流通速度不变，50 万亿已经是原来的 Mv 的 4 倍，这样物价在私有化的一年内就要涨价 4 倍。而老百姓的恐慌会让中国的约 47 万亿元的储蓄也进入市场，这样物价就要在一年内变成涨价 8 倍。而恶性通胀下社会不愿意持有货币导致货币的流通速度急剧增加，其流通速度是可以以数量级增加的，就如我们把经年不花的存款拿出来一夜花掉，原来一个月花光的变成 3 天花光。因为通胀成倍增加的时候商品是一天一个价格，老百姓拿到工资就会花光，这样的速度就是一个月慢慢花的工资半天花光，货币的流通速度增加了 60 倍。如果以流通速度增加十多倍计算，这样的私有化要造成一年内上百倍的通胀。通胀 100 倍的结果就是给你什么给你多少都不重要了，你的所有财产都被洗劫了。我们由此可以看到私有化所带来的货币增量所造成的恶性通胀连锁反应的可怕。

与此同时，我们还要看到国际力量的渔利。由于需求和通胀的暴增，汇率暴跌，国家私有化的资产被贱卖给外国资本的同时，各类资金在消费品不足的时候也要找到一种替代商品，那就是作为一般等价物的外国货币。各路资金扑向外汇的时候，国家的资本急剧外流。同时，世界各类资金会进来购买廉价的资产，一个国家的私有化就成了国际食腐者的乐园。

· 相同药方在大国与小国的本质不同

俄罗斯为什么会走上私有化被洗劫的道路？1991 年苏联解体，1992 年叶利钦上台即急于推出私有化的系统改革。35 岁的盖达尔投其所好，根据哈佛大学教授杰弗里·萨克斯（Jeffrey Sachs）提出的“休克疗法”（shocktherapy），制订了激进的改革方案。同时，西方国家对解体后的独联体国家提出政治要求，为了解决自身的经济困难，这些国家不得不答应西方国家对他们进行政治“改革”的要求。

在西方国家的要求之下，叶利钦破格将盖达尔提拔为政府总理，任命萨克斯为总统首席经济顾问。在这二人的设计和主持下，以放开物价、大规模快速彻底私有化为主要内容的“休克疗法”式激进改革全面推出。“休克疗法”这一医学术语于 20 世纪 80 年代中期被美国经济学家萨克斯引入经济领域。

经过前文的计算，我们可以看到这样的私有化对国民经济的危害和对国家、国民的洗劫是非常容易通过经济理论和经济模型进行推演的。但是对于这样显而易见的结论，俄罗斯当时为什么不惜置国家和人民的利益于不顾而实行之呢？原因就是这样的政策曾取得过辉煌的成功。俄罗斯当初接受西方世界的药方，虽然有不得已的因素，但主要还是俄罗斯对这个药方缺乏充分的认识。主要原因是“休克疗法”在玻利维亚收到了令人难以置信的奇效。

1985 年玻利维亚政府的预算赤字达 485.9 万亿比索，占国内生产总值的约 1/3，通货膨胀率高达 24000%。其 1984 年的外债为 50 亿美元，应付利息近 10 亿美元，超过了出口收入。1980—1985 年期间玻利维亚的居民生活水平下降了 30%。该疗法实施不到一周，玻利维亚恶性的通货膨胀便得到了强有力的遏制，物价从暴涨趋于稳定。其 1986—1987 年通货膨胀率仅为 10%~15%，1988 年为 21.5%，1989 年为 16.6%。国民经济通过短暂的下降也逐步回升。实行“休克疗法”的第二年，即 1986 年，玻利维亚的国内生产总值下降 2.9%，但随后几年都保持了 2.5%左右的增长势头。同时由于采取了有效措施，其债务问题也得到了明显缓解，并最终使玻利维亚克服了严重的债务危机。为什么玻利维亚的成功在俄罗斯就不可复制了呢？他山之石怎么就难以攻玉了呢？这里的差别在哪里？

首先我们应当看到的是，玻利维亚是先有的通胀和货币泛滥，国家的富裕货币正好可以被“休克疗法”等资产的增加所稀释。但俄罗斯是不一样的，俄罗斯的“休克疗法”和私有化更加激进。更重要的是两国的规模是完全不同的，玻利维亚只有 900 多万人口，却有 109 万平方千米的国土，人均收入 1000 美元左右。其国家的规模只相当于俄罗斯的一个地区或者一个城市大小。按照费雪方程式 $Mv=PT$，玻利维亚的商品数量 T 很容易被国际市场所满足，而对于俄罗斯这样规模的国家就难以在国际市场上得到满足了。因为任何一个市场都有其容量，国际商品市场也是如此。对于玻利维亚这样的国家，国际市场很容易满足其“休克疗法”中的需求紧缺，这使得“休克疗法”有了巨大的成功；反过来对于俄罗斯这样的国家，世界市场是一时无法满足其需求的，这样的结果一定就是对内通胀，而俄罗斯出口的大量资源和私有化企业的产权，国际市场也难以迅速消化，因此俄罗斯只要出售就一定是贱价出售。这也是近年来中国在国际上是卖什么什么就便宜，买什么什么就贵的原因。更何况俄罗斯是世界国土面积最大的国家，商品的运输也是个重大问题。这会造成流动性和商品的极大的不均衡。

苏联实行的是典型的高度中央集权的计划经济体制，国有企业在国民经济中占绝对统治地位，国家法律禁止私人拥有企业。1992 年初，俄罗斯共有 25 万家国有企业，这些企业实行分级管理，其中属联邦所有的企业占 17.5%，属各共和国所有的占 27%，属边疆区和州所有的占 8.4%，属地方所有的占 36.2%，即按企业数目计算共计 89.1%的企业归国家所有。俄罗斯实行“休克疗法”时国家的市场建设不足，这造成流动性极大的不均衡，也是使得通胀难以控制的原因。因为用来收买产权和私有化债券的资金和流动性与老百姓购买日用品的现金和流动性二者间是有鸿沟和不均衡的。这样的产业结构，与市场化的产业结构差距极大。所有这些对于“休克疗法”所依赖的理论依据微观经济学的基本假设是不存在的，微观经济学的基本假设是市场出清、绝对理性和信息充分。“休克疗法”对于玻利维亚这样的小国是容易满足其理论基础条件的，但是对于俄罗斯这样的大国，尤其是在计划经济多年后的僵化体制，如何能够有市场出清、信息充分和绝对理性呢？在这些理论基础条件得不到满足的情况下进行的“休克疗法”怎么能不失败呢？这里必须要注意到的就是市场经济学的基本假设，其假设的市场出清是难以实现的，自由市场经济学的基本要求就是市场可以快速调节经济，但是对于大国和小国来说，这样的速度差别巨大，在“休克疗法”的巨变中这样的速度影响会被放大，因此这样的影响不得不考虑。

俄罗斯“休克疗法”的开始也是很好的，原因就是这些多投放的货币还没有发生恐慌，原来的商品供应还可以满足需求。俄罗斯政府规定，从 1992 年 1 月 2 日起，放开 90% 的消费品价格和 80% 的生产资料价格；与此同时，取消对收入增长的限制，公职人员工资提高 90%，退休人员补助金提高到每月 900 卢布，家庭补助、失业救济金也随之水涨船高。物价放开的头三个月，效果似乎立竿见影，收效明显。购物长队不见了，货架上的商品琳琅满目，习惯了凭票供应排长队的俄罗斯人，仿佛看到了改革带来的实惠。但是在商品供应不足和出售私有化债券后，当民众得到了大量的现金没有地方消费时，物价就开始飙升了，而飙升引发了进一步的恐慌。按照“休克疗法”的第二步棋，财政、货币“双紧”政策与物价改革同步出台。财政紧缩主要是开源节流、增收节支。税收优惠统统取消，所有商品一律缴纳 28% 的增值税，同时加征进口商品消费税。但是面对飙升的物价和老百姓的刚需，高昂的税收被转嫁给了老百姓，进而财政收入不足，陷入印钞的恶性循环。这样的紧缩政策实际上已陷于失败，国家“休克疗法”给俄罗斯带来了巨大的灾难。

从1992年“休克疗法”的改革到1999年俄罗斯经济持续7年严重衰退。1998年俄罗斯的国民生产总值比1990年下降了44%，工业总产值减少了54%，消费品生产则下降了58%。俄罗斯的经济在泥泞中一直徘徊到2000年，从1987年世界第5位下降到世界第13位，国内生产总值总量还不到美国的1/10。在那个失去的年代，俄罗斯居民生活水平一落千丈，健康状况和平均寿命也在恶化。1988年苏联人均国内生产总值就超过了10000美金，没想到过去了整整20年，到2008年，俄罗斯人均国内生产总值也不过9500多美金。

- 7 -
硅谷银行、黑石集团、瑞信银行之财富定向收割

我们首先看硅谷银行的暴雷带来的影响。美国硅谷银行（SVB）1983年成立，是硅谷银行金融集团的子公司，注册资产为50亿美元，并通过位于美国的27家办事处、3家国际分公司以及在亚洲、欧洲的广泛商业关系网，为风险资本以及创业企业提供贷款。硅谷银行主要服务于科技型企业，成功帮助过脸书、推特（twitter）等明星企业。而中国的众多在美国上市的中概股，各种VIE结构的企业，都有在硅谷银行开户。硅谷银行深受华人富豪的欢迎。

2023年的当地时间3月10日，硅谷银行突然暴雷。美国联邦存款保险

公司（FDIC）发布声明，美国加州金融保护和创新部（DFPI）当日宣布关闭美国硅谷银行，并任命 FDIC 为破产管理人。为保护投保的储户，FDIC 创建了存款保险国家银行（DINB）。硅谷银行在关闭时，作为接管人的 FDIC 需立即将硅谷银行所有受保存款转移到 DINB。在前一天，股市已经出现征兆，硅谷银行从开盘价 176.55 美元暴跌至 106 美元，并在 10 日的美股盘前交易中再度暴跌逾 60%，随后进入停牌状态。硅谷银行暴雷事件的导火索出现在 3 月 8 日，当天硅谷银行大举抛售了 210 亿美元的债券，造成 18 亿美元亏损。同时该公司称将通过出售股票的方式筹集 23 亿美元，以弥补这一笔“债券甩卖”带来的巨额亏损。债券的亏损，源于美联储在 2022 年以来不断地快速加息，央行加息让债券下跌。

在美联储接管后接下来的 48 小时内，美国大量的储户涌入银行分行，试图提取他们的存款，挤兑风潮发生了，给整个金融体系带来了严重的动荡。在危机的压力之下，在 3 月 12 日，美国财政部、美联储、FDIC 发表联合声明，宣布对硅谷银行倒闭事件采取行动。

到 2023 年 3 月 26 日，FDIC 发布声明，宣布第一公民银行就硅谷银行过渡银行所有存款和贷款达成收购协议。硅谷银行过渡银行的 17 家前分行将于当地时间 3 月 27 日起以第一公民银行的名义开业。当地时间 2023 年 3 月 27 日，FDIC 主席马丁·格伦伯格表示，FDIC 花费了 200 亿美元处理硅谷银行倒闭事件，另花费 25 亿美元处理签名银行倒闭事件。而美联储也采取了一种特殊的 QE 进行救市，对银行的债券进行按照票面价值进行贴现。对于那些由于美联储加息而深度跌破面值的债券，所谓的贴现就是美联储购买，因为谁也不会赎回的，美联储变相承担了美国的银行损失。

美国对硅谷银行的处理方案，让储户基本上得到了清偿，保护了美国的金融体系，看似一切都很和谐。但两个月后，亚洲储户们却被迫接受一个令人震惊的事实：他们在硅谷银行开曼群岛分行的存款竟然被全部没收了。

硅谷银行开曼群岛分行的储户资金，被 FDIC 没收，理由是这些钱在美国境外，并不受美国存款保险制度的保护。作为免税天堂，很难说清开曼群岛存有多少来自世界各地的私人资金，而其中占比最大的还是亚洲储户。一夜之间，数以亿计的资产被全部没收。这笔存款到底有多少？截至 2022 年年底，存款数额大约是 139 亿美元。对境外的财富存款采取没收的方式，就是逼着各种避税天堂的钱都向美国流动。这背后也是一种征税权的博弈。这些钱若存在开曼群岛是免税的，美国没有办法对其征税；若这些钱存到了美国境内，则一定是要向美国缴税的。此事件的结果，就是今后避税离岸港的生存空间会被进一步压缩。

在硅谷银行暴雷之后，还需要注意的就是黑石集团（Blackstone Group）的暴雷。黑石的暴雷是信托基金的暴雷。各种形式的避税看似可以通过信托进行，但事实上并不那么简单。西方国家的吃相是非常难看的，包括所谓最有信誉的黑石集团也是如此。

黑石集团是全球最大的另类资产管理机构，截至 2022 年第四季度，管理资产 9509.5 亿美元，其业务板块包括房地产、私募股权、对冲基金、信用及保险。其中房地产是其第一大业务板块，2022 年地产板块资产管理规模达 11177.5 亿美元，占比 34%。这些资产里面大量是以信托的方式存在的，此次暴雷与信托的挤兑也有关系。

2022 年 10 月份以来，黑石集团旗下房地产信托基金（BREIT）遭到挤兑，黑石集团从限制赎回比例、出售旗下资产和高成本外部融资三方面应对。BREIT 主要投资于美国相对成熟的商业地产以及房地产相关债券，是开放式私募 REIT，按月分红，每月可进行申赎，月度赎回额不可超过基金净值的 2%、季度不能超过 5%。但自 2022 年 10 月起，BREIT 的资金申赎比例多次触及上限。其中，2022 年 10 月申赎额度高达 18 亿美元，占资产净值的 2.7%。为避免恐慌挤兑风险，黑石集团全部批准；11 月申请赎回者持续增加，黑石集团批准43%，金额达13亿美元；12月仅有0.3%的赎回请求被批准；2023年1月，申赎金额仍高达53亿美元，黑石集团仅批准赎回了13亿元。即黑石集团的信托遭遇了类似银行挤兑的赎回潮，而黑石集团对赎回进行了限制，很多应当能够赎回的申请没有得到批准。

到了2023年3月5日，赎回潮下黑石集团的财务状况进一步恶化，黑石集团旗下的5.62亿美元的商业地产抵押贷款支持证券（CMBS）违约。2018年黑石集团旗下房地产信托基金以19亿美元私有化芬兰企业SpondaOy，该公司在芬兰拥有房地产，也负责租赁和开发芬兰地产。CMBS中的底层资产是基于SpondaOy写字楼和商店（在SpondaOy资产中占比10%到15%左右）的抵押贷款，放款人为花旗银行和摩根士丹利，投资者通过投资获取固定收益，到期时间为2023年2月14日。2022年芬兰房地产市场低迷，难以支付投资者利息，黑石集团寻求展期未果，因此被判定违约。对一个资产规模大约万亿美元的金融机构来说，一个5亿多美元的产品就可以违约，只占其资产规模万分之五的钱都拿不出来，说明它实际遭遇的压力有多大，财务有多紧张。

在美国硅谷银行和黑石集团相继暴雷下，美国开始向外转移危机。下面就是瑞信银行的暴雷了。瑞信银行的暴雷导火索是美国的评级机构的评级下调和美国的四大会计师事务所对瑞信银行出具了否定性的审计报告，可以说是美国一手导演了瑞信银行的暴雷。

在中立国瑞士的瑞士信贷银行成立于1856年，是瑞士第二大银行，第一大银行是瑞士瑞银集团，两家集团长期以来是竞争对手。瑞信银行也是世界第五大财团，下面有著名的华尔街投行第一波士顿。在瑞信银行最巅峰时期，其手里管理着1.2万亿美元的资产，主要提供资金存取和金融服务，在金融界有良好的口碑和声誉。不过从2022年开始就有传闻，瑞信银行因投资陷入运营困境。所谓空穴不来风，瑞信银行的资产也在一路下滑，从1.46

万亿缩水至 5700 亿美元，仅 2022 年就亏损 78 亿美元。

在暴雷之后，瑞信银行的市值为 79 亿美元，总资产超过 5000 多亿美元，净资产还有近 500 亿美元，但这些资产瑞信会给谁？明显是不能给债权人和中东富豪大股东的，所以瑞士政府直接修改法律，可以不通过沙特同意，就低价卖掉瑞信银行。瑞银集团以 30 亿瑞士法郎的低价就收购了瑞信银行，其背后是巨大的利益输送。瑞士为了解除瑞银集团吞并瑞信银行的流动性压力，还让瑞士央行给瑞银集团提供了 90 亿瑞士法郎的担保资金，但这笔钱并没有被实际动用。原因就是瑞信银行的很多储户债权人，其实是不存在的。瑞信银行一百多年的历史当中发生了太多的事情，两次世界大战和存款人的非正常死亡，都导致了很多债权人无法在瑞信银行取款。想想当年希特勒屠杀犹太人，多少犹太人的财富存在中立国瑞士，他们死后是取不出来的。

在西方国家一次次的洗劫之下，各种避税天堂的诱惑其实就是一个泡沫。在开曼群岛的存款不保险，在瑞士银行的存款和债券不保险，在著名机构的信托不保险。西方的金融货币霸权，在中国崛起之下，要不断从世界收割财富，我们要对其有清醒的认识。

- 8 -
打造人民币圈子，规避美国铸币税

中国的崛起、中国人民币的国际化，使中国与美国的博弈日渐激烈，中国不称霸但也不愿意被他国渔利，中国不接受美国金融霸权铸币税的转嫁，中国也要积极应对在间接税领域铸币税的全球转嫁问题。在征税权领域，铸币税的征税权还在霸权国家手里。

美国将 QE 常态化大家都看到了，同时美国也利用各国的外汇流动性不均衡，搞加息和收回流动性，让世界各国进入危机的状态。2023 年以来，美国通过加息和收回流动性，美元的流动性全球紧张，美国的广义货币 M2 也出现了历史性的连续减少。

美联储公布的最新数据显示，2023 年 3 月份美国 M2 货币供应量（未经季节性调整）为 20.7 万亿美元，同比下降 4.05%，不仅创下自 1959 年首次引入该数据以来的最大同比降幅，而且连续第四个月收缩。数据显示，三年新冠疫情期间，美联储资产负债表从 4.2 万亿美元扩张到 9 万亿美元，总共放水约 4.8 万亿美元。与此相对应，美国 M2 由 2020 年 3 月的 16.1 万亿美元膨胀至 2022 年 3 月的 21.9 万亿美元，涨幅超过 36%。一路飙升的最高点也就是下落的起始点。2022 年 3 月，美国 M2 拐头缓降，至 2022 年 12 月收缩至 21.21 万亿美元，同比负增长 1.3%；进入 2023 年以来，美国 M2 的同比萎缩幅度不断放大，从 1 月的 1.7% 扩至 2 月的 2.2%，直至 3 月的 4.05%。

美国连续收紧美元流动性，带来的是全球进入衰退期，是金融危机。美国让各个传统的制造国家、传统的顺差大国都出现了不同程度的贸易逆差。

日本财务省公布的初步统计结果显示，日本 2023 年 4 月贸易逆差为 4324 亿日元（1 美元约合 137 日元），同比下降近 50%，这是日本连续 21 个月出现贸易逆差。日本财务省公布的 2022 年贸易统计初值（以通关为准）显示，日本出口额减去进口额的贸易收支为逆差 19.9713 万亿日元（约合人民币 1.05 万亿元）。据日本共同社 2023 年 1 月 19 日报道，上述贸易逆差是有可比数据的 1979 年以来的历史最高额，大幅超过 2014 年创下的 12.8161 万亿日元纪录。外汇的全年平均汇率为 1 美元兑 130.77 日元，创 1998 年以来约 24 年的日元新低。

根据韩国国际贸易协会公布的公开数据显示，2023 年一季度韩国出口同比下降了 12.6%，当即就出现了高达 225 亿美元的贸易逆差。韩国外贸连续 14 个月出现逆差。

德国联邦统计局最新的贸易数据显示，德国 2022 年 5 月出口额同比增长 11.7% 达 1258 亿欧元，进口额同比增长 27.8% 达 1267 亿欧元，有近 10 亿欧元的贸易逆差。经过统计口径变化调整之后，这是德国自 1991 年以来首次出现贸易逆差。30 年前在两德正式统一的情绪提振下，德国民众狂欢式的消费需求爆炸曾短暂使德国陷入一个月的贸易赤字。2022 年德国外贸顺差由 2021 年的 1753 亿欧元降至 797 亿欧元，创 2000 年来最低值。

在世界制造大国都陷入贸易逆差的时候，中国的外贸顺差却创造了历史纪录。据海关统计显示，2022 年，我国外贸进出口总值 42.07 万亿元，超过 40 万亿元，创造了历史新高，比 2021 年增长 7.7%。其中，出口 23.97 万纪元，增长 10.5%；进口 18.1 万亿元，增长 4.3%。2022 年货物进出口顺差 58630 亿元，比上年增加了 15330 亿元，折合美元顺差 8776 亿美元，创造了世界纪录。

到了 2023 年，中国的外贸顺差继续增长。据海关总署统计，2023 年前 5 个月，我国进出口总值 16.77 万亿元人民币，同比（下同）增长 4.7%。其中，出口 9.62 万亿元，增长 8.1%；进口 7.15 万亿元，增长 0.5%；贸易顺差 2.47 万亿元，扩大了 38%。按美元计价，2023 年前 5 个月我国进出口总值 2.44 万亿美元，同比下降了 2.8%。其中，出口 1.4 万亿美元，增长了 0.3%；进口 1.04 万亿美元，下降了 6.7%；贸易顺差 3594.8 亿美元，扩大了 27.8%。

越南国家统计局公布的数据显示，2023 年 1 月至 5 月，越南出口额为 1361.7 亿美元，同比下降 11.6%；进口额为 1263.7 亿美元，同比下跌 17.9%。2023 年前 5 个月，越南对外商品贸易顺差扩大至 98 亿美元，2022 年同期越南的贸易顺差金额只有 2.4 亿美元，暴涨了 40 倍左右。但之前的顺差额实在太小，总体进出口规模与中国有数量级的差别，中国的经济在这一轮没有让美国转嫁铸币税的目的实现。

中国能够使得美国不能向我们转嫁铸币税，关键还是中国的人民币国际化的成功，直接对美元的金融霸权进行了挑战。这两年，人民币的国际计算量大幅度增长，中国对外结算逐步实现了以人民币为主。2022 年，我国货物贸易跨境人民币结算金额为 7.92 万亿元，同比增长 37.3%，直接投资跨境人民币结算金额 6.76 万亿元，同比增长 16.6%。2023 年 4 月 26 日，根据国内媒体公布的消息，2023 年 3 月，我国在跨境贸易中人民币结算首次超过美元。根据外汇管理局的数据，2010 年，我们刚刚推出人民币跨境结算，这一年其占比为零，而到 2023 年 3 月，人民币跨境结算已经占对外贸易结算份额的 48%。而美元从我国对外贸易结算的 83% 下降到了 47%，几乎相当于腰斩了。

不光是中国自己的贸易结算使用人民币，而且在美国制裁俄罗斯背景之下，俄罗斯的国际结算也采取了人民币。俄罗斯与孟加拉国的建设项目就是用人民币进行结算的。2023 年 4 月两国达成协议，根据两国新协议规定，孟加拉国将通过一家中国银行与俄罗斯进行支付结算，俄方将使用人民币跨境支付系统（CIPS）接收款项。另据孟加拉国《每日星报》报道，孟加拉国政府目前已经将应付给俄罗斯的款项预留给孟加拉国央行，双方将以这种方式结算一笔价值 3 亿美元的款项，正式付款将在两国政府达成最终协议后开始。

巴西政府 2023 年 3 月 29 日表示，巴西与中国达成了一项协议，不再使用美元作为中间货币，而是会使用本币进行贸易结算。据称，中国人民银行与巴西中央银行签署了在巴西建立人民币清算安排的合作备忘录。巴西人民币清算安排的建立，将有利于中巴两国企业和金融机构使用人民币进行跨境交易，进一步促进双边贸易、投资便利化。巴西的粮食大豆和铁矿石等多种资源都是中国需要的，中国能够同巴西进行人民币贸易结算的意义重大。

中国在美国收回美元流动性的时候，进行了人民币的国际扩张。美元的 M2 在全球衰退之下萎缩，而中国人民币的 M2 的数量依然保持着快速的增长。中美的货币政策是反向的，中国在美国实施货币收缩政策的时候实施了宽松的货币政策（见表 6-1）。

表 6-1　中国人民币货币发行数量的增长

单位：亿元人民币

项目	2023 年 1 月	2023 年 2 月	2023 年 3 月	2023 年 4 月	2023 年 5 月	2023 年 6 月	2023 年 7 月	2023 年 8 月	2023 年 9 月	2023 年 10 月	2023 年 11 月	2023 年 12 月
货币和准货币（M2）	2738072.06	2755249.23	2814566.31	2808469.34								
货币（M1）Money	655214.16	657938.74	678059.63	669761.55								
流通中货币（M0）	114601.30	107602.58	105591.30	105904.46								
注：自 2022 年 12 月起，“流通中货币（M0）”含流通中数字人民币。12 月末流通中数字人民币余额为 136.1 亿元。修订后，2022 年各月末 M1、M2 增速无明显变化。修订后“流通中货币（M0）”增速如下。												
项目	2022 月 1 年	2022 年 2 月	2022 年 3 月	2022 年 4 月	2022 年 5 月	2022 年 6 月	2022 年 7 月	2022 年 8 月	2022 年 9 月	2022 年 10 月	2022 年 11 月	2022 年 12 月
流通中货币（M0）	18.5%	5.8%	10.0%	11.5%	13.5%	13.9%	13.9%	14.3%	13.6%	14.4%	14.1%	15.3%

数据来源：中国人民银行网站。

人民币的海外扩张和人民币结算量的增加，还有一个关键因素就是人民币利率的下降。2023 年，中国每个买房人都可以发现自己的房贷利率降到 4% 以下了，央行的 MLF 利率也在不断降低。虽然中国人民银行短期贷款的年利率依然为 4.35%，但贷款市场报价利率已经大幅度降低，很多银行的贷款实际利率只有 3.25%。而美国在美联储不断加息之下，利率已经达到 5% 以上了。中国利率低于美国利率，这在近代历史上是没有的。人民币的利率更低，各国可以通过与中国人民银行的货币互换，把自己的美元债务变成人民币债务，从而降低自己的财务成本，进而降低美元的铸币税。各国未来偿还人民币，可以通过与中国的贸易来获得人民币，所以它们与中国的贸易当然更愿意收取人民币了。人民币的扩张，打造了中国的货币圈子。

在人民币扩张之下，我们还可以看到，人民币的汇率有少量的贬值。为什么在中国外贸顺差不断创新高的基础之下，人民币还要贬值？这与央行的人民币海外扩张政策有关。在国际金融领域，有一个著名的结论就是：劣币逐良币。要让各国愿意把美元债务变成人民币债务，当然就需要人民币处于相对弱势地位，否则将来人民币大量升值，这些债务就变成高利贷了。

中国不愿被美国铸币税薅羊毛是中美矛盾的根源。中国能够持续崛起强大，也需要减少和转嫁美国的铸币税负担。征税权的博弈是国家强大和可持续发展的关键层面。总被发达国家的铸币税掠夺，就不能走出中等收入国家的陷阱，因为铸币税遏制了收入增长和财富积累。

第七章

碳排放背后的征税权博弈

2020年9月22日，中国政府在第七十五届联合国大会上提出："中国将提高国家自主贡献力度，采取更加有力的政策和措施，二氧化碳排放力争于2030年前达到峰值，努力争取2060年前实现碳中和。"中国提出争取2060年前实现碳中和，这是基于推动构建人类命运共同体的责任担当和实现可持续发展的内在要求做出的重大战略决策。

同时，中国还建设了碳交易市场，争取碳交易的定价权。中国全国碳排放权交易市场2021年7月16日启动上线交易。发电行业成为首个纳入中国碳市场的行业，纳入重点排放单位超过2000家。中国碳市场将成为全球覆盖温室气体排放量规模最大的市场。

中国更需要的不是买入、储备碳排放权，而是能够主导碳交易的定价权。中国在碳交易市场上，可以把自己植树造林的碳权利拿来交易。在这里我们主要是供货方，不是采购方。

笔者在10多年前写过关于碳排放的文章，大家可以找来看一下。它有助于大家了解排放权的博弈到底是怎么回事。

- 1 -
碳排放背后的多重利益博弈

· 绿色经济与信息经济的竞争

绿色经济是以市场为导向、以传统产业经济为基础、以经济与环境的和谐为目的而发展起来的一种新的经济形式，是产业经济为适应人类环保与健康需要而产生并表现出来的一种发展状态。简·雅各布斯等人在20世纪90年代所提出的绿色经济学中倡议，在传统经济学三种生产基本要素（劳动、土地及人造资本）之外，必须再加入一项社会组织资本（Social and Organization Capital，SOC）。信息经济又称资讯经济、IT经济。作为信息革命在经济领域的伟大成果的信息经济，是通过产业信息化和信息产业化两个相互联系和彼此促进的途径不断发展起来的。所谓信息经济，是以现代信息技术等高科技为物质基础，信息产业起主导作用的，基于信息、知识、智力的一种新型经济。

绿色经济的核心之一就是碳排放问题。碳排放问题提出的背景是：地球的气候变暖，会对人类的生存造成重大威胁，因此需要限制温室气体的排放，主要的温室气体排放就是二氧化碳的排放问题（简称碳排放）。针对全球气候变暖的挑战，国际社会在1992年制定了《联合国气候变化框架公约》（以下简称《公约》）。《公约》被认为是“冷战”结束后最重要的国际公约之一。国际社会又于1997年12月在日本京都召开的《公约》第三次缔约方大会上达成了《京都议定书》。

我们应当注意到的是，绿色经济的主导权在欧盟等国，而当今单极世界的霸主美国并不是绿色经济的主导者。美国主导的是信息经济，世界最主要的网络信息公司在美国，芯片的核心 CPU 技术美国也是领先于世界其他国家，计算机软件和数据库的核心技术和标准也是由美国掌控的。当今就是欧盟主导的绿色经济与美国主导的信息经济的博弈的时代。

美国通过他们领先的信息技术进行市场垄断。美国通过信息贸易享有世界资源的主导权。欧盟把这样的资源享用通过绿色经济的方式加以限制，比如，限制美国的碳排放本身就是限制美国在世界资源上的发言权。欧盟希望把绿色生活方式信仰化，在绿色经济上争夺这个世界的话语权。

而我们中国人口众多，要消费大量的资源，中国要发展经济就需要进行大量的基础建设，消耗大量的资源，这些资源的消耗难免会造成碳排放的增加，而这是西方发达国家所不愿意的。中国占有更多资源与西方竞争是西方发达国家所不愿意看到的，因此，虽然他们之间对于世界的主导权有博弈，但是他们限制中国多占有资源的立场却是一致的。发展中国家对于中国快速的崛起也是有压力的，所以，中国会在碳排放上感受到世界各国施加的巨大压力。但是，中国也要看到世界进入信息经济和绿色经济的博弈时代，这会给我们带来新的机会和空间。我们要做的是认清自己的博弈位置，为自己的发展争得空间。

· 碳税背后的博弈

什么叫碳？举个例子，假如，生产 1 吨水泥就会产生 1 吨二氧化碳，1 吨二氧化碳要缴纳 10~70 美元的关税。想想看，有多贵？假如，1 吨转炉钢会产生 1.8 吨二氧化碳，1 吨电炉钢会产生 0.6 吨二氧化碳，你可以算算要缴纳多少税费。再举个例子，某歌手的全球巡回演唱会带来了 1635 吨的碳排放，如果征收碳关税的话，1635 吨 ×10 美元（或者 70 美元），假设碳关税是 30 美元 1 吨，那么这场演唱会要缴纳的碳关税就是 1635 吨 ×30 美元，即49050美元。换个角度举个例子，某演员为了抵消她在前一年飞行149483千米所产生的碳排放（大概19.5吨），她得花6000元买238棵树，来弥补这些碳排放。北京的八达岭，被称为碳汇林林场。你花1000块钱买到的碳汇林可以抵消你所排放的5.6吨二氧化碳，一般一个中国普通家庭两年排放的二氧化碳总量就是5.6吨。各位读者想一下你们的未来，以后可能连呼吸排放的二氧化碳都要收费了。事实上，这个市场已经建立起来了。欧洲不但建立起了碳交易市场，而且建得非常好，其中包括了各种衍生性金融工具。

《京都议定书》允许发达国家和发展中国家合作实施温室气体减排。也就是说，为了达到《京都议定书》规定的减排任务，有减排指标任务的发达国家，可以到发展中国家购买排放指标。这样就在碳排放等问题上人为地设定了一个商品和利益模式，这样的商品实际上是衍生出来的。

《京都议定书》规定，当某国不能按期实现减排目标时，可以从拥有超额配额（或排放许可证，简称CER）的国家（主要是发展中国家）购买一定数量的配额（或排放许可证）以完成自己的减排目标。同样，在一国内部，不能按期实现减排目标的企业也可以从拥有超额配额（或排放许可证）的企业那里购买一定数量的配额（或排放许可证）以完成自己的减排目标。清洁发展机制（CDM）便因此形成，碳排放构成了一个“大宗商品交易”的国际市场。在此机制下，当前全球碳交易市场年均交易额已达300亿美元，预计将来还会大幅增加。《京都议定书》正式生效后，全球碳交易市场出现了爆炸式增长。在欧洲，企业可以通过买卖二氧化碳排放量信用配额来实现排放达标的目标。碳排放已经成为一种市场化的交易。在伦敦金融城，除股票、证券和期货交易所外，还有不少专门从事碳排放交易的公司。

众多碳交易市场中，主要有欧盟碳排放交易体系、英国碳排放交易体系、美国芝加哥气候交易所和澳大利亚新南威尔士州的温室气体减排体系等4个碳交易市场。其中，欧盟碳排放交易体系是全球最大的碳交易市场，而英国的伦敦金融城和美国的芝加哥气候交易所已经成为全球碳交易的两大中心。目前，全球范围内共有 20 多个碳交易平台，交易标的主要有两种，一是二氧化碳排放配额，以及由此衍生出来的类似期权与期货的金融衍生品；二是相对复杂的减排项目。

更值得关注的是，法国等少数发达国家提出的征收碳关税提议，在全球引发了争议。尽管遭到了欧盟的一致反对，但法国仍单方面提出，从 2010 年开始对那些在环保立法方面不及欧盟严格的国家的进口产品征收碳关税。在此之前，法国已宣布对本国的家庭和企业征收这一新税种，主要针对石油、天然气和煤炭方面的消费。所谓碳关税，主要是指如果某一国生产的产品不能达到进口国在节能和减排方面设定的标准，就将被征收特别关税。

美国以前就提出过要征收碳关税，德国、日本和中国都反对。但美国依然于 2019 年 6 月 26 日在众议院通过法案，授权美国政府对于出口到美国的产品征收碳关税，1 吨二氧化碳征收 10~70 美元。

我们可以看到的是，碳交易成了可以渔利的东西，给某个国家定多少碳排放指标，实际上就是给该国多少钱的权益。指标高了可以直接换取钱，而指标低了就必须从他国那里买，这是一个利益再分配的博弈过程。世界各国为了各自利益的博弈从来没有停止过，实物资源被瓜分殆尽以后，在环保方面又人为衍生出来了大量的衍生资源和利益。而更进一步的碳税，实际上就是新的贸易保护主义，如果真的要保护环境，不应该是征税而应该投资补贴进行环境保护，因为这些产品是进口国消费而不是出口国消费。所有这些都被冠以环保的帽子，背后其实是利益的角逐。

· 关于中国的碳排放

这样的碳排放规则对中国是非常不利的，因为中国碳排放的总量是世界第一。俄罗斯等独联体国家拥有大量铀矿等核能资源和发达的核技术；印度的气候情况是不用采暖的；虽然他们有使用空调、暖气的需要，但是空调、暖气对他们来说不是必需的。巴西等国家由于有世界上最大的热带雨林固碳，也不会有太大的压力，因此，中国被国际的竞争对手所孤立。

所有这些碳排放规则实际上是对中国的遏制战略。在现有能源中，天然气最清洁，石油燃烧排放的温室气体（二氧化碳）比较多，煤炭燃烧排放的二氧化碳最多，而煤恰恰占中国能源七成以上的来源。相比之下，法国70%的电力是核电，美国1/3的电力是天然气发电。如果中国接受了既有水平上的碳减排限额，就相当于设定了煤炭产量上限、火电以及发电设备产量上限等，这类无增长的行业将退回到用分红收益率估值。

另外，中国的建设需要大量的钢铁、化工等重工业，在全球遏制碳排放的下，钢铁、化工产业的成本也将大幅度上升。发达国家的建设期早已经过去，其对钢的需求量少，而且钢的保有量多，可以回收大量废钢利用电炉炼钢。中国的钢需求量极大，但钢的人均保有量较少，主要用铁矿石、炼铁水炼钢，二氧化碳的排放量无法减少。目前中国的人均电力消耗只有2149度，不及韩国的30%。假设到2025年，中国人均耗电量达到韩国水平，如果用煤炭发电，仅此一项就会增加70亿吨的碳排放量。即便新能源等得到迅猛发展，减排20亿吨，碳排放量仍然会多增50亿吨，从而使中国每年的碳排放量从目前的57亿吨增长到107亿吨。

可能很多人会说中国可以发展新能源产业，但是以现有的电网技术，类似风能、太阳能这样的不稳定电源还不能超过电网总容量的15%，否则会造成电压不稳定。也就是说，如果以当今中国的碳排放量接受碳减排限额，电力方面的新能源应用最多减排8.55亿吨。这里有人又想到了核电，但是核燃料不能随便买，中国的铀矿也不是很多。中国要是建设了大量核电站，谁会卖给你铀呢？又能够买多少呢？

假设设定了碳排放限额，中国的核电和新能源都是有限的，而风能、太阳能等新能源以及节能建筑等既有发电不稳定的问题，也有占地广的问题。中国能源储量在世界上占据优势的是煤炭，这样的结果就是新建火力发电装机容量必须在国际市场上购买排放权。按照现有的清洁发展机制推算，中国购买的排放量会达到约 50 亿吨 / 年，乐观估计每吨排放权售价 30 欧元，我们每年必须缴纳 1500 亿欧元的碳排放费。实际上，由于中国的购买量过于巨大，每吨二氧化碳排放权的价格可能会被炒到 100 欧元，从而导致中国每年必须缴纳 5000 亿欧元的排放费。这 1500 亿 ~5000 亿欧元的碳排放费是无法抵消的，只能转移到消费者头上。此外，汽车用油的碳排放费还未计算进来，中国在 2010 年的汽车销售量就超过了美国，达到 1200 万辆，我们知道汽车一箱油就会产生 200~300 千克的碳排放，四箱油就是 1 吨，所以汽车的碳排放量也是巨大的。

所以在碳排放限额的情况下，中国的损失是巨大的。西方各国竟然可以把这样的限制中国的手段给宣传成中国的巨大商机，说什么中国可以进行碳交易牟利，外国企业可以投资中国的减排项目而让中国获利。这样的机制只能说是一个利诱的陷阱，一旦给中国套上碳排放限额的枷锁，以中国的发展需要，将来需要购买碳排放指标的就不是外国而是中国了。那个时候的指标价格会更加高昂，就如当初中国出口石油的时候油价才 20 美元左右 1 吨，但是到中国进口石油的时候油价就飙升了很多倍了。碳排放也是一样的，对于这样的博弈机制，我们不能依据西方国家制定的规则，要找到自己的博弈抓手。

对于西方国家给世界造成的历史损害，美国气候变化特使托德·斯特恩已经公开大言不惭地说：“美国无须对碳排放历史内疚和做出赔偿。”相关数据显示，发达国家人口总数不到全球的 20%，但从 1900 年到 2005 年，其温室气体排放总量却占全世界的 80%，1950 年以前排放的温室气体 95% 都源自发达国家。而作为最主要的温室气体，二氧化碳排至大气中后，少则 50 年，长则 200 年不会消失，所以不把碳排放历史计算进来对于中国是极大的不公。世界发达国家在自己大量排放温室气体取得发达以后，再以碳排放的理由限制中国发展而不提他们的历史，任何一个国家在建设期都一定会有更多的碳排放，如果不能给中国与发达国家发展初期同样的碳排放标准就是对中国的极大不公。

- 2 -
碳排放的西方双重标准

· 碳排放必须在人权上平等

如果我们注意各种宣传中对碳排放的提法，就会发现，美国的说法是“温室气体排放量”，中国的说法是“单位国内生产总值二氧化碳排放”，这是有很大不同的。根据《联合国气候变化框架公约》《京都议定书》的规定，发达国家的减排是强制性的、有绝对的减排量，而发展中国家则是相对减排，且并不具有强制力。发达国家指的是总量减排而发展中国家指的是减低碳强度。总量减排是指在一个国家或地区一定时期内二氧化碳排放的总量的基础上设定的减少二氧化碳总排放量的目标，总量减排对经济发展有较大影响；而降低碳强度指的是产生万元国内生产总值排放的二氧化碳数量，降低碳强度只是降低单位国内生产总值排放二氧化碳的数量，不一定会产生二氧化碳总量减少的结果。

2009 年涵盖全球 185 个国家和地区的二氧化碳排放指数研究报告显示，

澳大利亚年人均排放 20.58 吨二氧化碳，超过美国的 19.58 吨，成为全球人均二氧化碳排放最多的国家。以人均历史碳排放总量计算，中国为 66 吨，而英国和美国均高达 1100 吨。以历史而论，中国只是美英等国的近 1/20。2009 年中国的人均二氧化碳排放量在上述 185 个国家里也排在第 44 位，年人均二氧化碳排放量仅为 4.6 吨，不及澳大利亚和美国的 1/4。这样的情况对于中国人是极大的不公平，西方国家对于自己和他人使用的是双重标准。

我们进一步讲，碳排放权就是一项人的基本权利，属于基本人权。人只要是活着就需要呼吸，就要呼出二氧化碳，就会有碳排放，我们的吃喝拉撒也会产生碳排放，我们生火做饭和取暖同样要产生碳排放。人类的生产力越高，社会越发达，碳排放也就越多，因此碳排放权力的大小直接关系到一个人的生存空间和状态。没有碳排放也就没有生命。即使是为了人类生存的共同需要而限制碳排放，也需要尊重每个人在人权上的平等，对于奢侈、高额的碳排放应当征税，以补贴低碳排放的人群。当今西方国家的碳税是没有区分人群的，由于穷人是大多数，其结果就是剥夺穷人的利益来满足富人的奢侈。国与国之间同理。因此，我们要先明确碳排放权在人权上的平等问题，有了这样的前提才可以讨论其他问题。

西方国家一向主张人权大于主权，以人权干涉他国主权，但是在碳排放这件事上应当在人权上平等，西方国家却以国家为单位不以人权说话了。是碳排放的权利不应当由于国家的不同而有所区别，而应以人权为核心。发达国家历史上对世界环境的影响极大，本来就应当补贴和帮助欠发达国家，按照人均制定标准，以市场交易的方式把自己多排放的碳向非洲、亚洲等低碳排放国家匀出来。

西方国家限制中国的时候讲总量，贬低中国的时候讲人均，这样的双重标准要不得。

我们在碳排放的谈判当中，需要讲的不是人均，而是人权。每一个人有多少碳排放权，这才是碳排放问题的根本。让世界的每一个国家限制本国的超过碳排放规定的高排放人群，这才是世界在人权和种族公平方面的体现。

· 看穿西方国家在碳排放上的嘴脸

在碳排放的博弈当中，我们需要注意的就是西方采取了有利于他们的不公平的计算方法。西方社会的运转离不开司法和财务，但他们对于碳排放的计算恰恰违背了法理和财务惯例。

司法的原则首先就是公平的原则，也就是在碳排放上需要有公平的机制。这样的公平就是人的平等，每个人的排放量不一样是不行的。同时，对于可以减排的各种能源大家要有公平的、完全开放的市场交易机制。这恰恰是西方国家做不到也不允许自己做到的。欧洲很多国家的低碳排放是建立在核能的大量使用基础上的，但是对于核技术、核原料西方国家却禁止很多其他国家拥有和研制，即使是中国也不能按照市场原则购买核原料。如果你不能让他人与你同等地使用减排技术和能源，不能让他人公开同等地购买和交易减排资源，你凭什么要求人家与你承担一样低的碳排放量？

在当今的法制社会，司法的根本原则就是权利和义务要对等。在财务上，我们的财会准则也是记账的责权发生制，各种费用支出是与利益紧密挂钩的。对于碳排放，我们也应当遵守这样的原则，就是碳排放不能以哪个国家排放的多少为唯一标准，还要看谁在最终消费这些碳排放所生产的产品，产品的消费者有享有产品的权利，当然就要在产品上承担义务，这个义务就应当包括这个产品的碳排放。如果这样计算的话，西方国家进口和消费大量的高碳排放产品，出口产品的碳排放却很低，所以他们要承担的碳排放数量还需进一步的增加。

我们可以看到的是，发达国家减低碳排放的一个常见做法就是把高碳排放的产业转移到其他国家去，从而达到本国低碳排放的目的。但是这些高碳排放的产品这些国家还是要使用的，只要他们使用这些产品，这些产品的碳排放就应当由他们承担。无论你把这些产业转移到哪个国家，无论被转移到的国家的碳排放如何，这些碳排放都应当按照权利义务对等的原则和责权发生制的原则记录在产品消费国的名下。这才是合理的。实际上，西方世界的碳排放比现在的记录要高很多，而中国饱受非议的高碳排放强度实际上是由于西方国家的产业转入而引起的。这些高碳排放的产品，是这个世界的必需品，把这些必需品的生产转移到哪个国家，哪个国家就会产生高碳排放。这样的国家本来自己已经付出了环境的代价，怎么还要受到世界的谴责呢？

我们还要注意到，财务中的资产添置、投资、递延费用、无形资产等都是需要按照实际发生效用的时间和使用年限进行摊销的，这也是权利与义务对等和责权发生制的基本要求。西方国家在制定碳排放标准的时候，早已经完成了他们国家的基本建设阶段，他们的历史碳排放是非常多的。而中国正处于建设阶段，碳排放当然比较多。我们看一下历史，英国和美国的人均历史碳排放量约达 1100 吨二氧化碳，而中国和印度的人均水平分别为 66 吨和 23 吨。西方国家的人均消耗量是中国的近 17 倍。如果按照摊销的原则把历史的建设消耗在当今还使用的摊销到今天，把今天的建设消耗要以后使用的摊销到将来，西方发达国家的碳排放量也许变化不大，中国的可就是天壤之别了。

我们可以以一个简单的比喻进行说明，工厂区的污染排放肯定要比办公区和居住区的严重多了，要让工厂区与办公区的污染排放一样，这本身就不公平。合理的做法应该是把在办公区使用的工厂生产的产品的污染排放计算在办公区的排放上，同时办公区的人们应给工厂区的人们进行环境补偿。还有西方国家对中国说盖房子会产生污染，却对于他们以前盖房子造成的污染只字不提。西方国家所谓的清洁排放等只是在使用这些设备的时候清洁，却

没有计算生产这些设备的能量消耗和排放问题。

中国的国内生产总值总额只占世界的3.3%，却消耗了世界1/3的钢材和煤炭、1/2的水泥，原因就是中国正处在建设期。这些年西方国家的新建住房不到1%，而中国基本上都是新建造的房子，这样的大规模建设肯定会让中国的碳排放高企。但是，这样的建设我们合理的使用年限是50年，摊销到50年以后我国的碳排放就非常低了。中国的建设期过后，碳排放就会自然地大幅度下降。根据国家有关部门的预计，中国到2050年以后碳排放将达到减少的拐点。

把这些碳排放摊销到50年中，中国人均近5吨的碳排放有约2吨要被摊销。而中国历史上摊销到今天的却很少，因为以前我国的碳排放很少。中国的另外一个经济发动机是出口，中国大量出口高耗能产品，中国压低能源价格的政策等于是补贴了这样的行业，例如需要大量耗电的炼铜业，中国每磅加工费只有几美分。中国进口的物资和知识产权、芯片等的碳排放是很低的，所以如果按照谁使用产品谁承担产品的碳排放的权利与义务统一的合理计算方式，这样5吨的碳排放里面还有30%要记在其他国家的账下，因此减去这两项，中国的碳排放就减去了2/3。中国的经济本来也是国内消费、投资和出口各拉动1/3的格局。国家统计局数据显示，2008年中国居民消费率（居民消费占国内生产总值的比重）为35.3%，美国为70.1%；储蓄率则从2001年的38.9%上升到2005年的47.9%，所以中国的碳排放有2/3要记在其他国家账下和进行摊销，这是与中国的经济、国情完全吻合的。摊销后中国的碳排放量不仅人均而且总量也在很多发达国家之后。“全球碳计划组织”（GCP）在《自然地球科学》期刊发表报告指出：“发展中国家已远远超越富裕国家，成为全球最大的二氧化碳排放来源。不过，他们排放的二氧化碳当中，有1/4得归咎于他们同西方国家贸易活动的增加。在2002年至2005年，中国所增加的碳排放量，就有一半来自该国的出口业。”所以中国的碳排放应当记账给西方国家的数量是中国当前排放量的一半，考虑到中国还有进口，从这个角度验证，也是以 1/3 计算比较合理。这样整个中国实际消费的碳排放也就不足人均 2 吨了。在权利与义务对等的责权发生制的计算模式下中国的人均碳排放量是非常低的。

笔者提出的按照责权发生制和历史摊销的方式，实际上就是清算了历史。因为西方的历史碳排放要摊销到今天的是很多的，中国则没有多少历史碳排放摊销到今天。这样的计算方式是符合西方的司法原则的。进一步讲，将来的国际争端、世贸组织仲裁等，均要遵循这些司法原则，我们是占据法理的一方。

西方国家对于中国的碳排放的指责是没有道理的，是违背他们的司法原则和财务原则进行不合理计算后得出的结论，对于中国是非常不公平的。大家需要擦亮眼睛看到世界博弈的本质。

· 应当科学计算碳排放强度

碳排放强度就是单位国内生产总值所排放的二氧化碳的量，这是发展中国家减排的主要指标。中国承诺到 2020 年减排 40%~45%，是世界最大幅度的减排。西方世界的科学精神是西方国家的社会基石，对于中国的碳排放的计算更应当是科学计算。

对于碳排放的合理计算，就是应当对工厂、办公和生活的不同性质的合理行为排放进行科学计算。不发达地区的人类活动碳排放很低的原因是人们处于较原始生存状态，是一个生活区，产业的碳排放量少。西方国家的生产已经是后工业化时代，基本是以研究、工业设计、第三产业、信息产业等为主的办公环境，他们的碳排放量无法与处于高速发展的建设区和正在生产的工业区相比。碳排放强度应当根据人类不同的生产活动进行科学计算。

第三产业基本是不怎么产生二氧化碳排放的，它更多的是人的消费活动。对于第三产业占全国产业的比重，美国占75.3%、日本占68.1%、韩国占55.1%、法国占72.4%（中国年鉴网），这一比例近年来都是比较稳定的。中国第一、第二、第三产业比重分别是15%、52%、33%，而世界平均比重是5%、31%、64%。所以我们不计算第三产业的时候，中国的碳排放实际上就是相对减半的。

我们还要注意到的就是，中国的工资总额占国内生产总值的比例为12%。而发达国家这一比例高达50%~60%，世界的平均值为40%。美国的工资总额达国内生产总值的58%。中国的工资总额占国内生产总值的比例低，不仅仅有劳动力收入分配不合理的问题，还有产业结构的问题。西方国家的第一、第二产业是研发、设计等工作，这些工作本身不会产生多少碳排放。中国的劳务外包企业、外来加工企业等人员工资也占生产产值的比例最大，是最主要的成本，但是这样的工厂不先进，他们的碳排放极低。因此我们应该看扣除人工工资以后的单位国内生产总值的碳排放数值，这样得出的数值才科学。这样的话，中国的碳排放在扣除第三产业减半以后还要相对减低一半左右，那我们的碳排放强度就比较低了。

根据美国能源部公布的数据显示，2006年中国每创造1000美元国内生产总值就要排放2.85吨来自化石燃料的二氧化碳；美国在2006年每创造1000美元国内生产总值，仅排放0.52吨二氧化碳；瑞士这一比例为0.17吨；较为贫困的乍得则仅为0.07吨。瑞士的数据主要来自没有碳排放的金融收益和钟表等精密工业，乍得是因为没有工业开发。我们就中国与美国进行比较，中国扣除了人员工资成本和第三产业的数据以后，单位碳排放是4.833，美国的单位碳排放是3.75，中美差距大大减少。这里还没有考虑世界将高耗能产业转移到中国的因素，所以中国虽然有技术相对落后能耗增加的问题，但绝对没有西方国家讲得的那么夸张。

在科学计算之下，中国对于自己的碳排放问题应当有信心。中国在第三产业发展和产业结构调整及人员工资提高以后，也就是经济大幅发展以后，碳排放强度自然会大大降低。我们承诺的目标是有现实基础的，中国的环境问题会随着时间的推移逐步解决。忽视历史和中国的产业结构的特殊性，不是一个科学的态度。

· 发展中国家的绿色壁垒

对于世界的绿色经济，在美好的宣传背后，我们也要看到其中的阴暗面，这个阴暗面就是绿色环保成了发展中国家的绿色壁垒。

这是发达国家在自身发展以后，以绿色限制他国发展的手段。对于一个贫困的国家来说，贫困问题和发展问题是比绿色问题更加核心的问题。我们不能说发展中国家牺牲环境寻求发展是正确的，但是发达国家正是这样走过来的。英国的泰晤士河有 100 多年是没有生物的死河，直到近几十年才逐步恢复了生机。如今，西方国家的好环境源于他们将污染工业转移到了发展中国家。对发展中国家限定高于发达国家当年发展经济时的环境标准，是不公平的。这样的结果就导致发展中国家在当今要赶超发达国家要付出比当年发达国家更大的成本，这多出来的成本就是壁垒。西方国家的极端环保主义者对于贫困地区发展经济本来就是反对的，他们希望后者保持原始状态，用政治手段强行阻碍这些地区的发展。

发达国家搞各种产品的环保歧视，要求高排放的国家承担碳排放税，但是对这些产品的消费却是发达国家享有的。按照权利与义务对等的原则，产品的使用者应当承担这个碳排放税。西方国家打着环保的名义，实为限制发展中国家的发展。对此中国的立场是明确的，中国商务部新闻发言人姚坚曾表示：坚决反对使用碳关税措施限制发展中国家贸易发展。

发展中国家进行开发建设要付出额外的代价，即使发达国家会给发展中国家环境补贴，但这是利用发展中国家的低成本给他们的高排放买单。发达国家从根本上是不希望发展中国家取得发达地位的，因为地球上的资源是有限的，更多的人富裕和更多的国家发达起来，人均能够享受的资源就会减少。发达国家绿色经济的背后，是他们的资源利益。绿色经济大家都需要，但是不能把绿色经济设置成发展中国家的新壁垒。

- 3 -
中国在碳排放方面的突出贡献

中国建议，将人口问题写进哥本哈根联合国气候变化大会的成果文件中。人口管理事关气候变化问题的解决，中国的实践表明，通过人口管理等有效措施可以实现社会的长期均衡发展。人口问题与气候变化紧密相关，中国的人口发展战略不仅关注人口自身的问题，更关注促进人口与经济、社会、资源、环境的协调和可持续发展。中国从人口最多的发展中国家的基本国情出发，提出人口、资源、环境协调、可持续发展的战略。中国已经制订了人口发展中长期规划，即到21世纪中叶，人口峰值控制在15亿人左右。之后，中国人口总量会缓慢下降，人均收入达到中等发达国家水平。

气候变化问题不能仅仅被看作是简单的环境或发展问题，应该更加综合地将人口、健康等问题纳入框架，并以综合的手段应对气候变化问题，将人类福祉和可持续发展作为最高目标才是最好的解决方式。不管是发达国家还是发展中国家，都有必要考虑制定可持续发展战略来应对气候变化问题。

我们应当看到中国的植树造林在固碳方面的作用。我们是世界上森林资源增长最快的国家。中国的森林覆盖率从 1949 年的 8.6%，增加到目前的 18.21%，森林蓄积量达到 124.56 亿立方米，活林木蓄积量达到 136.18 亿立方米，已经从根本上扭转了长期的“森林赤字”局面，成为“森林盈余”大国。在世界森林资源总体减少的情况下，中国的森林资源持续增长。中国人工林保存面积达到 5300 多万公顷，占世界人工林总面积的近 1/3，居世界首位，实现了森林面积和蓄积量“双增长”。2000—2005 年全球年均减少森林面积 730 万公顷，而中国年均增加森林面积 405.8 万公顷；全球人工林面积年均增加 280 万公顷，其中中国年均增加 148.9 万公顷，占全球人工林年均增量的 53.2%。根据中国国家林业局的统计数据，1999—2005 年期间，中国是世界上森林资源增长最快的国家，这些森林吸收了大量二氧化碳，为中国乃至全球经济社会的可持续发展创造了巨大的生态价值。中国森林固碳能力由 20 世纪 80 年代初的 136.42 吨 / 公顷增加到 21 世纪初的 150.47 吨 / 公顷。1980—2005 年，中国通过持续不断地开展造林和森林经营，累计净吸收二氧化碳 46.8 亿吨，通过控制毁林减少二氧化碳排放量 4.3 亿吨。2004 年中国森林净吸收了约 5 亿吨二氧化碳当量，约占同期全国温室气体排放总量的 8% 以上。我们要注意抓住自己的有利宣传点，为中国创造有利的博弈位置。

- 4 -
绿色经济是阴谋吗

当今环境问题是世界热点，在环境问题中，“碳排放”又格外引人注目。2009 年 12 月的“哥本哈根气候大会”前，出现的邮件泄密门的重大丑闻，让人们对世界环境问题的真实性产生了重大怀疑。科学家可以篡改数据，让严肃的科学问题失去了诚信，人们不禁要问：绿色经济是阴谋吗？

首先，气候变暖真的不好吗？笔者搜索了历史资料，在人类生存的历史上，尤其是在我们有文字记载的信史时代，地球上的气温是比现在高的。商周时代，中国的气温比现在要高 3~5℃；在明代小冰河期以前，当时的气温也比现在要高 1~2℃。我们还看到有资料报道气温变暖使得撒哈拉变绿，北冰洋溶化对俄罗斯这样的国家来说没准就是好事。气候变暖对于不同国家和地区环境的影响是不同的，是利是害往往很难评估。

其次，二氧化碳排放对于地球变暖的影响到底有多大？我们不要只看人类的碳排放如何快速增长，还要知道地球上的其他动物和微生物排放的温室气体有多少。其他动物碳排放量为每年 220G 吨（1G 等于 10 亿），人类活动产生的碳排放量在这十几年从每年 23.5G 吨增加到 26.4G 吨，还不到总排放量的 1%。所以说“人类产生的碳排放是气候变暖的罪魁”这一观点本身是存疑的。碳排放的增加和气温的升高，会让植物的光合作用大大增强，光合作用的结果就是降低二氧化碳量，这是一个地球自我调节的负反馈过程。另外，从历史资料中可以看到，几千年以来，地球一直处于冷暖变化中，最热的时候比现在热很多，那时人类还没有这么多碳排放。因此现在的全球变暖也可能与历史情况一样，是由自然和太阳的变化造成的。

最后，我们要看到西方世界所谓“绿色经济”背后的问题，他们降低“碳排放”的不少行为本身是有问题的。如近年来环保主义者所鼓吹的生物燃料，表面上生物燃料的确比石油更环保，并且可以利用太阳能，但把粮食用于制造生物燃料并非如想象得那么美好。在生产粮食的过程中，耕地、播种、施肥、收割、运输等，都要用到石油。如果把生产过程的污染加起来，生物燃料的总污染并不小于石油污染，而环保主义者却看不到这些。除此之外，土地用途的改变导致的碳排放增加，其量也大大超过石油。一加仑汽油的总碳排放（包括加工和最终燃烧环节）约为 20 磅，而生产一加仑玉米乙醇，改变土地用途会导致增加 325 磅碳排放。所以，欧洲所谓的绿色经济本身就是有问题的，各种固碳的有机质加到土壤中以后，经过微生物的降解照样要产生碳排放，只不过这样的碳排放不被他们计算在内而已。当年邮件泄密门的内容之一就是“绿色明星”丹麦的大量浪费和环保问题。

人类对环境的破坏到底有多大呢？我们发现，过去 30 年间，地球平均升温不足 1℃，但北冰洋大部分地区却上升了大约 3℃，一些冰原消失的地方，气温甚至上升了 5℃，这远超地球平均升温。这说明还有其他的因素影响着冰原融化，原因不仅仅是“碳排放”，其他影响因素的作用甚至更大。比如臭氧层被破坏造成地球紫外线增加，紫外线会破坏包括脱氧核糖核酸（DNA）在内的生物分子，海洋中的浮游生物会受到致命的影响。海洋生态系统被破坏，会使农作物减产，继而又加强了温室效应。比如，极地温度上升导致的极地冻土中的甲烷释放和冻土有机质降解排放是非常巨大且难以估量的，足以导致整个生物圈的熵平衡被破坏。这些影响不仅仅是“碳排放”的问题，更本质的还是熵增加的问题，是人类活动导致熵增的影响。按照热力学规律，温度增加就是熵增，全球变暖正是全球熵增加的体现，也是人类活动达到这样的临界点的一个体现。

笔者认为，发展绿色经济还是很有必要的。绿色经济的发展，使得 20 世纪 70 年代大家普遍担忧的能源危机没有发生，但是把气候问题简单变成“碳排放”问题就有问题了。因为影响气候的因素很多，臭氧层被破坏就是原因之一，生态破坏也是，更本质的是熵增问题，但是西方国家忽视这些问题只谈“碳排放”就有问题了。地球气候变暖应当有多种原因，“碳排放”只是其中的原因之一，但不是唯一原因。只不过“碳排放”是西方国家能够降低的东西，使用石油为主的西方发达国家与使用煤为主的发展中国家相比，同样的能量消费二氧化碳排放就少。而且西方国家已经渡过建设期，“碳排放”已经成为历史，所以借着环境问题炒作“碳排放”有他们背后的目的。

美国前副总统戈尔在哥本哈根世界气候大会上引用了一位科学家的话，称 5~7 年内北极冰块将融化殆尽，但这位科学家却称没有这回事。戈尔有自己的绿色环保产业，他这样的说法不由得让人联想到他产业的利益。各种环保数据均来源于各种绿色组织和产业，结果出现各种丑闻也就不奇怪了。

笔者认为绿色经济本身不是阴谋，但是有很多的阴谋披着绿色经济的外衣活动。我们需要绿色经济，也需要揭穿绿色经济背后的阴谋。很多遏制中国的阴谋和博弈也是如此，大家不要逢绿就叫好，要多想一想。

- 5 -
更本质的环境问题是熵增

对于环境问题，碳排放仅仅是一个影响因素，除了温室气体，还有化学耗氧量、生物耗氧量、核污染等，就算是清洁的天然气能源，也是对地球亿万年积累的一个消耗。西方国家把碳排放放到了首位是不公平的。西方国家采取的核能等能源是其他国家难以采用的，核能的污染会产生巨大的问题，核废料处理就是核能的软肋，但是他们回避了这个问题。新能源虽然在使用的时候没有碳排放，但是在生产新能源的设备的时候一样是有碳排放产生的。

对于所有这些问题，我们认为更加本质的环境问题应当是熵增。地球变暖也是一种熵增的表现。在热力学第二定律建立以后，第二类永动机被证明是不可能实现的，这个世界的熵只能增加。对于地球而言，让熵降低就必须使其有额外的能量，这就是太阳给我们的负熵效用。这样的效用在全球变暖的情况下，让我们知道熵在增加。在熵增的原理面前，我们知道这个世界的资源是有限的。能量是守恒的，可利用的能量在熵增下是越来越少的。熵的概念是普适的，碳燃烧等是熵增，化学耗氧、生物耗氧也是熵增，核能的使用还是熵增，熵的数值在物理上是很容易被计算和统计的。

碳排放是否会直接造成温室效应是存疑的，因为气温升高和二氧化碳浓度的增加会大大加强植物的光合作用，从而使碳被固化的植物产量更大。现在的气候变化对于世界的影响，更本质的应当是地球的熵的增加。在发展中国家，平均 1 亩地中化石燃料的投入是太阳能的 4 倍；在发达国家，化石燃料与太阳能的比值是 40 ∶ 1；美国这一比值高达 90 ∶ 1。自从 1859 年人类发现了石油，美国人就主要靠亿万年前的太阳能活着，我们种 1 亩地靠的是 1200 小时的人工，他们才用 10 个小时的人工，剩下的就是往地里泼汽油。这些问题直接造成了地球历史积累的负熵大量释放，地球进入了熵增。熵增问题才是更本质的核心问题。

环境问题的本质是熵增，大家应当计算各国的生产和消费给地球造成的熵增值。我们应利用责权发生制的模式，让所有产品的熵增以最终消费权利享有人来承担。这样我们就可以知道每一个人的生存消费给地球带来的熵增，可以统计出一个国家总体对地球熵增的影响。大家在人权上的平等应是熵增上的平等。

- 6 -
“美国退群”与欧洲在俄乌战争后的双重标准

碳排放其实就是西方国家攫取利益，限制后来竞争者的手段，尤其是限制中国发展的手段。将碳排放作为一个指标，对大量使用天然气的美国和欧洲各国有利。碳排放、碳税背后，实质是全球又一次的征税权博弈。

西方国家针对中国的这些措施，中国积极应对。中国的植树造林可以起到碳减排、碳中和的效果。中国的植树造林全球第一。同时，中国的新能源发展迅速，尤其是光伏产业，已经让光伏发电的成本远远低于火电成本了。中国对耗能的需求也逐步到了拐点，碳达峰的实现也指日可待。西方国家在卡不了中国脖子，同时自己付出的代价不小的情况下，双标就又不出意外地暴露了出来。美国要退群，欧洲则推迟了他们减碳的目标。

华盛顿时间 2017 年 6 月 1 日下午 3 时 36 分（北京时间 6 月 2 日凌晨 3 时 36 分），美国前总统特朗普在白宫玫瑰园宣布退出《巴黎协定》。他同时表示美国将开始协商新的条款，可能会重新加入《巴黎协定》，甚至缔结新的气候协定，但前提是“对美国公平”。他随后抨击了中国和印度，认为在《巴黎协定》条约下，中国和印度或是最大受益国。而实际上这个协定对中国的发展也是限制很大的，但在中国的积极应对之下，美国的特殊性表现出来了，美国人不愿意多承担义务了。

2015 年 12 月，《联合国气候变化框架公约》近 200 个缔约方在巴黎气候变化大会上经过反复讨论，最终达成一致意见：各方将加强对气候变化威胁的全球应对，把全球平均气温较工业化前水平升高控制在 2℃之内，并为把升温控制在 1.5℃之内而努力。全球将尽快实现温室气体排放达峰，21 世纪下半叶实现温室气体净零排放。这就是美国为什么宣布要退出《巴黎协定》的原因。美国在人均和总量方面都是碳排放的超级大国，当然不愿意按照欧洲的标准承担义务。

在美国退出之后，欧洲各国开始还在谴责美国，但很快就出于自身的利益需求，与美国一样开始不履行碳排放相关义务了。欧洲在 2022 年俄乌战争之后，天然气的出口价格暴涨，于是他们重启火电。此前，欧盟承诺到 2030 年减少至少 55% 的碳排放。2009 年，哥本哈根市政府提出要在 2025

年前实现碳中和。荷兰承诺到 2030 年，德国也承诺到 2038 年，淘汰煤炭能源。同时德国计划在 2030 年完全淘汰使用煤炭，但其目前已在加快立法进程，以重启燃煤电厂作为临时的替代方案。法国能源部在 2022 年 6 月底宣布，要重启 3 月份刚关闭的圣阿沃尔德的燃煤电厂。荷兰计划决定在 2022 年至 2024 年解除对燃煤发电的限制。奥地利政府重启了该国最后一家煤电厂——梅拉赫废弃煤电厂。

早在 2010 年，丁仲礼院士在参加央视《面对面》节目时，就与记者围绕“什么是公平的减排方案”进行过辩论式采访。丁院士对西方国家的双标认识得非常清楚，他认为联合国政府间气候变化专门委员会（IPCC）提出的“减排方案”实际上是“减排话语下的陷阱”，这为发达国家设计了比发展中国家多数倍的未来人均排放权，目的是要限制发展中国家的经济增长，加大富国和贫国之间的差距。

认清西方国家的双标，就可以知道环保只是外衣，利益才是本质。虽然保护环境是中国发展必须要做的工作，但此工作不能被西方的利益诉求所绑架，需要的是按照中国发展的进程，按照中国发展的需要来设计中国的环保政策。同时，环保层面的全球征税权博弈和财富再分配，也是我们需要思考的内容。

第八章

新理论时代的新征税权

- 1 -
财经理论的历史与变迁——新理论又诞生了

本部分将对经济学理论的发展做一个总结。不同的经济学背后是不同的货币定义，现在 QE（量化宽松）常态化之下，货币的概念又一次发生了改变。原来经济学的定义在布雷顿森林体系崩溃以后就早已经改变了。我们需要新的经济学来解释当今的世界。

· 现代货币理论及其历史变迁

美国 QE 常态化了，这背后是货币理论的深刻变革。我们对美国在 21 世纪开始建立的新货币理论缺乏了解，这对中国的崛起和中美博弈是不利的。

我们可以看到经济学有各种学派，不同学派的理论有巨大的差别，但这个差别背后到底是什么？为什么他们的理论可以自洽，但最后的结果又差别那么大？这些差异的根本在哪里？

不同学派的差别在于他们对货币的认识不同。每一种理论，都有其对货币的定义。在其定义的概念之下，建立了逻辑体系，形成了理论基础。货币到底是什么？从人类的发展历史来看，货币的定义一直在变化。

建立不同的货币定义的理论，只在货币符合其定义的时候是正确的。货币具有多面性，这也就是为何各种经济学理论虽然有差异，但它们都可能是正确的。这个关系类似欧氏几何和非欧几何的关系，是经典物理和现代物理的关系。

在布雷顿森林体系崩溃之后，货币的定义就发生了根本改变，但经济学公开的理论却没有相应的变化。现在 QE 常态化，货币的定义其实又一次发生了改变，那么经济学要怎么变？美联储在施行相关政策的时候，应当不是摸着石头过河，而是已经推演清楚的。

· 人类货币概念的轮回

对货币的定义，分为商品说和媒介说两种。货币到底是商品还是信用，不同学派之间差别巨大。

在中国历史上，“朋”字写法的演化，最开始是两串钱的象形文字。孔子注释的《周易》里面，有很多场合“朋”是当作两串钱来讲的，也就是说孔子肯定知道它这个原始含义，而且当时这个含义还很流行。

这其实就是告诉你，货币是信用，所以贝壳可以被当作货币。贝壳上面打孔，曾被印第安人用于结绳记事。孔子说“有朋自远方来，不亦乐乎”，其实带有双关的含义，能够使用货币做交易的，得是朋友和信用。

黄金最早表达的意思也是信用，比如说“金口一开”，这个金就是信用。后来商品货币成为世界的主流。重商主义的国家以贵金属的流入流出为追求。以马克思为代表的古典经济学家，讲的都是商品货币。他把价值定义为必要劳动时间，货币被作为一般等价物，也叫作古典货币。

西方国家建立央行体制，实施现代货币制度的时候，货币的定义更多的是媒介说，也就是将其作为交换媒介。货币开始还与黄金挂钩，现在已经更多与国债挂钩。国债就是国家信用。金本位崩溃后，第二次世界大战后建立了布雷顿森林体系的国际金汇兑本位制，后来这一本位制也崩溃了。之后很多发展中国家搞了新重商主义，也就是货币不与黄金挂钩，而是与美元挂钩。2008 年金融危机以后，西方国家的货币概念又发展了，QE 出现了。现在 QE 常态化了，货币的定义又一次发生巨大改变。货币背后，站着国家，与以前金银的天然信用不同，如今货币更大程度上代表的是国家信用。自由经济理论变成了政治经济学。

我们需要做的是，在 QE 常态化之下，认识新的货币理论，了解新的货币银行学。

· 不同货币理论下不同的政策

不同的货币形式之下，是不同的货币政策和政策方向。中外应对危机和通胀的方式是不同的。中国在金融风险和通胀压力下，货币政策是紧缩和加息的，而美国则是 QE 和降息的。为何会有这样的不同呢？

货币的价值有两面性，一面是空间价值，即购买力。商品货币要保持购买力，一定得是正利率，而且是要对冲了通胀以后的实际正利率才好；另外一面是利率，利率背后，货币的价值变化与时间有关。作为媒介，货币更关注的是其利率多少而不是其购买力，利率甚至可以是负值。

这个非常容易理解。中国的货币是商品货币，大家金银观念深厚，商品货币需要保持商品的价值。通胀以后，央行要让持有的货币保值，就要付出更多的利息，要保障正利率。而美国的货币，是媒介货币。货币在市场上作为媒介，其价格是与作为媒介的时间有关的。市场上货币多了、媒介多了，供给增大，按照市场的规律，价格就要按照供需关系降低。如果媒介多到泛滥，持有成本过高（这个持有成本是金融资本和银行的运营成本及剥削得利），就是负利率了。

面对通胀，货币印多了，中国为了让多了的货币都值钱，就会让实业买单。西方国家是货币印多了，让货币未来应得的收益降低来买单，甚至是负利率来买单，其利益是在金融业内部抽取的，在金融全球化背景下，他们会将其输出到他国。

中国老百姓把货币当作商品，因此都会存钱。央行的基础货币发行，对应的是外汇和黄金储备这类特殊的商品。而在西方国家货币是媒介，他们发行的是国债，他们的国债已经超过国内生产总值了。至于是否能够偿还这些国债，大家都清楚，所以西方国家的货币就不那么值得存储了。我们要知道，在布雷顿森林体系存在的年代，美元被叫作美元，美国还是债权国而非债务国。布雷顿森林体系刚刚崩溃的时候，美联储为应对危机，其实也是加息的，甚至加到了 20% 以上，但并未解决本质问题。

中国老百姓要存钱，存在银行的钱，就是广义货币 M2，而美国老百姓是不存钱的，这个差别，也造成中国的 M2 奇高。虽然都叫 M2，内涵却有所不同。商品货币的 M2 与媒介货币的 M2，是不好直接对比数量的。中美货币概念的差异一直存在。这个中间是可以被套利的，只不过现在基本上是美国在套利得利。

· 新的货币媒介时代

世界确认进入媒介货币时代，应当是在布雷顿森林体系崩溃，牙买加体系建立之后，新的美元制度迅速抢占了全球资源。美国大量印钞搞星球大战计划，这是其在“冷战”中打垮苏联的关键因素之一。

从 2000 年的网络泡沫破裂到 2007—2008 年的次贷危机和金融衍生品危机，美国每次度过危机的方式，就是将货币的定义重新改变。他们将央行 QE 合法化，以比特币为代表的虚拟数字货币崛起，新的货币媒介出现了。比特币的媒介能力，比传统货币更加强大，它能把以前不能覆盖的领域也覆盖了，比如暗网与现实世界的媒介。

到了21世纪，我们可以看到的是，虚拟经济的规模已经远远超过了实体经济。美国的虚拟经济规模、期货期权等金融衍生品的交易规模，远远大于了实体经济的规模。虚拟交易脱离了实体的束缚，其标志性的事件就是油价期货交割可以是负37美元。在实体上的买卖，是永远不会出现负值的。

美国通过虚无的虚拟经济来置换全球的实体财富和资源。这些虚拟的媒介，对货币提出了更高的需求和要求。为了支撑庞大的虚拟世界，实体的美股走势等，是不允许有熊市的。美国的金融衍生品市场已经比实体的股市、债市大了不知道多少倍，期货市场的交易量已经是现货市场的100倍以上，甚至可以是上万倍。这些交易背后代表的盈亏，与实体现货交易或者是证券交易的盈亏，是没有区别的。2008年金融危机如果再次上演，美国金融衍生品大厦的倒塌，就会变成灾难。美国需要的是一种可以海量迅速供应的货币媒介，保证美国的金融市场不进入传统意义上的熊市。

所以说美国的金融市场，现在没有牛市和熊市之分，只有波动率大小之分。这样的市场可以说是猴市、鹿市（猴市是上蹿下跳的大波动率，鹿市是胆小安静赚了就跑的小波动率）。美国金融市场的量化高频交易，是可以把波动率变化的钱赚出来的，拥有传统的牛市熊市思维的人，在里面是被收割的对象。

美国为了维持牛市，必然会更快、更便捷地提供无限的货币流动性，因此原有的货币发行限制被打破是必然的，建立新的货币银行机制也是必然的，QE就这样出现了。QE刚刚出现的时候招致了一片骂声，但现在又是一片欢呼声，舆论场已经完全不同了。当初说QE印钞买的两房债券是垃圾债券，现在这个债券已经是全球最优债券之一，因为房价指数已经超过了2007年很多，债券抵押物足值。当时美联储利率为5.25%的高点，现在美联储利率又降为零了。美联储在最低点打折买入这些债券，债券变成最优资产，这个 QE 还能被叫作印钞么？央行低价买入优良资产，这成了货币的正常发行了。

· 常态 QE 的货币银行学

QE 常态化之下，西方国家的央行与商业银行和投资银行的关系也在发生根本性的改变，这个变化是需要注意的。

根据蒙代尔不可能三角理论，全球贸易和资本流动加快，一国央行的作用已经不仅限于国内了。金融霸权国家的央行对全球的影响巨大，变成了全球国际货币的央行，而其他国家，则由于汇率、外汇管制和货币政策不能同时兼顾，要保汇率，其外汇管制力就会减弱，货币政策的独立性也会降低，他们只能选择跟随金融霸主的货币政策或者相对锁国。

在西方国家货币市场的作用会减弱，金融货币的走向，更多的是由政策这个看得见的手来决定的，而不是由金融市场决定的。西方国家央行以前还有很多限制，QE 突破了这个限制。突破后西方国家重视的不再是国内市场的公平与否，而是全球财富再分配和国家间的利益博弈。

QE 常态化下的新货币银行学由此诞生。美国是汇率操纵方，美联储是操纵的机构。美国反对他国的汇率调整实质上是因为他国没有按照美国认可的方式调整汇率。美国已经赤裸裸地告诉你，霸权是什么样子，他们要的是剪和薅他国的羊毛，这是维持美国霸权地位的关键。

再进一步的全球新货币银行学趋势是商业银行的投行化。美国的银行以前是分业经营的，后来变成了混业经营，现在商业银行其实已经投行化了。商业银行可以控制证券公司，其参与金融衍生品的力度是巨大的。信用掉期合约、利率掉期合约、外汇掉期合约等，都有商业银行的参与。2008 年的雷曼兄弟破产，也主要是这些金融衍生品导致的，而不是传统的贷款坏账和挤兑。后来欧债危机的深化、著名的德意志银行的危机，也是金融衍生品风险敞口带来的。从这些衍生品交易的规模而言，这些银行就是投行。而中国的商业银行的经营模式还是最传统的息差模式。

不要简单地看美联储的资产负债表的扩张，我们要注意到的是央行资产负债表与 M2 的比例。美国 QE 常态化的背后，还有金融媒介货币杠杆的下降。要理解 QE 常态化下为何美元可以汇率稳定、美元指数一直在高位的原因，其中的金融逻辑不是仅仅依靠舆论导向就可以否定的。

美国的国债已经不是简单的债券问题，它成了发行货币所必需的资产，产生了特有的需求。QE 虽然是货币放水，但国家筹措资金能力的增加、国家信用的增加，也是现代货币价值最重要的背书。所以一切经济学最终都是政治经济学。各国持有的美国国债，不是简单的债券问题。各个国家外汇储备量的巨大，已经可以与货币 M2 可比，这才值得深思。这个结果我以前也分析过，外国的外汇储备到美国，其实只能买美国国债，是存不进美国的商业银行的！就如中国有 2 万亿美元外汇存在美国商业银行，则美国所有银行有中国 10% 的主权存款，你可以随意挤兑任何一家美国商业银行，这样的情况美国人是不允许发生的。

想明白了上述的问题，就知道现在新的世界金融体系、新的金融国际、新的货币银行学是个什么情况了。

面对世界金融体系的变化，中国会有哪些方面的应对，针对近年来中国的一些市场行为，这里也简单地进行一下分析。

商业银行的混业经营

2020 年 6 月底，各大财经媒体均公开报道了证监会计划向商业银行发放券商牌照，或将从几大商业银行中选取至少两家试点设立券商。

中国的商业银行混业经营开始了，这非常关键，下一步可能就是债券市场。西方国家的债券市场中，银行也是主要的购买者和发行者，是深度参与其中的，债券市场其实比股票市场对经济的作用更大。

扩大金融债券信托市场

为拓展金融配套市场，资金筹集的方式从商业银行贷款变成了更多的金融市场筹集。我们专门写过文章分析投资信托基金（REITs）。现在这个信托得到了各方的追捧。

2022年5月，中国证券监督管理委员会、国家发展和改革委员会联合发布《关于推进基础设施领域不动产投资信托基金（REITs）试点相关工作的通知》，标志着境内基础设施领域公募REITs试点正式起步。REITs，即房地产投资信托基金，最早于1960年在美国推出，通过向投资者发行信托（基金）份额来募集资金，并由专门机构投资到房地产项目中去，投资者按比例获得房地产项目产生的收益。普通投资者通过购买REITs份额，可以降低参与房地产资产投资的门槛并分享其收益。

增加货币发行国债占比

在货币政策上，央行对银行业安全考虑得较多。与美国不同的是，中国货币委员会委员主要是银行家担任，美国则是总统提名、国会任命。我国财政部比央行考虑的问题更多。2019年财政部公开表示，希望央行配合财政部的政策，让国债达到准货币的效果。

大规模地从央行购买国债，中国只有一次。2007年中投成立时，财政部发行了1.55万亿的特别国债，从央行买了2000亿美元。也就是说，从央行账本上看，这2000亿美元是“已售汇”，不在央行的外储之中。外储占款也已通过国债方式从市场上抽走了。

类似的国债购买，中国还是可以多搞几次的。多发行国债，是要从市场上抽走资金的，这样通胀的压力就不会那么大。美国的 QE 常态化，其实就是例证。

综上所述，世界的新货币理论诞生了。中国要顺应世界，也要理解这些理论。全球化趋势下，中国要主动利用规则进行博弈。

· 分清信用崩溃与竞争性货币贬值

中国国际地位的改变，与欧洲发达国家、日本、俄罗斯货币的大贬值有关。中国能够走入新常态，与欧洲发达国家、日本、俄罗斯的信用崩溃有关。中国货币也实施了宽松政策，但顶住了压力，与美元基本上是同步走强，显示了强大的实力。

主动实施宽松政策和被迫实施宽松政策是不一样的。中国的人民币汇率受到了贬值压力，人民币在 2015 年开年出现了较大单日贬值的情况。很多人说中国也在全球的货币战争中参战了，似乎在全球货币的竞争性贬值当中，贬值是有利的。但这里很多人混淆了一个逻辑，贬值还可能是信用崩溃，可能是国家的经济危机。当年东南亚金融危机就是如此。

我们很早就被灌输了货币贬值有助于出口增长的观念，货币的贬值在出口导向型的经济当中确实是有利的，但出口仅仅是经济的一个方面。如果货币贬值，以国际货币为衡量单位的国家国内生产总值可能就要直接减少了。如果国内生产总值没减少，那么必然意味着国家内部是有通胀的。也就是说各种产品的涨价、劳动力工资的涨价，以这些涨价后的价格来计算的国内生产总值增加额，可以抵消汇率贬值带来的减少，才能达到在国际货币衡量下的国内生产总值总额的不变。而且货币贬值后，同样的钱用来进口，买的东西还少了呢！我们在资源层面已经高度对外依赖了，货币贬值后，你买资源等刚需被迫要支付更多。就如俄罗斯卢布贬值，但俄国大量刚需需要进口一样，这样的贬值就是灾难。

在汇率上有一个规律共识是，有贬值趋势的货币能够被通缩所替代，有升值趋势的货币能够被通胀所替代。这个规律告诉我们的是，货币贬值的时候国家可能还要面对通缩，这样的情况会怎么样？国内生产总值以国际货币衡量的话是要大幅度减值的，不光是国内生产总值会减值，本国的资产也是要缩水的。国内的各种资产价格在国际货币的衡量下都变少了，这对一个国家的影响是巨大的，因为这些资产的价格某种意义上就是国家的信用。按照现代货币理论，货币就是国家的信用凭证。这就意味着，一国的资产价值在全球总资产当中比重的下降就是国家信用的塌陷，如果下降的幅度过大失去了控制，就是国家信用的崩溃。我们可以看一下东南亚 1998 年的金融危机，就是在汇率大幅度贬值的同时，国家的股票、房地产、大宗商品等都大幅度降价，二者结合起来，国家的资产价值占世界总资产的比例就变成了高次方的非线性下降了。以这些降低的价格为基准来计算国内生产总值的话，国内生产总值的数值也会呈非线性下降，这就是灾难性的信用崩溃。

在货币竞争性贬值的政策背后，政策的制定者都希望能够引发国内一定的通胀，通过通胀来解决危机和压力下的紧缩、通缩问题。国内的资产价格与汇率联动，才是竞争性贬值的真谛。只不过我们要注意的是，这个通胀比我们通常意义上所说的居民消费价格指数、工业生产者价格指数更为广义一些。我们的居民消费价格指数、工业生产者价格指数当中是不包含股价和房价的，但购买房子和股票的货币与购买工业产品和食品的货币实际上是没有区别的。计算货币的购买力把房价、股价排除在外本身就带有更多社会民生的意义，而不单是经济金融的意义。在美国实施 QE 的时候，我们可以看到，美股和美债的高涨维持了美元资产总价值的不缩水。但欧洲各国的 QE 问题则不同。欧洲各国实施 QE 的时候其经济体内资产是在贬值的。欧洲各国在遭遇通缩的情况下，欧元也在不断地贬值，结果就是欧元总资产的缩水。这是欧元的信用塌陷而不是货币竞争性贬值，或者是一些人描述的货币战争下的失败。日本的情况也很典型。近年来，日本的资产下跌，汇率也下跌，但日本却没有通胀，这其实是日本信用塌陷的表现。回想一下，我们的国内生产总值赶超日本这才几年啊！中国的汇率稳定和缓慢升值为国家崛起提供了有利条件，而日本的安倍经济学却没有带来预期的结果。这就是信用塌陷与竞争性贬值的不同。

我国现在遭遇的人民币贬值的压力，与我们历史上的通过让人民币兑美元汇率从 3 到 5，再由 5 到 8 的情况是根本不同的。那个时候我国国内的通胀率非常高，即使是这样的贬值，扣除通胀因素，以国际货币衡量我国的国内生产总值和财富的增长都是可观的。而现在，我国的居民消费价格指数（CPI）很低，工业生产者价格指数（PPI）还有负数情况，我国的房地产市场也在不断调整，我国唯一上涨的是股价，但股价也是这么多年经济持续高速增长而股价没有涨的一个价值回归和修复，比起我们以前的 6000 多点基本还是处在腰斩的位置（与美国股市不断创出新高是不同的）。因此，现在人民币贬值所带来的后果可能会很严重。所以我们应将防范金融危机作为第一要务，目前用竞争性贬值进行货币战争，是不具备条件的。当今世界其他国家的货币贬值和通缩并存，均是各国信用塌陷的表现。美国的美元指数不断增强，国内还有轻微的通胀，经济数据靓丽，这样的美元升值是美国信用的增加，它们才是信用战争的胜利者。中国现在比以往任何时候都需要汇率的稳定，让人民币盯住美元，保证人民币资产不缩水，这才是中国国家信用的保障。

综上所述，我们必须认识到不同的汇率贬值的内涵是不同的，不能混淆，中国需要稳定的金融环境，需要更高的应对世界危机的能力，需要国家信用的增长。在信用层面，抗风险的能力比快速增长的能力更重要，这个侧重点的改变，才是新常态的一个重要内容。

-2-
陆权新时代与税政

第二次世界大战后，世界经济飞速发展。“冷战”之后，信息化时代来临，开启了信息爆炸的时代。到了21世纪，世界又进入了网络时代。网络发展了几十年，现在又有了人工智能，进入算法和虚拟世界时代，元宇宙的概念都被提出了。我们的政治经济思维、税政逻辑也发生着改变。现在的全球化博弈到了新陆权时代。

过去的500年，是海权压倒陆权的时代，带来的是崛起的西方世界压倒了东方世界，现在东方世界的中国在复兴，古老的印度的竞争力也在显著增强，我们也需要重新认识海权和陆权了。我们先简略谈一下海权和陆权的历史观点。

第一次世界大战前夕，著名英国地缘政治学家麦金德将目光投向辽阔的欧亚大陆，第一个区分了陆权与海权的观念，认为随着陆上交通工具的发展，欧亚大陆的“心脏地带”将成为最重要的战略地区。“陆权论”对世界政治产生了深远的影响。历史上著名的麦氏三段论式的政治咒语是：“谁统治了东欧，谁就能控制大陆心脏地带；谁控制了大陆心脏地带，谁就能控制世界岛（欧亚大陆）；谁控制了世界岛，谁就能控制整个世界。”作为对麦金德的地缘政治观的发展，著名美国地缘政治学家斯皮克曼在其《和平地理学》中提出了“边缘地带理论”。他认为，“谁支配着边缘地区，谁就能控制欧亚大陆；谁支配着欧亚大陆，谁就能掌握世界的命运”。

决定世界经济和政治走向的，我们认为最主要的是三个要素：人流、物流、信息流。这三种流动决定着世界的流动、人类社会运转的流动，其中还伴随着全球价值的交换。能不能流动是非常关键的，就如物资是中性的，流动性好的物资叫作储备，流动性差的物资叫作库存，这个差别大家都懂。

之前的海权时代，全球化的航行，让人可以到达世界各地。如果古代没有驿站支持，陆地上的人要跑遍全球是很难的，而且很多地方还必须渡海。在物流层面，古代是千里不运粮，因为物流价格贵且难以支撑军队的后勤。后勤极限成了国家极限，国家的商业发展也受到物流的限制。海权对陆权就是有人流和物流上的优势。

在“冷战”后的网络时代，陆权之所以重新取得了优势，关键在于当前信息流成了主导，人流则有高铁和航空支撑，与之相比，海洋航行太慢了。物流也是一样，在现代社会最重要的是能源流，那么石油、天然气管线、特高压电网，与海运相比都不落下风。对于高附加值的商品，比如芯片等，时间成本才是绝对成本，而海运太慢一般都是空运了。以前的海权节点，重要性降低了很多。

网络时代，信息流成了主导，笔者在《信用战：全球历史演进元规则》和《定价权》的著作当中就做过论述。新时代的金融发展，把信息、信用和货币，结合到了一起，包括比特币这样的数字虚拟货币，也是以信息流算力来确定的。在信息流层面，网络主权成了关键，而组建网络，陆地比海洋有更大的优势。因此美国想到了太空，利用星链控制全球网络。通过原来的因特网，美国控制了网络根服务器的网管端，但客户端还是各国控制的，而到了星链，则变成彻底的美国网络，它可以覆盖到其他国家，却可以不受其他国家的管辖，这也是美国进一步追求全球霸权的一部分。美国控制了各国的信息流，这个信息流在俄乌战争当中就发挥了巨大的作用。通过之前的GPS网络他们就已经控制了所有的地图和全球各地的地理位置，其实这个博弈的也是陆权。你的陆地地理信息的流失，就是你国家陆权的流失。外国网络可以在你的国土上导航指路，这个在以往的时代是国家主权所不能允许的。为什么我们要建北斗，原因就是这个。以后我们也要有自己的公网和“星链”。

中国崛起需要自己的公网和“星链”。

人类社会接下来可能会进入算法时代，算法是由数据决定的。决定未来社会的，会是信息流。

货币将会变成信息流，货币数字化背后是什么？在信息爆炸时代又产生了怎样的根本性变化呢？以下是信息流的三个根本特性。

第一，信息流会衍生，信息会衍生新的信息。

所有的信息数据，有了计算机的数理能力，可以被挖掘，变成大数据和信息资源。数据在信息平台衍生，数据变成了资源。与信息流的衍生摩尔定律（Moore’s Law）下无成本的指数型爆炸相比，物流和人流的衍生是可以忽略的。到了信息爆炸和算法时代，信息的衍生呈现指数级爆炸式的增长。

第二，信息技术到了拐点，信息的传播成本极大下降。

网络时代，所有的信息不但不会在传播中流失，信息的复制成本也可以忽略。物流和人流在流动的时候成本或损耗是很大的，远远高于网络时代信息传播的成本，因此信息流与传统的物流和人流有了不对称性。算法带来的是对信息流的可操控性，如各种竞价排名和导流。

第三，信息也可以迅速地过时、失效、泄密。

信息和数据的价值往往会迅速归零，甚至可能变成垃圾信息成为负值。信息有时效性，需要保密，才有价值。垃圾信息不但没有价值，还加大了检索有用信息的成本，所以其价值可能是负值。我们已经被垃圾邮件、垃圾短信等垃圾信息包围，每个人都在为此付出代价，这属于信息泡沫破裂的情况。

信息流中的资金流带来了货币流动性、带来了金融、带来了货币数字化。能够不断产生信息流和衍生的核心数据越来越重要。信息流的衍生和交易，带来了信息平台，控制了经济运行，实体交易也逐步以平台为交易场所和媒介，这带来了整个经济的平台化。信息流的快速衍生膨胀、流动的方向、交易的撮合，超过了人的能力，由此自动交易出现了。AI 智能算法控制带来了技术算法化。这就是当今虚拟世界的模式。

网络信息时代，信息流和信息衍生是不断扩大爆炸的，而不是以前在传播中自然损耗的。信息传播成本的拐点出现是信息爆炸的基础，信息社会到来了。信息流带来的数据、知识的增长和效率，与物流和人流之间的交互，深刻地改变了全人类社会运行的规则。

自古以来，各国的税政离不开人流和物流，现在又多了信息流，所以欧洲提出了数据税。税收是围绕着人流、物流、信息流展开的，是把握通道节点的。旧有厘卡[①]，各个城市还有税关[②]，后来国内打通了，主要是海关的税收。针对人流，过去有人头税，现在则有所得税、遗产税、财产税等。

税收有显性的，也有隐形的，比如超级地租就是隐形的税收，还有虚拟空间的各种费用也是隐形税收。另外社会保险，在某些特征之上，也带有税收的意义，是实现政府需要的社会保障体系。

封建时代主要有陆地厘卡、税关，还有人头税，到海权时代则变成了海关关税和所得税。海权之下海运与陆运的竞争，让所有的陆地厘卡失去了作用。大航海时代带来了人口的全球流动，在大量的移民和殖民扩张的背景下，人头税也不适合了。海权能够把握住的税源，就是海运节点之上的税收。海权时代有关税的同时，还有超级地租，这个是海权国家主要的收入来源。竞争之下，陆权国家被迫放弃大量的与陆路物流、人流有关的税收，国家财政收入有限。此时搞起来的各种土地税、资产的持有税、房地产税等，是海权无法替代和转移的税种，也是海洋时代新兴资本可以打击原来的资产持有者的手段。所以以征收直接税为主还是间接税为主，背后是海权和陆权

① 旧时征收厘金的机构。——编者注
② 旧时在水陆交通、商人聚集的地方，所设的收税机关。——编者注

的博弈。

间接税的税收实际负担者可以转嫁，直接税号称不可以转嫁纳税主体，但纳税主体可以流动。搞直接税的海权国家，都是纳税主体的流入国家，纳税主体可以是自然人，也可以是法人。大力搞直接税的国家，都是移民目的国，大量的跨国公司也在他们那里。低税率是可以吸引纳税主体流入的，纳税主体流入还带着财富流入，对提升他们国家的竞争有利。所以海权竞争不过英美的法国，就搞起了间接税——增值税。

在海权主导的大航海时代，国际的人流、物流竞争，会通过减税的手段来展开竞争。在此层面上，海权比陆权有优势。海权需要的就是通过控制人流和物流，带来定价权。海权的核心是定价权，他们通过定价权攫取利益，并不会完全依赖于税收。定价权背后的关键是金融货币，是金融定价权，通过货币的发行和结算就可以得到巨大的利益。陆权在海权时代没有把控全球定价的能力，陆权的核心是征税权，不得不在本国陆地流转和制造的环节征税，再通过间接税转移到其他国家。

所有这些的核心本质是通道控制权。海权时代，海洋为最重要的通道，而我们现在提出的新陆权时代，背后则是信息流。美国搞星链，又把通道架设到了太空，这是新一代的博弈。

通道的变化，影响着控制世界的手段，导致获取财富、主导财富流动和再分配的方式也发生了变化。新陆权时代，美国开启了太空竞争的序幕，开启了信息虚拟时代，下一步的世界博弈，将更为激烈。世界将进入新时代。在制定税政政策上，我们需要有时代精神和全球视野。

- 3 -
帕累托最优与税政思考

市场经济背景下，科斯定理成了很多人无限追捧的圭臬。关于科斯定理，比较流行的说法是：只要财产权是明确的，并且交易成本为零或者很小，那么，无论在开始时将财产权赋予谁，市场均衡的最终结果都是有效率的，实现资源配置的帕累托最优。科斯定理和帕累托最优的背后是什么？未来会走向何方？对税政又有什么样的影响？

我们首先来了解一下科斯定理和帕累托最优。

科斯定理是指在某些条件下，经济的外部性或者说非效率可以通过当事人的谈判而得到纠正，从而达到社会效益最大化。科斯本人从未将定理写成文字，而其他人如果试图将科斯定理写成文字，则无法避免表达偏差。科斯定理的主要表述如下。

> 在交易费用为零的情况下，不管权利如何进行初始配置，当事人之间的谈判都会导致资源配置的帕累托最优。
>
> 在交易费用不为零的情况下，不同的权利配置界定会带来不同的资源配置。
>
> 因为交易费用的存在，不同的权利界定和分配，会带来不同效益的资源配置，所以产权制度的设置是优化资源配置的基础（达到帕累托最优）。

帕累托最优是指资源分配的一种理想状态，假定固有的一群人和可分配的资源，从一种分配状态到另一种状态的变化中，在没有使任何人境况变坏的前提下，使得至少一个人变得更好。

帕累托最优就是不可能再有更多的帕累托改进余地。换句话说，帕累托改进是达到帕累托最优的路径和方法。帕累托最优是公平与效率的“理想王国”。

那么，帕累托最优是不是最好的？科斯定理之下的自由市场经济是不是最好的？很多人认为：不论当初产权给谁，只要产权明晰，市场就能够自动配置资源达到最优。

这里用最优替代了帕累托最优，而实际上最优也是有立场的，不同立场之下的最优是不一样的，帕累托最优也一样。如果大家都没有变坏，但变好极为不明显，所有的好处被少数寡头得到，依然是符合帕累托最优的。在美国布雷顿森林体系崩溃后的50年来，西方市场经济国家普通人的生活的变化是有限的，而富豪则明显更有钱了。垄断下的财富集中，也是符合帕累托最优的，也就是说贫富分化加剧，却是符合帕累托最优的状态。

为什么会出现这样的市场经济、这样的帕累托最优？所以科斯定理要先定义帕累托最优。在我们的立场之下，如此的最优肯定不是真正的最优。那么这类帕累托最优背后的市场博弈模型又是什么？我们可以先看看一个大家比较熟悉的模型：“海盗分金”。

经济学上有个“海盗分金”模型，是说5个海盗抢得100枚金币，他们按抽签的顺序依次提出分金方案：首先由1号提出分配方案，然后5人表决，同意票要超过半数方案才能通过，否则他将被扔入大海喂鲨鱼，依此类推。“海盗分金”其实是一个高度简化和抽象的模型，体现了博弈的思想。在“海盗分金”模型中，任何“分配者”想让自己的方案获得通过的关键是事先考虑清楚“挑战者”的分配方案是什么，并用最小的代价获取最大收益，拉拢“挑战者”分配方案中最不得意的人。

问题的提出

> 5 个海盗抢到了 100 枚金币，每一颗都一样的大小和价值。
>
> 他们决定这么分：
>
> A. 抽签决定自己的号码（1，2，3，4，5）。
>
> B. 首先，由 1 号提出分配方案，然后大家进行表决，半数以上的人同意时（包括半数），就按照他的提案进行分配，否则就把他扔入大海喂鲨鱼。
>
> C.1 号如果死了，再由 2 号提出分配方案，然后大家进行表决，半数以上的人同意时（包括半数），就按照他的提案进行分配，否则就把他扔入大海喂鲨鱼。
>
> D. 依次类推。
>
> E. 海盗希望自己的收益最大化，愿意看到其他海盗被扔入大海喂鲨鱼。因为其他海盗被扔入大海喂鲨鱼符合每个海盗的最大化利益。
>
> 假设条件：每个海盗都是很聪明的人，都能很理智地判断得失，从而做出选择。
>
> 问题：第一个海盗提出怎样的分配方案，才能够使自己的收益最大化？
>
> 答案：第一个海盗拿 97 个金币，分配方案是“97、0、1、2、0”或“97、0、1、0、2”。

推理过程

> 从后向前推，如果 1 号至 3 号海盗都被喂了鲨鱼，只剩 4 号和

5号的话，5号一定投反对票让4号喂鲨鱼，以独吞全部金币。所以，4号唯有支持3号才能保命。

3号知道这一点，就会提出“100、0、0”的分配方案，对4号、5号一毛不拔而将全部金币归为已有，因为他知道尽管4号一无所获但还是会投赞成票，再加上自己的一票，他的方案即可通过。

不过，2号推知3号的方案，就会提出“98、0、1、1”的方案，即放弃3号，而给予4号和5号各一枚金币。由于该方案对于4号和5号来说比3号分配的方案更为有利，他们将会投出赞成票。这样，2号将拿走98枚金币。

同样，2号的方案也会被1号所洞悉，1号可提出（97、0、1、2、0）或（97、0、1、0、2）的方案，即放弃2号，而给3号一枚金币，同时给4号（或5号）2枚金币。由于1号的这一方案对于3号和4号（或5号）来说，相比2号分配时更优，他们将给1号投赞成票，再加上1号自己的票，1号的方案可获通过，97枚金币可轻松落入囊中。这无疑是1号能够获取最大收益的方案了。

企业中的一把手，在搞内部人员控制时，经常会抛开二号人物，而与会计和出纳们打得火热，就是因为公司里的小人物好收买。

1号看起来最有可能被喂鲨鱼，但他牢牢地把握住先发优势，结果不但消除了死亡威胁，还收益最大。这不正是全球化过程中先进国家的先发优势吗？而5号，看起来最安全，没有死亡的威胁，甚至还能坐收渔人之利，却因不得不看别人脸色行事而只能分得一小杯羹。

实际上，真正的博弈推演与我们想象的是完全不一样的。

海盗分金币最怕的是什么？是两个海盗之间的串通。例如，对第一个海盗来说，最可怕的是其他四人形成一个反 1 号的大联盟并制定出新规则。比如，四人平分金币，将 1 号扔进大海。这就是穷人平分财富，将富人丢进海里的仇富机械平均理念。所以西方国家是最反对共产主义的。

再说，1 号能拿着 97 枚金币毫发无损、镇定自若地走出去吗？最大的可能就是，海盗们会要求修改规则，然后重新分配。尤其是第二号人物，一个都得不到肯定想要改变规则的。现在美国把中国锁定为第二号国家，是他们的主要竞争者，很多情况就可以看出来了。

从帕累托最优和“海盗分金”模型，我们可以得到的启示是谁能等到规则制定权最重要。第一个海盗为何可以拿到绝对的多数金币，关键就是他最先制定的分配方案。其实选举组阁也类似，第一个开始组阁的政党有巨大的优势。

上述博弈给大家展现的就是现代垄断经济之下垄断的优势。作为垄断的一方，有定价权的一方，就可以把对方压榨殆尽。就如我们总说的，中国生产的玩具运到美国销售，美国人赚 3 美元中国人赚 1 毛钱，按照帕累托最优，中国人也赚了钱，也变好了，这个也是市场的博弈，但这个博弈公平吗？

在金融领域，美元就是美国垄断的，美国有金融的定价权。西方资本可以通过倾销获取利益，这公平吗？美国与日本的利率接近于零，远远低于中国实际的利率。金融的资金成本怎样影响实体经济的定价博弈，笔者在《定价权》一书当中做了详细的分析。金融的垄断就是制定金融规则，这是一种权力。货币金融定价权决定了资本价格，影响市场的博弈，博弈当中虽然还是帕累托最优，但最优的结果是其他人不变坏的情况下，大头属于金融霸权者。

自由市场、科斯定理、帕累托最优、“海盗分金”模型，再加上市场自由之下的垄断与倾销，最后的结果就是贫富分化，大部分利益是被资本方得到。很多人提出税收可以调节贫富，且不说各种收入在金融领域都大量免税，就算是对寡头收税，也会给寡头保护，西方社会称为保障纳税人利益。寡头给政客的税收，实际是他们本来应当付出的社会成本，却成了他们交给政客们的保护费。这个与其说是税收，不如说是寡头的豢养费。真正的税收，其实都是由其他各方负担的。在西方社会的体制下，真正税收的负担者是中产阶级，所以中产阶级最反对加税。

以往的经济学不讲政治经济，也不讲国际政治，但到了财富分配环节，就会涉及政治。在全球化的今天，全球的财富流动和再分配，必须要考虑政治，要考虑国家间的博弈。所谓的自由的市场经济并不自由，国家间的财富博弈可不是帕累托最优。每一个国家需要的是自己最优，变得最好，变好得最快。

在和平年代，国与国之间征税的基础在哪里？是各自国家的立场。是对国内生产总值征税，还是对国民生产总值征税？一字之差差别是巨大的。我国不太提及国民生产总值，原因就是我国的外商投资很多，是外国的国民生产总值，这部分与中国在海外的投资相比相差很多，而美国和日本则在海外的投资非常多。而间接税很多是针对国内生产总值的，也就是在哪里生产，就在哪里完税。直接税则更多的是针对国民生产总值的，按照价值最终归属征税，权利所有人在哪里就在哪里征税。美国倾向于征收直接税，就是因为美国人是世界最大的各国投资的最终所有人！

在西方国家占据定价权和金融霸权的时候，他们认为市场能够满足科斯定理，可以自动变成帕累托最优，所以他们推行自由市场经济的理论，把他们作为“1 号海盗”得到的绝大多数利益，说成是由上帝之手决定的。

此时我们要看到的税收应当有国家立场。国民生产总值少的国家，没有定价权的国家，就是需要坚持征收间接税，而有定价权的国家，则希望征收直接税。美国坚持征收所得税，因为世界其他国家的外来投资，主要的股东都是美国人。而且美国的投资，大量是通过 QE 印钞实现的，其背后有金融霸权背书。当然他们要为维持其金融霸权地位支出一些成本，所支出的就是所得税，即美国分出一点钱，然后用分得的钱建设美军，维护美元霸权。显而易见，这样的所得税能调节贫富差距吗？

所以我们可以想想，为什么美国支持的经济学舆论一定要打压增值税等间接税，按照西方国家所谓的“自由”市场经济，科斯定理能够成立的前提就是交易费用为零，或者很低可以忽略，而若增值税存在，增值部分要付出百分之十几的税收，交易费用就绝对不可忽略。这样一来，西方国家通过科斯定理的帕累托最优，自动完成他们所需要的财富再分配就做不到了。要遏制贫富分化，政府是一定要有参与财富再分配的能力的。比如，前面提到的卖玩具，美国赚 3 美元，中国赚 1 毛钱，但其中的各种间接税费他们是逃不掉的，虽然我们会出口退税。这也就是为什么美国的代理人和出口利益集团都盯着要多退税的原因。税收对于资本流动而言意味着成本，通过税收政策的调节，能够起到改变资本流动性的作用。所以美国及其代理人，就是要妖魔化间接税，没有原则和立场地鼓吹直接税，而且打着为中国解决贫富分化的旗号，拿着的却是符合西方世界利益的经济理论。

再进一步讲，货币不同于一般的商品，它是不收税的。如果货币之间流转要收税，情况就不同了。货币的流动性就会受到极大的限制。商品的交易流转是要交税的，增值税、营业税、印花税等，物流也要交各种税费，这都是交易成本。虽然货币的结算也是交易，但其交易成本极低。我们说黄金有货币属性，也有商品属性，黄金有货币属性的一个关键就是它不用交税。曾经在美国金融受到压力的时候，美国人想到过针对货币征税，提出了托宾税。

托宾税是指对现货外汇交易课征全球统一的交易税。这一税种是美国经济学家托宾在 1972 年的普林斯顿大学演讲中首次提出的，他建议“往飞速运转的国际金融市场这一车轮中掷些沙子”。在 2008 年金融危机之后，欧盟也曾经有人提起过，但最后不了了之了。

综上所述，税政背后的经济学是有立场的，对间接税和直接税，各国也是有立场的。这里的关键就是国家间的财富博弈以及国内的财富流动和再分配。各国都会从本国的利益出发。中国当前需要征收间接税，对国内生产总值征税，让中国可以通过税收参与全球的再分配。妖魔化间接税，是金融资本的需要。所有的税政，都是政治经济学，都有国家和民族的立场。

-4-
经济学的基本假设将被推翻

随着网络时代的不断升级，我们有了数字货币，有了脱实向虚的虚拟世界，有了云计算和大数据，世界运行的规则正在改变，世界原有的经济规律也要改变了。工业时代的经济学基本假设将被推翻，我们面对的是全新的经济学。

工业时代的微观经济学有三个基本假设：信息完全性、市场出清和绝对理性。旧时在此假设之上，构建了工业时代的市场经济理论。

·信息完全性

这是关于完全竞争市场的一个重要假设，指买卖双方对市场拥有充分而对称的信息，能够借此做出正确的决策。信息完全性是一个相当严格的条件，它要求买者与卖者对市场中所有与交易有关的信息完全了解。如果信息不完全，消费者不能清楚地了解商品的属性，生产者不能及时准确地了解需求、成本等信息，市场的竞争程度就会降低。买卖双方都拥有充分而对称的信息，双方对商品的质量和价格信息有充分的把握，那么消费者就不会以高出市场的价格购买，生产者也不会以低于市场的价格进行销售，从而有利于均衡价格的实现。

完全竞争市场亦称“原子型市场结构”，是一种具有最高市场效率的理想的市场结构。完全竞争市场中有大量买者与卖者，每家厂商都只占极小的市场份额，厂商可以生产同质产品，在市场进入与退出上完全没有障碍，其信息是完全的。

在网络时代，信息的完全性是不存在的，各个经济主体与网络平台在信息上是不对等的。

· 市场出清

市场出清（market clearing）是指商品价格具有充分的灵活性，能使需求和供给迅速达到均衡。在出清的市场上，没有定量配给、资源闲置，也没有超额供给或超额需求。在实际中，这一理论适用于许多商品市场和金融市场，但不适用于劳动力市场。

按照新古典主义的理论，市场如果是连续出清的，经济就会是帕累托最优的。而失业（它有时与周期性波动或经济危机紧密相连）的存在，表明市场是非出清的，经济也不是帕累托最优的。新古典经济学家的解释是：失业是新古典经济理论的题中应有之义。市场出清是市场非出清向出清的过渡，非市场出清只是市场出清的一个环节。从长期看，市场是出清的、均衡的。经济的帕累托最优是从非帕累托最优向帕累托最优的过渡，甚至可以说，失业是帕累托改进，最终会实现帕累托最优。

在网络时代，虚拟经济的规模已经远远超过了实体经济。各种虚拟交易、期权期货的衍生交易，早已经远远超过了实体经济交易的规模，成为交易的主体之一。虚拟交易对实体交易的优势主要体现在两个方面：一个是基于网络的线上交易的出清速度远远高于实体，而且高于人脑（已经出现了人工智能算法的交易）；另外一个则是虚拟交易一般都没有税收，而且走向了去中心化、去主权化。

· 绝对理性

经济学的绝对理性，在信息算法时代达到了以往没有的高度。机器交易是没有人类情感的。在工业时代，绝对理性只不过是一个理想状态，而在信息算法时代，这个理想实现了。同时人类的社会行为规则，也被信息学的扰乱定律（Law of Disruption）所破坏。

扰乱定律被称为“信息社会的五大定律”之一，由唐斯及梅振家提出，主要内容如下。

①科技以突破性的跳跃进步，但商业体制、社会结构、政治体制的演化却是渐进的，由此产生了失衡的现象。

②社会体制以渐进式成长，但是科技却以几何级数发展，前者的成长速度远远落后于后者的变化速度，因此两者间产生了鸿沟。随着两者之间的鸿沟越来越大，就可能会产生革命性的改变。

信息是不对称的，而这个社会博弈的结果，却可以说是符合科斯定理或帕累托最优的。

网络信息平台有一个信息临界点，谁先超过了谁就会赢者通吃，依据是梅特卡夫定律（Metcalfe's Law）和吉尔德定律（Gilder's Law）。网络经济带有比传统经济更强烈的天然垄断性，往往是一个细分领域只有一家平台可以生存良好，老二最多维持，老三就要破产，且垄断平台的权力可以不受限制的扩张。

网络时代最值钱的是数据，那数据是谁的呢？数据的产权是非常微妙的。美国人不会明讲，我们的网络接入的是美国因特网，是由美国的根服务器管理的。原则上讲这个网络是美国的网络，美国有管理权和主权。同时我们又实名上网，大家的信息和数据同时又给到了网站。网络的数据产权到底归谁？数据产权是征税权的基础，搞不清这些，怎么征税？

网络时代的脱实向虚，征税本身就是个大问题。如何在网络时代征税，如何在网络时代平准，遏制贫富分化，都是需要考虑的。在网络时代，我们要更好地认识我们在网络上建立的国家边界，也是大家口中所讲的“墙”。我一直在强调网络上的“墙”的经济意义，而不是政治限制的意义。在经济意义层面，“墙”能给我们带来征税权。不承认中国的司法管辖，在中国不设服务器的、不纳税的，就要被挡在墙外，因此“墙”让我们有了网络征税权。在这一点上，中国比欧洲要好多了。在“墙”的保护之下，国内形成了新的区域市场，从而诞生了一些中国的网络公司。由于中国人口众多，按照梅特卡夫定律我国网络市场的潜在价值巨大，未来可以与美国公司竞争效率。

欧洲为了对抗美国的网络霸权，提出了数据税，但他们的网络完全被美国的网络公司占领，而且运营还可以在欧洲的境外，所以数据税受到了美国的坚决打压。中国为什么不搞数据税？中国是反对网络平台的无序扩张的。这些网络平台得在中国注册，它们去境外上市采用的是协议控制的模式，中国需要的是数据的主权。主权是在征税权之上的，也就是说欧洲要征数据税，但数据是美国人和美国网络的。中国则要的是数据主权，数据是我们的，因此美国才对中概股进行打压，他们要求的条件就是中概股要把数据无条件提供给美国。

网络平台与税政，是虚拟的征税权与实体的征税权的竞争博弈关系。中国严禁比特币等虚拟货币，而美国为何支持？原因就是整个因特网是美国控制的，美国的网管就是中心。相关的问题笔者在 2017 年出版的《网络霸权：

冲破因特网霸权的中国战略》一书中进行了论述。

工业时代失去制造业，国家会空心化，以往的金融化的国家荷兰和英国都失败了。制造业空心化最大的问题就是征税权的流失。但美国在制造业空心化之后搞出来了信息网络的虚拟世界与制造业博弈，与原有的征税权博弈，利用网络信息的数据权力搞线上征税权。世界发生了巨变，我们的税政理论研究，一定要跟上这个时代。

在网络时代，税政需要与时俱进。以前没有虚拟经济，也没有网络世界去中心化，经济学的模型也不一样。当前，我们要有税政博弈全球再分配的思维，要有国际视野，要看到虚拟空间。现在星链都要开始运营了，税政更需要与网络政策等多方面进行协调和整合。

知识[①]

信息学定律

关于信息的爆炸和扩张的规律，不得不说的是信息社会的几大定律：摩尔定律及尼文定律（Neven's Law）、梅特卡夫定律、扰乱定律、吉尔德定律和雅虎法则（Yahoo's Law）。这些规律与信息系统的很多走向趋势吻合，我们在这里介绍一下。

摩尔定律及尼文定律

摩尔定律是大家都熟悉的定律，即，每18个月，微处理器的价格降低一半，其性能会提高一倍。它代表了信息社会指数型增

① 内容源自网络。——作者注

长和信息爆炸科技发展的速度模式。

对现在热门的量子计算，如今又有了更激进的增长提法，即尼文定律，该定律讲的就是量子芯片的发展速度大致满足一种双重指数的增长速度。它是一种比指数增长更快的爆炸式发展。

关于这种超速增长背后的原理，尼文从两方面给出了解释。

A. 量子计算机本身的优势。类似量子物理学中的概念，叠加态既然可以让薛定谔的猫既是死的又是活的，它同样也允许一个量子比特（Qubit）既代表 0 又代表 1，从而不再局限于传统存储的 0 或 1 的选择之中，而是可以"全都要"（图 7-1）。

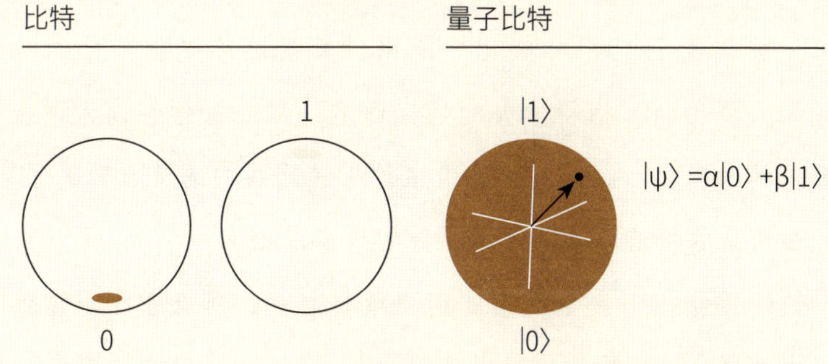

图 7-1　传统的 0、1 存储与量子比特的叠加态存储

B. 我们对量子芯片的优化速度也是非常快的。在计算结果确定之前，一个量子比特就可以同时表示 0 和 1 来参与计算，这样的结果就是，4 个量子比特就可以替代 16 个传统的比特存储单位。所以量子计算机双重增益的叠加，也使得它有极大和几乎神化的想象空间。

虽然对量子计算机学术上还有争议，但中美科学家对比都如此热衷，不会是偶然的。就如当年对量子力学的质疑一样，直到原子弹爆炸才停止，原因是各方为了保密，公开了很多错误原理。当然现在公开的原子弹原理，依然是不准确的。按照公开的原理是做不出原子弹的，真实的原理还在保密之中。

信息学定律告诉我们，信息爆炸会带来价值增值。信息爆炸、信息的价值膨胀、网络的赛博空间价值，都是构建在数字平台上的价值。未来人们会通过信息平台和信息交易，创造信息流，把数字价值炒出泡沫，以换取他人的财富。这就是新的财富博弈。

(1) 梅特卡夫定律

该定律是一个关于网络的价值和网络技术的发展的定律，由乔治·吉尔德于 1993 年提出，但以计算机网络先驱、3Com 公司的创始人罗伯特·梅特卡夫的姓氏命名，以表彰他在以太网上的贡献。其内容是：一个网络的价值等于该网络内的节点数的平方，而且该网络的价值与联网的用户数的平方成正比。

该定律指出，一个网络的用户数目越多，那么整个网络和该网络内的每台计算机的价值也就越大。

梅特卡夫定律背后的理论，亦即所谓网络的外部性效果：对原来的使用者而言，使用者越多，效用越大。大体而言，摩尔定律加上产业合流现象形成普遍信息化，梅特卡夫定律再把普遍信息化的企业，以网络外部性的乘数效果加以联结，最终造就一个规模可与实体世界相媲美的、充满了无数商机及成长潜力惊人的全球化数字虚拟市场。

(2) 扰乱定律

扰乱定律由唐斯及梅振家提出，它结合了摩尔定律与梅特卡夫定律的第二级效应，单独成为信息社会的定律之一（图 7-2）。具体表述如下。

A. 科技以突破性的跳跃进步，但商业体制、社会结构、政治体制的演化却是渐进的，由此产生了失衡的现象。

B. 社会体制以渐进式成长，但是科技却以几何级数发展，前者成长的速度远远落后于后者的变化速度，因此两者间产生了鸿沟。随着这两者之间的鸿沟越来越大，就越可能产生革命性的改变。

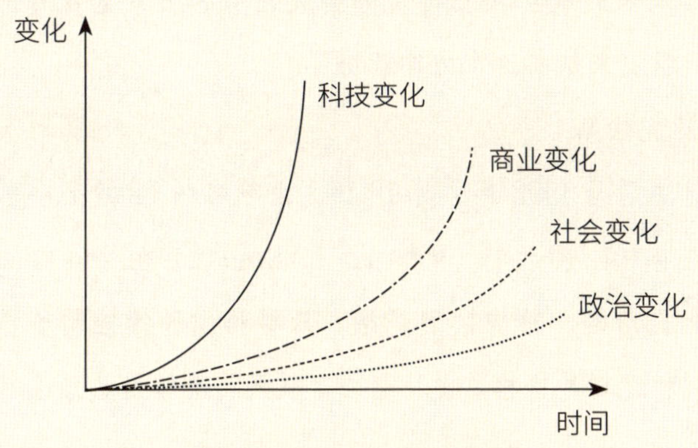

图 7-2　扰乱定律示意图

(3) 吉尔德定律

吉尔德定律又称为“胜利者浪费定律 ”，由乔治·吉尔德提出，即，最为成功的商业运作模式是价格最低的资源将会被尽可能地消耗，以此来保存最昂贵的资源。在蒸汽机时代，因为蒸汽机的成本已经低于当时传统的运输工具马匹，因此聪明的商人开始了蒸汽机的使用。如今最为廉价的资源就是计算机及网络宽带资源，以后可能是移动通信，5G、6G，等等。

根据吉尔德定律预测：在未来25年，主干网的带宽每6个月增长一倍。其增长速度是摩尔定律预测的CPU增长速度的3倍，未来上网会免费。带宽的增加早已不存在什么技术上的障碍，而只取决于用户的需求。需求日渐强烈，带宽也会相应增加，而上网的费用自然也会下降。会有那么一天，人们因为每时每刻都生活在网络的包围中而逐渐忘却“上网”之类的字眼。未来，人们只要将廉价的网络带宽资源充分利用起来，就会给自身带来巨额的回报。未来的成功人士将是那些更善于利用带宽资源的人。其实现在已经越来越向这个方向迈进了。

(4) 雅虎法则

雅虎法则是1998年7月10日，由著名的IT网上杂志*UPSIDE*主编理查德·L.勃兰特（Richard L. Brandt）在《雅虎法则》一文中正式提出的。雅虎法则是指，只要雅虎继续控制着挑战所有历史先例和逻辑的价格/收入比，互联网将继续是投放金钱的巨大场所。

雅虎法则是网络股的基本定价规则，其最大特点在于，它是一套不依赖网络公司预期财务收入而为公司市场价值定价的规则。传统行业把用工业社会标准衡量的货币财务收入当作这些公司全部的现实资本。但这样一来，它们就漏掉了以信息社会标准衡量的重要财富：信息资产。

-5-
西方国家在数据税立场上的双重标准

2021年7月的二十国集团（G20）会议，就是一个全球征税权博弈的会议，会议讨论了全球最低企业税，但并未将其作为独立议题纳入经合组织的会议进程，而是作为“应对数字经济税收挑战改革方案”的一部分，被纳入“包容性框架”。此次G20财长与央行行长会议达成的协议，几乎将所有领域的大型跨国企业都纳入征税范围。各国对征税权的利益再分配是深度博弈，而非仅仅限于数字经济领域。此次数字征税的博弈被刻意降低了舆论关注度，因为其他成员国想联合一致对付中国。

值得注意的是，欧盟在G20财长与央行行长会议之后，暂缓推出原定出台的数字税征收计划，与美国进行了妥协。这表明美欧在全球税改这一重大问题上，采取了合作性博弈的策略，一致要在企业税上“说服”中国，但双方围绕数字技术与数字产业主导权的争夺不会停止。中美数字主权的博弈，现在正处于白热化阶段。

我们不能混淆了资产的所有权和主权，国家主权不等于国家的财产权。就如我们对自己的车子拥有所有权，但在车子上发生的事情，中国对其的主权有管辖权。数据也类似，就算每一个数据都是你个人的，可能还有隐私，但你是中国人，数据发生在中国国界之内，数据的主权是中国的。而数据的财产权，则是另外的层面。

对于数字税的提出，欧盟落后于中美的经济数字化，虽然他们也开始了加速转型，但欧洲的网络公司已经难以与中美网络巨头竞争。美国网络巨头控制了欧洲因特网数据资源，欧洲要从网络经济上分一杯羹的方案，就是开征数字税。所以于2018年3月他们率先提出了“数字服务税提案”，以推动税收改革。此外，欧洲还通过调整税收等方式，试图建立欧洲自主的数字市场秩序。欧洲传统行业的企业需要缴纳的有效税率为 23.3%，但大型科技企业在欧盟缴纳的平均税率只有 9.5%。2019 年 7 月，法国参议院通过了征收数字税的法案，根据该法案，法国将对全球年收入超过 7.5 亿欧元且来源于法国境内收入超过 2500 万欧元的因特网企业征收数字税，其税率为法国市场收入的 3%。2020 年 4 月 1 日，英国开始对脸书、谷歌、亚马逊等企业征收 2% 的新数字服务税。此后，西班牙等欧盟成员国也纷纷跟进。然后，美国开始对欧洲的数据征税进行了报复。

为什么这一次中国没有表态，中国在数据税问题上为什么不跟进？全球的征税权正在进行深度博弈，数字资产不光涉及征税的问题，更是主权的问题。欧洲对美国，其实是主权的附庸，中国的主权是独立的。中美竞争，首先是主权的竞争。所以中国当前就是要加强数据主权和网络安全层面的考量。

美国的脸书、谷歌和亚马逊等企业并没有进入中国，所以它们不需要向中国缴纳数据税，而国内的网络企业，很多是 VIE 结构，被西方资本控制。

有人说，如果承认资产是机构的，那就没有数据税。但同时，这些人又认为该对中国的富人征收资产税直接税。他们对数据税和资产税的征税逻辑本身是矛盾的。

这里的关键就是数字税在欧洲是按照间接税的方式征收的，是欧洲老百姓在使用付款的时候征收的。他们通过间接税的转嫁，希望由美国的网络巨头来承担这笔税费。数字资产实际已经归美国网络巨头所有了。网络巨头在境外，收集的数据也在境外。如果是针对网络巨头的直接税，欧洲根本征不到税。

对于数据资产，首先要确认数据的主权，然后是所有权、使用权和管理权的确权，最后才是征税权。欧洲已经在其他权力上与美国网络巨头无法抗争，所以才会强调数据税的征税权，而中国则是可以从头与美国来算账的。因此我们会看到欧洲大谈数据税的时候，中国会加强国家数据安全的管理，严查一些网络平台公司妨碍国家安全的问题。

我们关注的焦点应该是网络主权。在网络上，当我们竖起“墙”来的时候，其实就是在建设我们的主权。有“墙”在，相关的服务器就要在中国，或者相关网站得得到中国的认可才能进入中国。这些网站收集的中国的数据信息想要传输出去，是要经过中国同意的。我们不像欧洲那样，没有办法只能收一个间接的数据税。中国要求相关网站的是平台服务器要在国内，虽然也有 VIE 受到了境外控制，但受控的公司在国内要交所得税，要给中国交直接税。所以欧洲的数据税是间接税，而中国则直接是数据主权先说话。

欧洲其实也是关心数据主权的，他们得不到主权，征收直接税就难以执行。欧洲现在根本征收不到多少数据税，只能在用户付款环节收税。欧洲每个国家的网络规模不足，与中国拥有数据独立主权、网络用户世界第一完全不同。依据梅特卡夫定律，网络的价值与节点数量的平方成正比，所以欧洲与美国和中国，是无法比的。美国要与中国竞争，一定是想要打掉中国的网络主权。美国不会接受欧洲单独征收的数据税，如果中国能够放弃网络主权与欧洲接轨只收数据税的话，美国就会乐见其成。

- 6 -
共享经济的背后

共享经济是一种优化资源配置，提升社会治理效能的经济模式。离开了公有制的产权制度和按劳分配制度，“共享”就失去了赖以生存的基础。

笔者于2017年正式出版的著作《网络霸权：冲破因特网霸权的中国战略》，对相关的问题做了详尽的分析，如今相关内容放到这里，依然具有说服力。

· 分享经济、共享经济与透明利益

2000年原有网络泡沫破裂危机以后，网络Web2.0时代到来，各种网络虚拟社区、BBS、论坛开始出现，用户在网络空间上开始向陌生人表达观点、分享信息。但网络社区以匿名为主，社区上的分享形式主要局限在信息分享或者用户提供内容（UGC），而并不涉及任何实物的交割，大多数时候也并不带来任何金钱的交易。2010年前后，随着优步（Uber）、空中食宿（Airbnb）等一系列实物共享平台的出现，共享开始从纯粹的无偿分享、信息分享，走向以获取报酬为主要目的的分享、共享，并且形成了一股席卷网络的势力。

分享经济（sharing economy）是指将社会海量、分散、闲置资源，平台化、协同化地集聚、复用，以及与供需匹配，从而实现经济与社会价值创新的新形态。分享经济强调的两个核心理念是“使用而不占有”（access over ownership）和“不使用即浪费”（value unused is waste）。分享经济2.0是更智能的分享经济，是从私域走向公域的分享经济，是数据驱动的分享经济，是充分释放社会资源、社会资本、社会能力的集聚、融合、协同模式。

共享经济（shared economy），一般是指以获得一定报酬为主要目的，基于陌生人且存在物品使用权暂时转移的一种新的经济模式。其本质是整合线下的闲散物品、劳动力、教育医疗资源。有人也说共享经济是人们公平享有社会资源，各自以不同的方式付出和受益，共同获得经济红利的经济模式。此种共享更多的是通过网络作为媒介来实现的。

这两种经济模式高度重合，是英文词“share”的不同时态表达，但一个是进行时，一个是过去式。在经济模式当中，一个重视过程，一个重视结果。它们的共同点是透明。分享经济的主要驱动力是信息、平台和数据，这背后是参与者与平台的透明。共享经济的发展就是去中介化和再中介化的过程。去中介化打破了劳动者对商业组织的依附，他们可以直接向最终用户提供服务或产品；再中介化是指，个体服务者虽然脱离了商业组织，但为了更广泛地接触需求方，他们接入网络的共享经济平台。再中心化过程的背后就是你的很多信息透明到了共享经济平台。网络平台的权利开始崛起。

这两种经济模式的核心就是网络平台。看似所有参与者之间的信息不对称被平台消除了，但平台与参与者之间的信息是不对称的。

比如，打车不让议价和拒载，是因为信息在打车者和出租司机之间是不对称的。当我们使用打车软件时，我们能看到有多少车可以接单，也能看得到需要加价多少，但司机对此并不是特别清楚。这个加价机制给部分打车软件带来的利益很大。而且打车软件会实时收集你的各种习惯，收集你使用手机的信息，这里面还有巨大的商业利益。如果关掉他们的信息访问权限，你就使用不了他们的软件。以前你不使用他们的软件还可以，一旦他们垄断市场以后，你不使用打车软件就打不到车，因此你不得不用。在这里，你对他们就是透明的。出租车司机开始也觉得打车软件不错，在上面有补贴还有加价，但等到打车人绝大多数都用了他们的软件，打车软件公司开设了专车业务，这时出租车司机终于明白他们对打车软件公司而言也是透明的了。

所以这两种经济模式看着很美，但你的信息透明给共享平台带来了巨大利益。我们搞分享经济或者共享经济，一定要知道他们的利益就在于信息的透明，他们以大数据方式获取大家的深度信息。这需要政府加强监管，不能让大家成为透明人。

- 7 -
苹果税与网络平台征税权

苹果手机用户都知道，使用苹果手机可能与使用其他手机有不同的待遇，即要交一种叫作苹果税的费用。苹果税是指苹果对于 App Store 的收费 App 都会抽成 30% 的行为。这项政策自 2011 年出台后，基本没进行过调整。

软件开发商要把自己的软件安装到苹果手机上，须向苹果公司支付其收费的 30%。这是苹果公司利用其在手机领域的支配地位，向消费者和软件开发者收取的带有垄断性质的费用。

2017 年 6 月 12 日，苹果更新的 App Store 条款正式指出，通过虚拟货币的打赏，应当被视为应用内购买，苹果将从中提取 30% 的分成，而且必须走苹果支付渠道。“苹果税”的内涵又扩张了，等于是对虚拟世界的交易都要收取这个费用。这个费用是非常高的，安卓系统的收费只有 2%。各种银行的收费，比如信用卡的手续费等也只有 2%。中国的银联手续费只有 0.5%。银行的支付刷卡服务体系的终端是银行，服务成本是很高的，而苹果公司的手机已经售出，成本已经收回了。

2020 年，苹果公司披露，自 2008 年 App Store 推出以来，开发者的收入已超过 1550 亿美元。2022 年，苹果公司的直接收入是 3943.28 亿美元。2019 年，App Store 促成的交易额一共是 5190 亿美元，其中中国市场贡献了 2460 亿美元，占到总量的 47%，排名第一，而美国则为 1380 亿美元，只占总额的 27%。这 5190 亿美元中，610 亿美元属于数字商品和服务的范畴（约占总额的 12%），有 4130 亿美元属于实物销售和服务所得（约占总额的 80%），450 亿美元是应用内广告收入（约占总收入的 9%）。市场分析机构 Canalys 的数据显示，2019 年苹果 iPhone 手机在美国国内市场的销量为 2750

万台，在中国的总销量大约为 3273 万台。按照苹果手机的常规价格，这个销量纯硬件上的收入肯定到不了 2000 亿美元，只有大约 400 亿美元的收入。苹果公司还有 2000 多亿美元在中国的服务收入。这些不是苹果税的其他开发商的收入，而是苹果公司自己的软件服务收入，因为其他软件在苹果手机上运行，需要支付苹果税。苹果公司这部分高昂的收入，是中国外贸巨大的负担。2020 年，中国原油进口 54238.6 万吨，进口 12217.6 亿元，苹果手机的服务费和苹果税，已经与中国进口石油的支出相当。

苹果公司的高收入和自研软件的优势地位，是苹果公司利用其在智能手机当中的垄断地位，取得的垄断高收益。虽然目前苹果公司在智能手机的市场份额有所下降，但其在智能手机推出之时占据市场优势地位形成的规则延续了下来。同时苹果公司在高端细分市场仍具有很高的市场份额，其主要竞争对手华为手机又被美国制裁，因此苹果公司可以在 2023 年进一步地扩张苹果税的范围。

以下是华为手机和苹果手机近 12 年的全球销量对比（单位：台）。

2010 年：苹果 3999 万，华为 300 万。

2011 年：苹果 7229 万，华为 2000 万。

2012 年：苹果 1.27 亿，华为 3200 万。

2013 年：苹果 1.5 亿，华为 5200 万。

2014 年：苹果 1.69 亿，华为 7500 万。

2015 年：苹果 2.3 亿，华为 1.08 亿。

2016 年：苹果 2.1 亿，华为 1.39 亿。

2017 年：苹果 2.16 亿，华为 1.5 亿。

2018 年：苹果 2.18 亿，华为 2.08 亿。

2019 年：苹果 1.98 亿，华为 2.4 亿。

> 2020 年：苹果 2.06 亿，华为 1.89 亿。
>
> 2021 年：苹果 2.39 亿，华为 3500 万。

看看上面的数据，2021 年苹果手机销量为 2.39 亿台，据统计，全球智能手机出货量总共 13.5 亿台，苹果手机依然占据领导地位。尤其是在高端手机领域，没有了华为作竞争对手，苹果公司可以继续施加其垄断影响。

更进一步的是，2023 年，苹果公司对开发者相关文件进行了更新，正式明确指出：在 App 内向原创作者的“打赏”，属于“应用内购买”。此举将使得苹果公司可以从“打赏”中提取 30% 的分成，而接受用户打赏的原创作者或主播的收入将减少。目前，微信、知乎、映客等内容平台已向苹果新条款“妥协”。笔者原创的收费视频，发在通过苹果购买的平台上，需要向苹果公司额外支付 30% 的苹果税，而发在安卓平台，只需要支付 2% 的税。就是说，笔者从付费专栏里收到打赏 100 元，如果收费平台是通过苹果手机购买的，苹果公司就要从我这里收走 30 元。如此高的苹果税，支撑起了苹果公司在中国的万亿元收入。

对苹果公司的高收入很多人是难以相信的，2019 年该公司在中国的服务收入为 2000 多亿美元，而它的手机当年在中国的年销售量才 3273 万台左右，如何会有一年 2000 多亿美元的服务收入？我们可以估算一下，苹果手机平均使用期限差不多 3 年，而且二手的苹果手机也很吃香。这样的话，苹果手机在中国的保有量可以达到 2 亿台左右。你会说，即使这样，也是人均每年 5000 元的手机支出啊。然而，很多人不知道的是，你打车，打车平台要从司机那儿分走约 30% 的收费，你点外卖、买付费内容、支付游戏币等，这些都要被收苹果税。包括直播带货等的收入，也可能要交苹果税。这些高支出都算一下，就知道苹果税的厉害了。

苹果税的背后就是垄断。这也引起了各国的注意。我们也可以看到各国对苹果公司的苹果税和垄断，已经采取了一定的措施。

2021 年，韩国批准了一项法案，禁止苹果的 App Store 等应用商店强迫软件开发商使用其支付系统并收取最高 30% 的佣金。法案签署后，韩国将成为全球第一个限制苹果公司等科技巨头在应用商店抽成的国家。

2022 年 11 月，欧盟新实施的《数字市场法》有这么一项要求：符合“看门人”标准的科技巨头公司，须向其他公司和开发商开放其服务和平台。这个数字法案，还要求 iMessage 等苹果 App 的消息服务，必须实现跨平台操作。

2021 年 5 月，欧盟首次对苹果公司发起反垄断控诉，一度开出折合人民币 1777 亿元的天价罚单。2022 年 5 月，欧盟指控苹果手机的移动支付有问题，要收取其全球年营业额 10% 的巨额罚款，总额达数百亿元。

对苹果税的反垄断，我们这边的企业目前还是各自为战，很多企业对苹果税只能屈服，屈服的结果就是要内容提供方承担苹果税。若让苹果手机的消费者买单，则苹果手机的销售可能就要受到影响。平台对苹果公司是弱势的一方，但对创作者却是强势的一方。他们把相关的成本转嫁给了创作者，而且不给创作者选择的机会。创作者不能选择不接受要支出 30% 苹果税的购买者。苹果公司滥用某市场支配地位，它的垄断给中国每一个创作者都带来了损失。

中国对反垄断的法规制定的不够严厉，平台提供公共服务产品，带有天然垄断的性质，这样的产品定价本身就应当受政府监管。中国的网络平台也想攫取垄断利益，平台之间的壁垒是森严的，要跨平台很难。这些网络平台的背后是资本，他们采取的是 VIE 结构，是在美国上市的公司。我们应该对此类平台加大监管力度，坚决进行反垄断调查以提供更公平的竞争环境。

苹果公司利用垄断地位攫取超额利润，实际就是一种变相的税收，是针对虚拟世界的税收，这个税收是跨国界的。这是国际征税权博弈必须考虑的内容。

苹果税导致中国财富大规模外流，对我们的外汇也有不利影响。我们有巨额的贸易顺差，但苹果税不在海关统计的贸易范围，这方面中国逆差很大。这会导致中国在巨额外贸顺差之下，央行的外汇储备不增。对此我们需要积极的应对。

在虚拟世界，一样有征税权的博弈。针对巨额的苹果税，我们应当从国际征税权和财富博弈上进行理解。这涉及的不只是苹果公司一家，其他网络平台也类似。美国打压中国，打压华为公司，对中国企业进行各种制裁。对美国的网络平台征税权，对高额的苹果税，欧盟和韩国已经采取了相关措施，中国是不是也应该有所动作呢？

- 8 -
虚拟时代的征税权

在网络信息时代，美国已经提出了“脱实向虚”，其虚拟经济的交易规模已经是实体经济的很多倍了。在各个期货市场，期货的交易是现货的 100 倍多，甚至是成千上万倍。这些交易的交易额和涨跌之乘积，就是这个市场所产生的盈亏。也就是说，虚拟市场的盈亏已经远远大于实体市场的。虚拟市场再分配世界财富的能力也远远大于传统市场。

对以实体经济为主的国家，征税是重要的遏制霸权的手段。这也是美国对欧洲征收数据税那么敏感的原因。虚拟市场之所以能够远远超过实体市场，关键就是没有税。做好征税，才是对抗霸权实现财富再分配的手段。

在信息时代，虚拟交易的大发展，离不开信息技术和算力，对此，笔者写过两部著作——《平台博弈：网络平台无序扩张与元宇宙规则》和《数字泡沫：虚拟经济交易学》。在书中笔者详细介绍了网络平台时代的新经济学、政治学、社会学，介绍了网络时代美国的霸权和大国博弈，对资本平台的扩张进行了详细的分析。

信息时代，网络平台已经“政权化”，比如打车平台。各种出租车加入了，原来的黑车也加入了，打车平台在某种意义上就变成了网上的“出租车管理局”。

虚拟交易带来的现实问题就是：税收怎么收取？中国对网店要不要注册，要不要纳税争论很大。国家出台小微企业月收入 3 万以下不用纳税的政策，很多商家就经营一大群网店，行话叫作“矩阵”，每一个都不够纳税标准。

虚拟交易与实体交易相比有巨大优势，就是因为税收问题。虚拟交易的流转税难以收取，如中国人到美国开一个网店很容易，外国人也很容易在中国网络平台上开店，但要开实体店就很难。而且虚拟交易有专门的交易支付金融工具，在其专业工具之下，银行的出入口也被控制了。表面看交易和支付在虚拟时代都是透明的，但对征税的地方税务管理机构来说，征税变得更困难了。

另外，区块链要去中心化，去掉了中心如何收税？虚拟交易在专门的支付工具之外，又出现了专门的虚拟数字货币。这些货币的出现，让避税变得更容易了。虚拟数字货币本身就是去中心化的，主权国家对其难以干预和追索，对于纳税，就更难以办到了。

美国希望虚拟数字交易免税，他们脱实向虚，没有了实体和制造业，所以征收的是直接税。很多人认为我们应当与西方世界接轨，殊不知，美国施行直接税的关键是全球主要的控制人和垄断寡头都是美国人。中国如果也如美国一样，征税权就会大大流失。中国到底该怎么征税，不让网络平台的资本无序扩张，是我们未来的大课题。

元宇宙和ChatGPT的流行，结合数字货币和数字产权非同质化通证（NFT），可以在网络上虚拟一个实体人了，我们把这种人叫作虚拟人。与法律意义上的法人相对比，司法上把具有类似人一样的法律行为主体，叫作虚拟人。在虚拟空间不断扩张之后，世界就会进入网络虚拟人时代。

经济、民事等领域的虚拟人出现后，它能够进行民事法律行为后，那么对它的征税怎么算？自然人要是通过其控制的虚拟人进行避税怎么办？谁有权对它征税，征税权的主权在哪里？尤其是搞去中心化的区块链虚拟人，它们的征税权会不会被美国所霸占？如果虚拟人侵犯了他人的权利，涉及刑事责任，原来控制它或者它的镜像的自然人已经死亡，公权力和司法又该去制裁谁？相关平台中的虚拟人，我们可以让平台封号让它“死去”，但如果是没有平台去中心化的区块链虚拟人，谁有权制裁它？在网络Web3.0时代，账户可以变成用户所有而非平台所有，虚拟人是跨平台存在的情况又该如何面对？因特网管理机构ICANN将来会不会变成虚拟世界的警察和法院？ICANN注册在美国加州，ICANN要接受美国司法和主权的管辖，那么虚拟世界的权利，会不会都落在美国的控制之下？

这些都是我们要去思考的问题。

信息学的扰乱定律讲的是人类社会的发展是线性的，而信息和科学的爆炸是非线性的。这在税收领域同样适用。

中国提出了数字经济，在数字经济之下，中国也需要自己的主权和征税权。据财联社2023年3月7日消息，我国根据国务院关于提请审议国务院机构改革方案的议案，组建了国家数据局，其负责协调推进数据基础制度建设，统筹数据资源整合共享和开发利用，统筹推进数字中国、数字经济、数字社会规划和建设等。国家数据局由国家发展和改革委员会管理。此议案将中央网络安全和信息化委员会办公室承担的研究拟订数字中国建设方案、协调推动公共服务和社会治理信息化、协调促进智慧城市建设、协调国家重要信息资源开发利用与共享、推动信息资源跨行业跨部门互联互通等职责，国家发展和改革委员会承担的统筹推进数字经济发展、组织实施国家大数据战略、推进数据要素基础制度建设、推进数字基础设施布局建设等职责划入国家数据局。

中国成立国家数据局，让各个平台的数据本地化存储，是国家主权意志的体现，能保证国家的数据安全、信息安全。进一步讲，这可以保证国家的征税权。数据在谁那里，谁才有征税的可能。在虚拟空间，我们连数据都没有，那么税又向谁去征呢？就算能够确定对象，也会缺乏征税的强制手段。在数据征税和强制手段方面，世界上所有国家都无法与 ICANN 相比，只不过美国的 ICANN 还没有露出它要征税的牙齿，网络的主体平台主要在美国，美国可以对持有数据的主体征直接税，不一定要通过网络间接税来完成。

在虚拟时代，我们要有征税权的博弈思维。中国在虚拟空间，也要保护自己的主权和征税权。我们不能被网络霸权国家掌控，被脱实向虚的虚拟经济支配，不能让中国的财富外流。

后 记

本书是笔者十多年来系列文章的结集。笔者进行了创作整理，使零散的文章得以系统化和理论化。征税权是国际重大问题，是重要的经济学课题，也是中国崛起所必须思考的问题。

关于征税权，大家还有很多关心的问题，比如，中国的共同富裕、征税与财富调节的关系等。由于本书篇幅有限，这里不做过多讨论，仅在此简述一下本人的观点。

关于贫富差距问题，笔者认为，我们要依靠分配制度去解决。在按劳分配为主体的基础上，更好地优化多种分配方式，以调动各方面的积极性，有效解决贫富差距的问题。

优化多种分配方式，不仅是解决贫富差距问题的手段，也是国家直接博弈财富的手段。在全球一体化背景下，直接税的纳税主体会在各个国家之间流动。同样的，间接税的承担者也是可以转嫁的，这个转嫁可以面向全球，同时，转嫁的方式也有规律。中国是全球的制造中心，我们是可以向其他地区转嫁的。笔者认为，税政背后的再次分配，在开放性社会和全球一体化之下，已经变成全球分配的手段了。

中国现在需要通过发展来解决贫富差距问题，而不应靠内卷化博弈来解决。

我们已经在精准扶贫，确保的就是帕累托最优，确保每一个人都在变好而不是变坏。市场经济是讲帕累托最优的，这个也是科斯定理的结果。有些人恶意炒作贫富分化，兜售绝对平均主义，反对市场经济改革，笔者认为，他们并没有认识到问题的本质。

中国的贫富差距与美国的贫富分化不是一个概念。美国贫富差距拉大是因为其霸权褪色，中国的贫富差距是发展过程中的一个必经阶段。笔者认为这个阶段即将结束，接下来，我们会实现全国的共同富裕。

中国需要让一部分企业在国际竞争中获胜，加快产业升级，进而使得劳动者的工资得到提高。平均主义也许会遏制贫富分化，但结果会是共同贫穷。这不是治病救人，而是因病杀人。我们需要让“先富带动后富”，中国需要世界级的民营企业家。

我们现在讲增加劳动者的收入，也讲振兴民营经济，这二者并不矛盾。民营企业家也是劳动者，与资本家是不同的。不是发展民营经济就是不要社会主义，谁有劳动市场的定价权才是关键。笔者认为，劳方拥有定价权的根本在于涨工资。劳方对他们的收入有更多的自主权，他们通过一次分配所得的更多，而不在于税收二次分配的调解。因此在社会主义市场经济下，如何提高劳动者的工资非常关键。在全球的财富再分配当中，各国的劳动者的工资差别是关键，同样，在不同行业的再分配当中，不同的劳动者的工资差别也是关键。

以上就是本人对与税收相关的分配问题的思考。解决贫富差距问题，需要优化多种分配方式。现在再次分配成了全球财富分配博弈的手段。西方通过征税权再分配全球财富，我们需要对此有深刻的认识。

2023 年 7 月 18 日，国家发展和改革委员会政策研究室主任金贤东在例行新闻发布会上表示，下一步，国家发展和改革委员会将认真落实党中央、国务院决策部署，尽全力做好政策出台落实、优化就业服务等各项工作。

我们可以看出，国家的相关政策也一直在关注劳动者的收入问题，致力于提高劳动者的收入。我们应该对新形势下的各种问题保持清醒的认知。

本书很多内容也是我的新陆权理论当中的内容。现在，全球到了新陆权阶段，海权与陆权的成本消长再一次出现了拐点，陆权重新取得了优势。陆权侧重征税权，海权侧重定价权。关于征税层面的理论思考，笔者愿意倾囊而出，与大家一起讨论。

本书的大部分章节都曾经单独发表在笔者的自媒体（账号：谁是谁非任评说、张捷财经观察）上，部分文章写于十多年前，个别数据稍显陈旧，但其经济逻辑至今不变。笔者写作当时就是在成体系地分析问题。

笔者已出版了十多部著作，经得起大家回看。

张　捷

2023 年于中关村

本书数据来源

1. 国家统计局网站：http://www.stats.gov.cn/.

2. 中国人民银行网站：http://www.pbc.gov.cn/.

3. 海关总署网站：http://www.customs.gov.cn/.

4. 国家外汇管理局网站：http://www.safe.gov.cn/.

5. 商务部网站：http://www.mofcom.gov.cn/.

6. 财政部网站：http://www.mof.gov.cn/index.htm.

7. 国土资源部网站：http://www.mlr.gov.cn/.

自然资源部网站：http://www.mnr.gov.cn/.

8. 国家统计局国民经济综合统计司.《新中国五十年统计资料汇编》[M]. 北京：中国统计出版社，1999.

9. 国家统计局国民经济核算司.《中国国内生产总值核算历史资料(1952—2004)》[M]. 北京：中国统计出版社，2007.

10. 中国国家统计局提供的《进度统计数据》，网址是：http://www.stats.gov.cn/tjsj/.

11. 中国资讯行数据库：http://www.bjinfobank.com/，中国经济信息网：http://www.cei.gov.cn.

12. 中国产业经济信息网，产业经济的相关数据：http://www.cinic.org.cn/.

13. 中国经济信息网数据库：http://www.cei.gov.cn/default.aspx?tab=157.

14. 人力资源和社会保障部网站：http://www.mohrss.gov.cn/.